Underwater Archaeology

水 下 考 古

第三辑

国家文物局考古研究中心　主办

上海古籍出版社

图书在版编目(CIP)数据

水下考古. 第三辑 / 国家文物局考古研究中心主办
. —上海：上海古籍出版社，2021.12
ISBN 978-7-5732-0199-7

Ⅰ. ①水… Ⅱ. ①国… Ⅲ. ①考古技术—水下技术
Ⅳ. ① K854.1

中国版本图书馆 CIP 数据核字(2021)第 242827 号

水下考古

(第三辑)

国家文物局考古研究中心　主办

上海古籍出版社出版发行

(上海市闵行区号景路 159 弄 1-5 号 A 座 5F　邮政编码 201101)

(1)网址：www.guji.com.cn

(2)E-mail：guji1@guji.com.cn

(3)易文网网址：www.ewen.co

上海界龙艺术印刷有限公司印刷

开本 890×1240　1/16　印张 15.75　插页 2　字数 380,000

2021 年 12 月第 1 版　2021 年 12 月第 1 次印刷

ISBN 978-7-5732-0199-7

K·3112　定价：228.00 元

如有质量问题，请与承印公司联系

目　录

CONTENTS

Laws and Regulations

Call for Papers

Specification of Article

沉 船 考 古

——水下考古学理论的一点思考

聂　政*

摘　要： 自 1960 年代以来，考古学家开始使用 SCUBA 技术开展水下沉船遗址的调查与发掘。六十多年来，水下考古的技术与方法飞速发展，但相应的理论探讨则稍显滞后。本文从梳理水下考古学与海洋考古学这两个关键概念开始，探讨了水下考古学的核心领域——沉船考古以及中国的沉船考古，并着重介绍了国外学者对沉船遗址形成过程的研究和沉船类型的分析。最后，对中国三十年来调查、发掘的沉船遗址进行简单的分类。
关键词： 水下考古学　海洋考古学　沉船考古　沉船遗址形成过程　沉船类型

水下考古是考古学的一个分支。一般认为水下考古首次发展的主要推动来自 1853~1854 年冬季，当时瑞士湖泊里的水位降到了极低点，令大量木柱、陶器及其他人工制品露出水面[1]。1943 年，法国海军军官雅克—库斯托领导的水下工作小组发明了自携式水下呼吸器（SCUBA），这为水下科学探索提供了基本的保障。1960 年，专业考古学家，美国学者乔治·巴斯（George Bass）使用 SCUBA 技术，在土耳其格里多亚角海域开展古典时代沉船遗址调查、发掘，标志着真正的水下考古的诞生[2]。从那时算起，水下考古已经走过了六十多年的时间。六十多年来，水下考古的技术、方法飞速发展，但相应的理论探讨则稍显滞后。梳理水下考古的理论发展历程，首先有两个关键概念需要关注。

一、两个关键概念——水下考古学与海洋考古学

水下考古学与海洋考古学是水下考古理论探索中的两个关键概念，通常，这两个概念会同时提及，两者分别是从英文 Underwater Archaeology 与 Maritime Archaeology 直译过来的。

---

* 　聂政，国家文物局。

[1]　[英]科林·伦福儒、保罗·巴恩著，陈淳译：《考古学理论、方法与实践（第六版）》，上海古籍出版社，2015 年，第 88 页。
[2]　吴春明等：《海洋考古学》，科学出版社，2007 年，第 26~29 页。

　　水下考古学，在《水下考古学与海洋考古学百科全书》（*Encyclopedia of Underwater and Maritime Archaeology*）一书中，定义为在水下或水下环境中实践的考古学，包括在海洋、湖泊、河流、小溪、沼泽、天然井，以及在水库、运河和其他人造水体中进行的考古调查、记录和发掘工作。强调的是开展工作的环境以及所需的具体方法[1]。关于水下考古学的概念和内涵，以及国内水下考古学发展简史，张威曾作专门论述：水下考古学是考古学由陆地向水域延伸的一门分支学科，它以水下文化遗存作为主要研究对象，借助潜水技术、水下探测、水下工程等手段，运用考古学方法对沉（淹）没于海洋和江河湖泊的文化遗迹、遗物进行调查、发掘、保护和研究，以揭示和复原埋藏于水下的人类活动的历史[2]。可以说，水下考古学就是考古学的一个分支学科，借鉴专门的水下技术，在水下环境中开展考古学研究的学科。

　　海洋考古学（Maritime Archaeology）是通过考古研究海洋文化的物质表现，包括船只、岸边设施、货物，甚至人类遗骸，以及人类与海洋、湖泊和河流的互动[3]。英国的海洋考古学家基思·马克尔瑞在其著名的《海洋考古学》（*Maritime Archaeology*）一书中对海洋考古学进行了定义，认为："一种学科是研究海洋及其沿岸地区人类活动的遗存物，从而认识这些物品的制造者及其当时的社会活动，实际上这是一种考古学研究……这种学科即海洋考古学的各种特征，我们对该学科可以定义为'对人类及其海洋活动物质遗存的科学研究'……总而言之，海洋考古学是利用遗存的物质材料，科学地研究海洋活动的所有方面，其中包括大小船舶及其设备，船上的货物、捕捞物以及乘客，使船舶发挥作用的经济体系，不同等级的船员，尤其是反映其特殊生活方式的器具及其他私人物品。"[4]吴春明在梳理了国外学者的相关研究后认为，海洋考古学是调查、发掘和研究古代人类从事海洋活动之文化遗存的考古学分支学科[5]，是海洋文化史的考古学研究[6]。张威则认为，海洋考古学是通过海洋文化遗存来研究古代海洋文化，由海洋性的物质文化遗存去复原、研究海洋文化的多方面、多层次内涵，包括了从调查、发掘等技术领域到海洋文化史理论综合的、完整的考古学过程[7]。海洋考古学的学术领域包括航海考古、船舶考古、沉船考古、船货考古、海港考古、海洋性聚落考古，等等[8]。

　　对于水下考古学与海洋考古学的关系，吴春明认为："从理论上说海洋考古学与水下考古是完全不同的两个范畴。海洋考古学的原意是考古学上一个理论研究领域，是探索海洋文化史的考古学分支……水下考古……主要是服务于不同地区海洋文化史的研究，海洋考古学的理论研究成为水下考古探索的主要学术使命。水下考古工作涉及大陆性和海洋性两个方面的考古学理

[1]　James P. Delgado, *Encyclopedia of Underwater and Maritime Archaeology*, Yale University press, 1997, p.436.
[2]　张威：《水下考古学及其在中国的发展》，《水下考古学研究》，科学出版社，2012年，第3页。
[3]　James P. Delgado, *Encyclopedia of Underwater and Maritime Archaeology*, Yale University press, 1997, p.259.
[4]　[英]基思·马克尔瑞著，戴开元、邱克译：《海洋考古学》，海洋出版社，1992年，第3~6页。
[5]　吴春明等：《海洋考古学》，科学出版社，2007年，第1~2页。
[6]　吴春明：《海洋文化与海洋考古学》，《海洋遗产与考古》，科学出版社，2012年，第3页。
[7]　张威：《水下考古学及其在中国的发展》，《水下考古学研究》，科学出版社，2012年，第4页。
[8]　吴春明等：《海洋考古学》，科学出版社，2007年，第5~7页。

论研究范畴,即大陆性文化考古和海洋考古。"[1]而张威则认为:"水下考古学与海洋考古学是两个不同范畴的概念,前者是从技术手段来分,后者则是以研究对象为重点,属于不同的分类标准。归根到底,二者均是考古学的分支学科,其理论、方法都是在考古学框架之内的。"[2]

笔者认为,学者们对水下考古学的看法着重于其技术、方法层面,强调其特殊性,但水下考古学作为考古学的一个分支学科,虽然技术、方法有自身的特点,但就理论层面而言,水下考古学应该上升到考古学的层面,其学科研究的最终目标应该与考古学一致——即"阐明存在于历史发展过程中的规律"[3]。水下考古学作为通过水下遗存研究人类过去的学科,是涵盖海洋考古学的,换言之,虽然海洋考古学的部分研究对象并不一定埋藏于水下,但其应该是水下考古学的一个分支。

二、沉船考古——概念以及中国的沉船考古

如前文所述,现代水下考古的诞生源自乔治·巴斯对土耳其格里多亚角海域古典时代沉船遗址开展的考古调查,针对沉船遗址开展考古调查发掘也是多国水下考古事业的开端和重要驱动力,如韩国1976年对新安沉船的发掘,以及中国三十余年来对南海Ⅰ号沉船的调查与发掘等。纵观水下考古的发展历程,沉船考古可谓是水下考古的核心工作。沉船考古(Shipwreck & Wreck Archaeology),其研究对象是考古发现的古代沉船实物,包括不同埋藏环境(如水下、淤积陆地)中的沉船资料,研究主体是沉船本身及其所包含的社会文化背景[4]。与沉船考古相关联的,还包括沉船所搭载的船货,沉船船体所衍生出来的船舶形态、造船技术,以及海上贸易等内容。本文所讨论的沉船考古,则主要探讨水下环境中的古代沉船。

国内部分学者对中国水下考古的发展历程及发展史进行过梳理[5],也对中国水下考古进行过回顾与思考[6]。根据统计,截至2014年,我国共开展过60余项各类水下考古项目,梳理一下这些项目,不难发现,在2009年开展第三次全国不可移动文物普查之前,我国水下考古项目是以沉船考古为主实施的,有南海Ⅰ号沉船、定海白礁一号沉船、绥中三道岗元代沉船、福建碗礁Ⅰ号沉船、东山东古湾沉船、平潭九梁Ⅰ号沉船,等等,这些我们耳熟能详的沉船遗址的调查

[1] 吴春明:《水下考古工作中的海洋文化史研究》,《水下考古学研究》,科学出版社,2012年,第114页。
[2] 张威:《水下考古学及其在中国的发展》,《水下考古学研究》,科学出版社,2012年,第4页。
[3] 《中国大百科全书·考古学》编辑委员会:《中国大百科全书·考古学》,中国大百科全书出版社,1986年,第3页。
[4] 张威:《水下考古学及其在中国的发展》,《水下考古学研究》,科学出版社,2012年,第3页;吴春明等:《海洋考古学》,科学出版社,2007年,第7页。
[5] 如吴春明等:《海洋考古学》,科学出版社,2007年,第52~82页;张威:《水下考古学及其在中国的发展》,《水下考古学研究》,科学出版社,2012年,第1~12页;赵嘉斌:《水下考古学在中国的发展与成果》,《水下考古学研究》,科学出版社,2012年,第13~56页;栗建安:《闽海钩沉——福建水下考古发现与研究二十年》,《水下考古学研究》,科学出版社,2012年,第57~92页。
[6] 柴晓明、丁见祥:《中国水下考古的回顾与思考》,《新技术·新方法·新思路——首届"水下考古·宁波论坛"文集》,科学出版社,2015年,第3~15页。

与发掘，推动了我国水下考古的发展，完善了水下考古的技术与方法，培养了专业的人才队伍。

2009 年全国第三次不可移动文物普查开始后，水下文化遗产调查大规模开展，以沉船考古为主导的水下考古逐渐多元化，古沉船、古港口、古码头、古栈桥、古石刻、古城址、古村落、古桥梁、古代锚地、水利设施等各类水下遗存都纳入了调查范围，原址保护与区域调查等理念和方法也开始在水下考古中得以实践，但大规模区域调查最终的着力点，或者说最终成果的体现，还是落脚于沉船遗址以及各类遗物点的调查与发掘上。

2015 年以来，我们开展了各类水下考古项目 60 余项[1]，拓展出了以重点区域（如广东上下川岛海域、西沙海域，福建平潭海坛海峡海域，上海长江口海域，浙江舟山海域，山东庙岛海域等）和重点事件（如甲午海战）为主线的新的水下考古工作导向，其中以甲午沉舰调查为主的水下考古调查与发掘，更强化了沉船考古在我国水下考古中的地位。

沉船考古的实践在中国三十余年的水下考古工作中一直居于重要地位，相关的研究也络绎不绝。从最初的船货尤其是船载瓷器的研究，到船型、船体结构、造船技术的研究，到相关航运线路及海上交通的研究，再到海上贸易乃至海上丝绸之路的研究，中外关系史研究，等等，主题繁多。但正如中国考古学发展过程中重实践轻理论研究一样，有关沉船考古的理论研究，尤其是对国外学者十分重视的沉船遗址形成过程（Wreck-Site formation processes）的探讨，因为较少开展大规模的水下考古发掘工作，一直比较缺乏。目前，王元林等依托南海 I 号沉船整体打捞，以田野考古、实验室考古方法全面发掘该沉船遗址，并根据南海 I 号的埋藏环境、沉积层位等，以专门的章节分析其沉积成因和过程[2]，是为数不多的中国学者专门讨论沉船遗址形成过程的案例。

三、沉船遗址的形成过程——理论分析

（一）文献中的沉船事件

有关沉船事件及船舶沉没过程的记录，西方文献首见于 1597 年巴普蒂斯塔·拉万纳在里斯本出版的一本小册子，它描述了航行于非洲南部海岸的印度商船 Santo Alberto 号的沉没事件。Santo Alberto 号于 1593 年 1 月驶离印度柯钦，满载胡椒和香料开往里斯本。船只在马达加斯加南部遭遇猛烈的逆风，船上的漏水洞逐渐扩大。在切除部分肋骨并维修漏水洞之后，脆弱的船尾在海水的外部压力作用下开始解体。不久以后，货仓进水，船员们抛弃船货，卸下主舱门，因为怕破坏抽排水，底仓的货箱不能整体抬出，只得砸开后抛弃。到第二天晚上，货仓里的进水减少，但排水泵被仓里潭散的胡椒堵住了。虽然几乎所有可以搬动的东西都已经被扔到了海里，但船体已经沉到海平面以下，下面的两层甲板都被淹没。随着陆地的邻近，这艘船已必然要沉没，

---

[1]　项目数量统计依托于国家文物局水下文化遗产保护中心项目管理。
[2]　国家文物局水下文化遗产保护中心等：《南海 I 号沉船考古报告之二——2014～2015 年发掘》，文物出版社，2018 年。

为了减少船体撞击损坏的风险，船上的木匠们开始砍掉桅杆。拖拽的船舵首先触底并被扯掉，不久之后，这艘船在乌姆塔塔河以北搁浅。当船搁浅时，为了抛下桅杆而砍断了侧支索，但仍有些固定的索具没有断开，一根桅杆和帆横桅仍连在船上，随着海浪的拍打，船体被重击撕裂了。顶层甲板和下面两层分离，留下了被压舱物固定在海底的船底。船的上层建筑，漂到600米远的海边，慢慢被海浪埋到海底。艉楼挣脱后被海浪推到海滩上，脱位的艏楼横跨着漂到艉楼上，船的下层部分，包括龙骨被冲到岸上[1]。

在东方的文献记录中，较早记录船只失事事件的当为崔溥的《漂海录》。崔溥在1488年（朝鲜成宗十九年，明孝宗弘治元年），从朝鲜济州岛返回全罗道罗州奔丧时，一行四十三人所搭乘的船不幸遭遇风暴，从楸子岛前开始漂流，经过十三天时间，漂到中国浙江台州府临海县的牛头山前海域[2]。此外，朝鲜的《备边司誊录》中也记载了很多中国漂没至朝鲜半岛的失事船舶事件[3]，日本的一些文献中也记载了中国船只失事后漂流到日本的例子[4]。

（二）船舶沉没与沉船形成

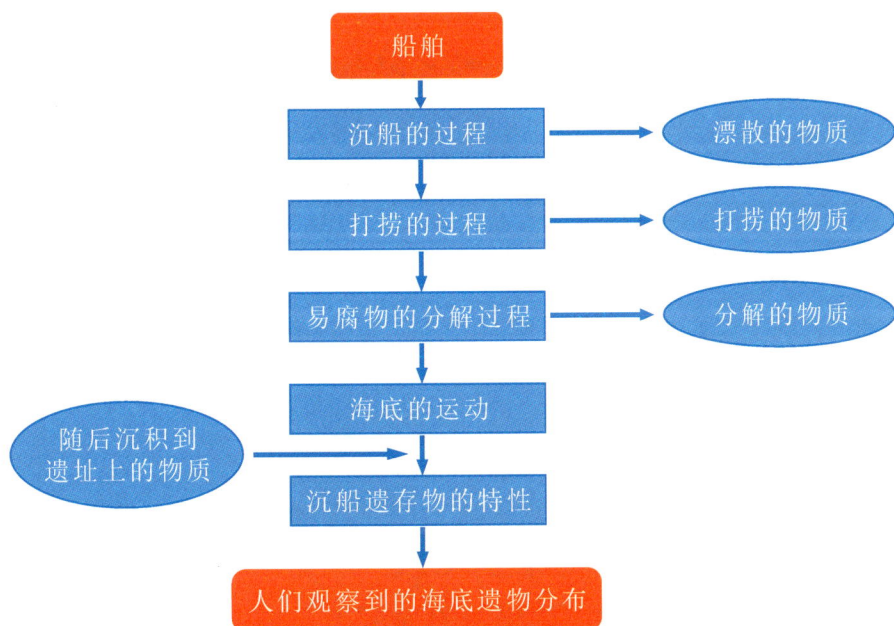

图一　沉船过程的流程图（引自马克尔瑞）[5]

［1］ Boxer, C.R., *The Tragic History of the Sea*, University of Minnesota Press, 2001. 转引自 Colin Martin, Wreck-site Formation Processes, by Alexis Catsambis, Ben Ford and Donny L. Hamilton, *The Oxford Handbook of Maritime Archaeology*, Oxford University Press, 2011.

［2］ 朴元熇校注：《崔溥漂海录校注》，上海书店出版社，2013年。

［3］ ［日］松浦章：《海难史料:清代帆船漂到朝鲜国史料——〈备边司誊录〉抄录》，《清代帆船东亚航运史料汇编》，乐学书局有限公司，2007年。

［4］ ［日］松浦章著，郑洁西等译：《明清时代东亚海域的文化交流》，江苏人民出版社，2009年。

［5］ ［英］基思·马克尔瑞著，戴开元、邱克译：《海洋考古学》，海洋出版社，1992年，第163页。

　　船舶沉没，是指精密制造的、具有能动性的船舶设施转变为一种静止的、杂乱无章的，并且长期处于稳定状态的遗存物的过程[1]。评价任一沉船遗址都需要考察沉没前与海洋环境相关的船舶实物，和失事后客观条件对船舶的影响[2]。虽然沉船的形态各不相同，但沉船现象是有某些普遍的、有规律的特征的。图一是马克尔瑞在分析沉船过程时制作的流程图，从完整的船舶到人们可以观察到的海底遗物，必然会经历一系列的过程。

　　图二是英国学者 Colin Martin 在马克尔瑞所做沉船过程图基础上，根据其研究修订的沉船遗址形成过程。在大多数情况下，沉船遗址会介于保存完整与完全破坏不留痕迹之间，通常在历

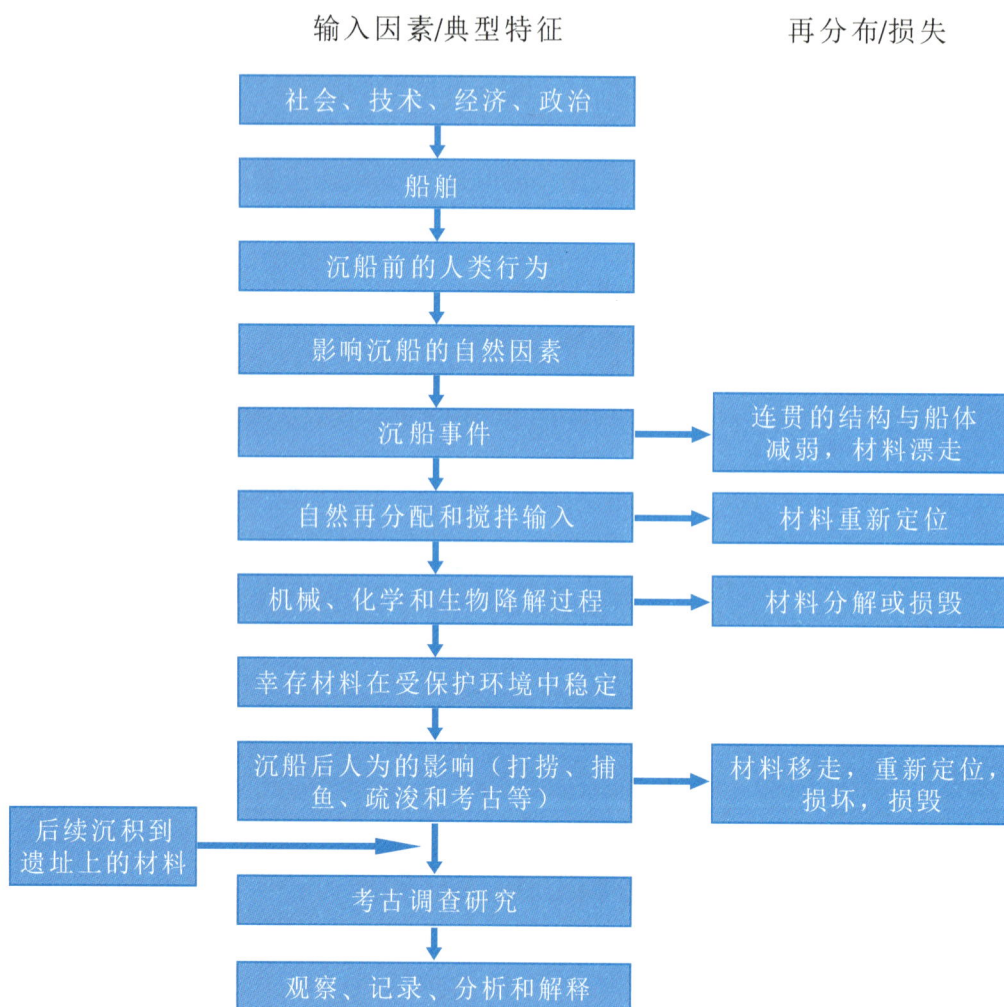

图二　沉船遗址的形成过程（引自 Colin Martin）[3]

---

[1]　［英］基思·马克尔瑞著，戴开元、邱克译：《海洋考古学》，海洋出版社，1992 年，第 162 页。

[2]　［英］理查德·A·古尔德主编，张威、王芳、王东英译：《考古学与船舶社会史》，山东画报出版社，2011 年，第 71 页。

[3]　Colin Martin, Wreck-site Formation Processes, by Alexis Catsambis, Ben Ford and Donny L. Hamilton, *The Oxford Handbook of Maritime Archaeology*, Oxford University Press, 2011.

经三个阶段后达到与周边环境相平衡的状态。第一阶段是伴随人为活动输入的自然阶段,环境因素受制于人类行为导致沉船事件发生[1];第二阶段是伴随动态的环境因素输入的不稳定阶段,沉船遗存与其周边的自然环境相互作用并被以不同的形式所转化;最后,则是一个稳定的阶段,在此被转化的沉船遗存已经成为稳定的环境背景的一部分。

动态阶段始于沉船事件发生时,这一阶段可能是极端猛烈和短暂的,就像一艘船在巨浪中触礁时会瞬间解体。又或相反,如船体缓慢下沉到柔软底质的环境中,这一过程可能会持续数年甚至数个世纪。它缺少与周边环境的整合,是不稳定的,并且易于被外部影响进一步瓦解和分散。如船体的部件可能在沉船内迁移或漂走。潮汐、涌浪、潮流和波浪作用可能会引起水流运动,导致船体结构解体,船上建筑物和船货的流动。水流冲刷会制造沉降和加强沉积作用,这都会影响沉船材料的流散、破坏和保存。海水的化学成分和物理性质会导致多种类型的反应,特别是对金属的反应,会通过相对腐蚀电位对金属进行保护或侵蚀。有机质材料会受水流、温度、光线和生物攻击的影响。海床运动可能会引起机械降解,沉积物的沉积和转移等地貌变化过程,可能会进一步影响沉船遗址进化的动态过程。人类活动,特别是打捞、疏浚和渔业活动,同样会扰乱这一过程。倾倒垃圾、工程建设或者后来的沉船侵入等形成的不相干材料的沉积物,是其他需要考虑的可能性。海平面变化、地质剧变或土地复垦等可能会以不同的方式影响环境,从而影响沉船遗址形成的性质[2]。

(三)沉船遗址形成过程研究及沉船类型

遗址形成过程的研究是伴随新考古学展开的,最早将遗址形成过程纳入考古学研究领域的是戴维·克拉克,在其著名的《考古学纯洁性的丧失》一文中,他在统一的理论中阐释了沉积前、沉积后、发掘出土、分析和解释等一套基本的模型和理论。"沉积前与沉积理论"涉及特定的人类活动、社会模式和环境因素的相互关系,以及它们与当时沉积为考古学材料的标本、遗迹之间的关系;"沉积后理论"讨论原始沉积的标本和遗迹在沉积后遭到再循环、搬动、扰乱、侵蚀,即变形变质和破坏性质;"分析理论"主要是关于信息的复原、取舍、评价和压缩,以及考虑经济投资等问题;"解释理论"涉及由分析建立并经实验证实的考古学模型与无法直接观测的古代行为和环境模型的推测之间的关系[3]。

第一次系统尝试对沉船遗址的形成进行分类并明确所涉及相关输入过程的是基思·马克尔瑞。他的工作受到其时陆地遗址形成过程研究的强烈影响,尤其是戴维·克拉克的影响。考虑到海洋环境的特殊性,马克尔瑞将这些转变理论应用到他对沉船遗址形成过程的分析中。他

[1] Martin Gibbs, Cultural Site Formation Processes in Maritime Archaeology: Disaster Response, Salvage and Muckelroy 30 Years on, *The International Journal of Nautical Archaeology*, (2006) 35.1: 4-19.

[2] Colin Martin, Wreck-site Formation Processes, by Alexis Catsambis, Ben Ford and Donny L. Hamilton, *The Oxford Handbook of Maritime Archaeology*, Oxford University Press, 2011.

[3] 戴维·L·克拉克著,陈铁梅译,严文明、夏超雄、黄纪苏校:《考古学纯洁性的丧失》,《当代国外考古学理论与方法》,三秦出版社,1991年,第147~149页。

探讨了沉船体系所处的自然环境，将沉船过程中的因素分成两组：一组像过滤器一样从沉船中抽滤走各种物质，另一组则像搅拌机一样将沉船搅乱并重新形成新的"图形"；讨论了沉船、打捞和易腐物分解过程中的"抽滤效应"（extracting filters），以及"搅拌作用"（scrambling devices）。他用这些理论去测试不列颠群岛周边调查研究的 20 处沉船遗址，通过一套变量属性来量化分析它们，这些变量属性包括风浪、海风、水流运动、深度、坡度、水下地貌及沉积成分，等等。根据这些分析，他将英国海域的沉船遗址分为五种基本类型[1]：

类型一，大量的船体结构遗存得以保存，包含大量有机质遗存和一些其他物品，完整分布类型。

类型二，部分船体构件得以保存，包含一些有机质遗存和很多其他物品，分散分布类型。

类型三，零星船体构件得以保存，包含一些有机质遗存和很多其他物品，分散的分布类型。

类型四，没有留下船体结构，包含很少的有机质遗存和一些其他物品，分散而不规整的分布类型。

类型五，没有留下船体结构，没有有机质材料，只留存了非常少的其他物品，不规整的分布类型。

（四）中国沉船的类型分析

三十多年来，中国海域发现的沉船遗址，年代最早的可以追溯到晚唐五代时期，西沙群岛曾发现过零星的南朝至唐代的遗物，但数量少且分散[2]，较为明确的五代时期沉船遗址则是福建平潭发现的分流尾屿沉船遗址[3]以及西沙群岛石屿四号沉船遗址。自宋、元、明、清直至近现代时期，每个阶段都有较多数量的沉船遗址发现。截至 2016 年，中国海域（不包含港、澳、台地区）已发现并确认了 115 处沉船遗址[4]。沉船的材质以木船为主，还兼有铜皮木船、铁船等；沉船以贸易商船为主，另有战船、军舰等；残存的船上物品，以陶瓷器等船货为大宗，另有铁器（如铁锅、铁钉、铁炮、铁锚等），铜器（如铜铳、铜镜、铜壶等），金银器，石质器（如石像、碇石、石板等），钱币（中国铜钱、西班牙银币等）等，还有少量有机质如漆木竹器、绳索、象牙等；船上生活用品发现较少。虽然中国沉船发现数量多，类型多样，研究范围广且逐步深入，但缺乏如马克尔瑞所做的以船体及船上物品保存及分布为基础的沉船类型分析，尽管其分析是以英国海域的沉船资料总结出来的，但我们仍可以借鉴来分析中国的沉船遗址。

1. 类型一，如南海 I 号沉船遗址。南海 I 号沉船遗址位于广东省江门市川山群岛与阳江市

［1］［英］基思·马克尔瑞著，戴开元、邱克译：《海洋考古学》，海洋出版社，1992 年，第 162～229 页。
［2］范伊然：《南海考古资料整理与述评》，科学出版社，2013 年，第 59～62 页。
［3］中国国家博物馆水下考古研究中心、福建博物院文物考古研究所：《福建平潭分流尾屿五代沉船遗址调查》，《中国国家博物馆馆刊》2011 年第 11 期；国家文物局水下文化遗产保护中心等：《福建沿海水下考古调查报告（1989～2010）》，文物出版社，2017 年。
［4］国家文物局水下文化遗产保护中心：《中国水下文化遗存概览》，2017 年（内部资料）。

南鹏群岛之间的大帆石海域，发现于1987年，1989至2004年经过多次调查[1]，2007年整体打捞后，历经两次室内试掘[2]，自2013年开始正式启动全面发掘工作。南海Ⅰ号沉船所处海床表面为软淤泥沙底，船体大部分淤积在泥底，船体结构较为完整，艉艉部分受损残缺，封头板、舵楼等上部建筑、日用生活用具和舵杆、桅杆、绞盘等断裂散落，表层甲板和舱盖板绝大多数无存。现存14个主要船舱，艉部左右各对称布置一个小舱室。木质船体残长约22.1米，最大宽度约为9.7~10米[3]。至2019年，船货清理取得阶段性成果，共出土18万余件文物[4]，包括以陶瓷器、铁器为大宗的船货，还有金属货币（金、银、铜质），金属器（金、铜、铁、锡等），朱砂、琉璃器等，以及竹木漆器、动植物遗存等有机质。船上遗物大部分埋藏在船舱中，但在船舷外侧发现并打捞了散落的完整器物及残存的桅杆、船板等[5]。虽然遗物散落范围大，但基本还是按原状分布。

除南海Ⅰ号外，南澳Ⅰ号及经远舰等部分近现代沉船也可归入类型一之内。

2. 类型二，如小白礁Ⅰ号沉船遗址。小白礁Ⅰ号沉船遗址位于浙江省宁波市象山县石浦镇北渔山海域小白礁畔水下24米处，发现于2008年，2009年进行了重点调查和试掘，2011~2014年开展了发掘工作。小白礁Ⅰ号沉船所在海床表面为粗砂夹贝壳，底质较硬，船体上层和船舷等高出海床表面的构件被破坏殆尽，仅残存船体底部。船体残长20.35、宽7.85米，残存的船底部分断裂为东西两半，残存的船体构件有龙骨、肋骨、船壳板、隔舱板、铺舱板、桅座等，共计236件。沉船遗址出水器物共计1064件，以陶瓷器和石板材等船货为主，还包括金属器、铜钱、印章、砚台、毛笔等。船货等基本都整齐码放于船舱内，其他遗物散布于整个遗址，但基本位于船体范围内[6]。

此外，华光礁Ⅰ号、福建平潭大练岛沉船、福建碗礁Ⅰ号等沉船遗址，部分船体结构留存，船货及遗物多且分布于沉船周边一定范围，都可以视为类型二沉船遗址。

3. 类型三，如定海白礁一号沉船遗址。白礁一号沉船遗址位于福建省连江县定海湾，闽江入海处北侧，水深约10米。1989年调查发现，1990年、1995年、1999年、2000年、2002年及2010年开展过多次调查发掘工作。沉船遗址位于白礁东段暗礁的南侧海底，属于礁体余脉与海底粉砂质黏土堆积的过渡区，船体残骸坐落于礁石表面，遭长期腐蚀破坏，发掘仅见疑似龙骨的木质船体构件残骸。沉船遗址出水遗物以陶瓷器为大宗，还有大型铁质凝结物、零星的金属器等。凝结物、成摞瓷器等遗物分布有一定规律，大致反映了船体方向、船货分舱等情况，但上层遗物散

[1] 国家文物局水下文化遗产保护中心等：《南海Ⅰ号沉船考古报告之一——1989~2004年调查》，文物出版社，2017年。
[2] 广东省文物考古研究所：《2011年"南海Ⅰ号"的考古试掘》，科学出版社，2011年。
[3] 国家文物局水下文化遗产保护中心等：《南海Ⅰ号沉船考古报告之二——2014~2015年发掘》，文物出版社，2018，第110~113页。
[4] 《"考古中国"重大研究项目新进展工作会发布两项重要考古成果》，《中国文物报》2019年8月9日。
[5] 国家文物局水下文化遗产保护中心等：《南海Ⅰ号沉船考古报告之一——1989~2004年调查》，文物出版社，2017年，第626页。
[6] 宁波市文物考古研究所等：《"小白礁Ⅰ号"清代沉船遗址水下考古发掘报告》，科学出版社，2019年。

乱，沿暗礁南侧分布[1]。

此外，福建龙海半洋礁一号、绥中三道岗沉船、九梁Ⅰ号等沉船遗址，保存有少量的船体构件，遗物多但分布较分散，也可视为类型三沉船遗址。

4. 类型四，如珊瑚岛一号沉船遗址。珊瑚岛一号沉船遗址位于海南省三沙市永乐群岛中珊瑚岛东北方向约 1000 米的海域内，1996 年西沙群岛文物普查时发现，2010 年、2012 年、2014 年进行过考古调查，2015 年开展了水下考古发掘工作。遗址位于珊瑚岛东北侧较浅的海域，海底为板结较硬的珊瑚和珊瑚沙，没有发现船体。发现的遗物以石质文物为主，还有少量瓷器。遗物主要散落在两条东北—西南向的冲沟内和冲沟之间的海床表面，在 3000 平方米的范围内都有发现[2]。

此外，如福建平潭分流尾屿沉船遗址、金银岛一号沉船遗址等，没有发现船体构件（金银岛一号仅发现一块船板），在较大范围内散布着一些与沉船相关的物品，可以视为类型四沉船遗址。

5. 类型五，如西沙海域大部分遗物点，都没有留下船体结构，在礁盘的很大范围内，零星分布着一些遗物。此类遗址应该是中国海域目前发现数量最多的水下遗址点。

结　　语

检视中国的大部分沉船遗址，有机质遗存发现的都比较少，如南海Ⅰ号这样的沉船，整体打捞后发掘出土的有机质遗物占遗物总数的比例都极低，其他沉船遗址也仅发现零星的绳索等有机质遗物，所以，在讨论中国的沉船遗址类型时，可以不把有机质遗存作为一项主要考量依据。

沉船遗址形成过程在科学发掘沉船遗址、研究沉船的沉没及沉积过程等方面有着重要的指示意义。目前，在中国的沉船考古研究中，南海Ⅰ号沉船整体打捞出水后使用田野考古和实验室考古方法开展的考古发掘，为我们认识沉船事件后的沉积过程以及沉船遗址的形成过程提供了宝贵的资料。但整体打捞在中国乃至世界的水下考古工作范围内，都属于极少数的个例。所以，如何在水下调查与发掘沉船遗址过程中，开展相应的研究，是今后水下考古工作者需要努力的一个方向。

---

［1］　中国国家博物馆水下考古研究中心等：《福建连江定海湾沉船考古》，科学出版社，2011 年。

［2］　西沙群岛 2015 年水下考古队：《珊瑚岛一号沉船遗址 2015 年度水下考古发掘简报》，《水下考古（第一辑）》，上海古籍出版社，2017 年，第 11~58 页。

Shipwreck Archaeology

—A Thought about the Underwater Archaeology Theory

By

Nie Zheng

Abstract: Archaeologists began to excavate and survey the shipwreck sites by SCUBA since the 1960s, the technology and method of underwater archaeology have developed rapidly, but the theoretical discussion seemed slowly in the past 60 years. Start from the two key concepts—underwater archaeology and maritime archaeology, this article focus on the shipwreck archaeology and shipwreck archaeology in China, which are the core areas of underwater archaeology, and emphatically introduces the study of wreck site formation processes and the analysis of the shipwreck type. Finally, introduces the survey and excavate of Chinese shipwreck in the past 30 years.

Keywords: Underwater Archaeology, Maritime Archaeology, Shipwreck Archaeology, Wreck Site Formation Processes, Shipwreck Type

水下考古研究的海洋文化取向探讨

——基于海洋文化遗产的角度

薛广平 *

摘　要: 中华文化博大精深,海洋文化是中华文化的重要组成部分,水下考古的相关工作和研究成果为海洋文化研究提供了物质基础,促进了海洋文化的研究,既增加了海洋文化研究的实证性,又拓展了海洋文化研究的深度和广度。同时,在某种程度上海洋文化研究也为水下考古工作和水下考古学研究提供了宏观和微观的借鉴意义,提升了研究视角,二者相辅相成,相得益彰。随着"文化强国"战略的推进,"海洋强国"战略的实施和"一带一路"倡议的落实,基于海洋文化遗产的海上丝绸之路研究成为海洋文化研究的新坐标,也是水下考古研究和水下文化遗产保护关注的重要领域。二者的交叉、综合研究,应该受到重视、得到加强。

关键词: 海洋文化　水下考古　环中国海　海洋文化遗产

中国作为历史悠久的文明古国,有着灿烂瞩目的农耕文化,也有着丰富多彩的海洋文化。1.8万公里漫长的海岸线地带和数以万计的大小岛屿上遗留有大量的海洋文化遗迹。以贝丘遗址为代表,众多的考古发现揭露了早期沿海先民与海洋相伴相生的关系。自旧石器时代开始,沿海居民们就开始认识海洋,依靠海洋,利用海洋,从事采集、捕捞、制盐、养殖、航海等活动。通过考古在海滩、港口、海岸淤积区等近海地带发现了大量的史前遗址,使今天的我们得以进一步了解了古人与海洋互动的一些细节。面对浩瀚的海洋,人类从畏惧到认识再到开发利用经历了一个漫长的过程,自然地理环境是人类文化产生和发展的物质基础,祖国300多万平方公里的蓝色"国土"上深深烙印着国人驰骋的历史痕迹。

一、海洋文化遗产及分布

(一)海洋文化遗产的概念和特征

海洋文化遗产是人类在长期的涉海活动中形成的与海洋相关的文化遗产。海洋文化遗产大

---

*　薛广平,青岛市文物保护考古研究所。

致可分为物质文化遗产和非物质文化遗产两类。海洋文化遗产的特征归纳起来具有涉海性、互动性和历史性。涉海性就是与海洋息息相关，从最基本的鱼、盐物质需求到船舶出海捕捞、贸易等，无一不与海洋联系密切，正所谓"兴鱼盐之利，行舟楫之便"。互动性是指海洋文化遗产是人类在和海洋的长期相动中产生的。人类从畏惧海洋到认识海洋、利用海洋都是在与海洋打交道。以典型的船舶发展为例，从单纯的独木舟捕捞到机械巨轮的远洋贸易，造船技术随着人类与海洋互动的过程不断发展进步。历史性是指海洋文化遗产承载着人类长期海洋活动中的信息和历史。例如众多的水下沉船通常被比喻为"时间胶囊"，即在海难发生的那一刻就封存了当时的历史信息。

（二）环中国海：中国海洋文化遗产的空间分布

中国作为一个海洋大国，拥有丰富的海洋文化遗产。在空间分布上，这些海洋文化遗产，无疑是以环中国海为中心的。曲金良先生认为："环中国海"与"中国海"是两个不同的概念。"中国海"即环绕中国的广大海域；"环中国海"，则是指环绕中国海、与中国海共同构成海陆一体的东亚"泛中国海"地区[1]。可见，"中国海"更多的是一个地理概念，而"环中国海"则指代一个文化区域。在这个问题上，吴春明先生认为："环中国海"是一个跨行政区域的文化圈概念，是指以中国东南沿海为中心的古代海洋文化繁荣发达地带，包括我国东南沿海及东南亚半岛的陆缘地带、日本列岛、台湾岛、菲律宾群岛、印尼等岛弧及相邻的海域[2]。如果借用"地中海"的概念也许更容易理解。"地中海"是欧洲文明的摇篮，而放眼整个东亚大陆和周边岛屿，采用"亚洲地中海"的比喻也更加形象。"环中国海"的历史地位就如同欧洲的"地中海"一样重要，可以被称为"亚洲的地中海"。但是与欧洲"地中海"多元的海洋文化不同，"亚洲地中海"或者说"环中国海"海洋文化历史的中心是中国，"环中国海"海洋文化遗产的主体是中国的海洋文化遗产[3]。它们主要分布在中国海，广泛分布于"环中国海"，零星出现在世界各地。据粗略统计，"环中国海"的海域面积将近700万平方公里，南北跨越近60纬度，东西跨越近55经度。面积相当于我国陆域面积的70%，海域面积的两倍多。如此广阔的海域存在着大量的以沉船为代表的水下遗迹。

二、水下考古工作及研究对象

（一）我国水下考古工作的时空分布

水下考古学诞生于20世纪60年代，我国的水下考古起步于20世纪80年代，30多年来，随着我国水下考古机构和人才梯队逐渐完善，水下考古力量不断壮大，通过系统调查和发掘工作

---

[1] 曲金良：《中国海洋文化发展报告（2013卷）》，社会科学文献出版社，2014年，第245页。
[2] 中国国家博物馆水下考古研究中心：《水下考古学研究（第一卷）》，科学出版社，2012年，第116页。
[3] 曲金良：《中国海洋文化发展报告（2013卷）》，社会科学文献出版社，2014年，第247页。

取得了一系列的重要成果，主要表现在时间序列上逐渐完善，发现的历史时期的水下遗迹数量不断增多；在空间分布上，中国沿海各省市均已开展水下考古工作，相关工作全面铺开；同时中国的水下考古也开始走向世界，除立足环中国海地区，加强与日韩及东南亚地区的交流外，开始远涉印度洋畔的肯尼亚和红海之滨的沙特。为推动"一带一路"沿线国家的水下考古发展，中国还主动举办"一带一路"沿线国家水下考古培训班，邀请伊朗、沙特、泰国和柬埔寨等国的文博考古机构学员参加。

根据之前国家文物局水下文化遗产保护中心的统计，1987 年以来，国家共开展过不同规模的水下项目 80 余项。工作模式主要以抢救性考古调查、发掘为主，工作范围北到丹东海域、南到南沙海域，并且开展了我国首次深海考古的探索工作。从遗存数量看，截至 2016 年，我国已确认 241 处水下文化遗存（不含港澳台数据），主要集中在宋、元、明、清及近现代。[1]

1. 从时间序列上看，环中国海区域内不管是国内还是与中国相关的东亚、东南亚地区的水下文化遗存多为唐五代之后。其中，国内尤以宋代以降的沉船遗迹为主体，各个时代均具有代表性的成果。例如：宋代最为典型也是当今最为著名的南海一号*，又有华光礁一号、白礁一号等；元代的有我国第一次独立开展水下考古的三道岗沉船等；明代的有南澳一号沉船、九梁一号沉船等；清代的如碗礁一号、小白礁一号等；近代以致远舰、经远舰和定远舰的发现最具代表性。自宋以后各个时期在我国海域都有典型的水下考古发现，并且数量可观。

2. 纵观整个环中国海地区，外围的东亚和东南亚地区是古代中国对外贸易的主要区域。目前发现的海外沉船资料显示，9 世纪以后中国海船才开始驶向外海[2]。东亚地区的国家主要是韩国和日本，新安沉船已经成为如中国"南海一号"一样的韩国水下考古的标志。东南亚地区自古处于东西海洋贸易的中转站位置，近代以来大量沉船的发现揭示了海上贸易的繁荣。发现的早期比较著名的沉船有"黑石号""井里汶号""印旦号""玉龙号"等。自 20 世纪 70 年代开始又陆续在越南、泰国、马来西亚、印尼和菲律宾等海域发现 100 多艘沉船，年代大多集中在晚唐至清代时期，代表性的如"平顺号""金瓯号""万历号""泰兴号""圣迭戈号"等[3]。

以海上丝绸之路为纽带的古代贸易往来和文化交流形成了规模化的海上交通网络，中国的商船或者大宗商品往来于东南亚、南亚、西亚乃至非洲东海岸地区，不仅交换了商品，也传播了中华文化。近年来我国水下考古队伍联合肯尼亚和沙特的考古部门对肯尼亚沿海的拉穆群岛、马林迪和蒙巴萨海域以及沙特的塞林港遗址进行了水下考古工作，对于提升我国水下考古的国际影响力，促进水下考古研究和增进中外文化交流具有积极的意义。

---

[1]　《叩问文明 追溯历史——回望中国考古 70 年》，《中国社会科学学报》2019 年 9 月 19 日第 8 版。

*　　国内对沉船名称的命名，尚未统一，为尊重各位学者的表达，本辑刊保持文内统一，全书不做统一要求——编者注。

[2]　辛光灿：《东南亚发现的沉船与海上丝绸之路》，《中国文物报》2017 年 8 月 11 日第 3 版。

[3]　辛光灿：《东南亚发现的沉船与海上丝绸之路》，《中国文物报》2017 年 8 月 11 日第 3 版。

（二）水下考古的研究对象

水下考古是考古学的一个分支，是田野考古向水下的延伸，也是考古学方面比较新的一个技术领域，主要基于考古遗存埋藏在水下的特殊自然环境而产生。在水下工作的考古学家对待现有证据的态度应当与在陆地上工作的考古学家一样。水下考古和陆上考古并无本质不同，使用的标准应该同样严格[1]。水下考古的作业必须掌握潜水技术，因此可以说开展水下考古工作要求的技术更为严谨，也更加重视工作的安全性。说到水下考古就不得不提到海洋考古学，从理论上讲二者是完全不同的两个范畴，水下考古工作涉及两个方面的考古学理论研究范畴，即大陆性文化考古和海洋考古[2]。

海洋考古学的"海洋"指的是海洋文化，中国学者吴春明、外国学者基思·马克尔瑞（Keith Muckelroy）、西恩·麦格雷（Sean McGrail）和吉米·格林（Jeremy Green）等人均持有此观点[3]。海洋考古是水下考古涉及的一个主要方面，区别于其他考古学分支的主要特点是研究对象为海洋文化的考古学遗存，而不仅仅局限于沉船，还包括被淹没或沉入海洋的聚落、港市、生产和生活遗址等，这些与气象、海况、地质等因素密切相关。因此水下考古不等同于水底考古或者海底考古。

水下考古所涉及的物质文化遗存，由于工作对象不同大致可分为三个研究方向，包括沉船与船舶发展史、船货与海洋经济社会史、海洋性聚落形态与港市发展史等[4]。目前就我国水下工作三十多年以来的成果而言，基本上以沉船、船货和海洋聚落为大类，尤其是前两者更甚，研究成果也大致反映在这些领域。

首先，就沉船方面来讲，水下考古调查和发掘的主要是沉船，南北沿海地区从宋代至近现代的船均有发现。例如举世瞩目的南海一号是一艘南宋时期的民间远洋商船，为经典的"福船"；三道岗沉船和大练岛沉船则为北方和南方典型的元代商船；南澳一号是明代外贸形制的船只；碗礁一号和小白礁一号都为清代船只。近些年随着丹东一号（致远舰）、辽宁庄河海域甲午沉舰遗址（经远舰）和山东威海湾甲午沉舰遗址（定远舰）的相继发现，近代战舰遗址已经成为水下考古的一个新的关注领域，丰富了水下考古的内容，为船舶史和军事史研究提供了新的一手资料。

其次，就船货内容来看，经商船由外贸输出或者舶来的商品以瓷器为大宗，也是最常见的商

---

[1] 国家文物局水下文化遗产保护中心：《水下考古：原理与实践之 NAS 指南（第二版）》，文物出版社，2018 年，第 9 页。

[2] 吴春明先生在《海洋考古学》中提出的观点可以从学术和从工作实际两个角度来理解。从水下文化遗产方面来说，包括大陆性和海洋性；从我国实际水下工作来讲，分为海洋考古和内水水下考古。而从文化角度来解释内水的水下考古属于大陆性文化史的领域，不属于海洋文化的研究内容，因此，通常我们说的水下考古基本上指代海洋考古或者说以海洋考古为主，笔者文中提到的水下考古主要是指海洋考古的范畴。

[3] 吴春明等：《海洋考古学》，科学出版社，2007 年，第 1~2 页。

[4] 中国国家博物馆水下考古研究中心：《水下考古学研究（第一卷）》，科学出版社，2012 年，第 117 页。

品[1]，有关瓷器的研究也是成果最多、内容最丰富的，涉及窑口、产地、港口、航线、外销地等方面。此外，还发现了丝、茶、铁和钱币等其他商品。内涵丰富、数量众多的船货为古代海洋经济社会史的研究提供了重要依据，尤其是为"陶瓷之路""茶叶之路""海上丝绸之路"等文史概念的构建提供了有力的历史佐证。

再次，就海洋性聚落领域而言，作为海洋活动主体的人类，自史前时代开始濒海而居、依海为生，形成了形式各异的族群聚落形态。考古调查和发掘发现的贝丘遗址可以说是早期的海洋性聚落形态的代表。据有关学者统计，我国近海地带从辽东半岛至广西沿海一线，以及湖南和云南等内陆发现了近 500 处贝丘遗址[2]。其中绝大多数分布在沿海地区，对于研究古代海洋环境、海岸变迁、早期生业模式乃至文化交流与传播等具有重要意义。

物质文化遗存是考古学研究的直接对象，在深入全面研究物质文化遗存的形态及其内涵的同时，更应该通过遗存本身来扩展研究其时代背景下的政治、经济、社会、思想和艺术等深层次的宏观问题。与此同时，还要注重非物质文化遗产领域的探索，通过调查和研究关注民间造船工艺、传统航海技术、海洋民俗、海神信仰等，将物质与非物质文化遗产结合起来，力求还原海洋历史，传承海洋文化。

因此，水下考古不仅仅是沉船考古、船舶考古、船货考古，甚至是海港考古、航海考古等，水下考古的研究领域是多方面、多层次的。

（三）我国的水下考古研究

经过三十多年的发展，我国的水下考古从无到有，逐渐展开，并且成绩斐然。但也应该看到，目前中国水下考古的研究工作还待进一步加强。虽然各沿海省、市基本上都开展过水下工作，并且出版过《绥中三道岗元代沉船》《西沙水下考古（1998～1999）》《福建连江定海湾沉船考古》《东海平潭碗礁一号出水瓷器》《福建平潭大练岛元代沉船遗址》《"小白礁Ⅰ号"——清代沉船遗址发掘报告》《福建沿海水下考古调查报告（1989～2010）》《南海Ⅰ号沉船考古报告》系列等报告，也有《水下考古学研究》和《水下考古》等辑刊，以及系统著作《海洋考古学》和翻译出版的《水下文化遗产行动手册》《水下考古：原理与实践之 NAS 指南（第二版）》等学术出版物，另有若干简报、论文及文章报道等资料散落于其他刊物、报纸和网络。但是对比田野考古，水下考古研究还需要有一个广度和深度的提升，尤其是通过水下遗址遗物研究复原海洋文化内涵和形态还不够充分，对其背后发现和揭示的文化意义有待进一步深入和升华。以知网检索为例，检索"水下考古""水下文化遗产"和"海洋考古"这些关键词，按主题、篇名和全文分类得到如下结果：

---

[1]　沉船常被比喻为"时间胶囊"，以南海一号为例，截止 2019 年共发掘和出土文物约 18 万件，其中瓷器超过 6 万余件。

[2]　赵荦：《中国沿海先秦贝丘遗址研究》，复旦大学博士学位论文，2014 年。

表一　知网检索结果统计

	主题	篇名	全文	最早时间
水下考古	692	272	4459	1953 年
水下文化遗产	562	295	11039	1974 年
海洋考古	82	53	729	1978 年

（资料源于中国知网跨库检索，截至 2019 年 10 月）

目前，我国水下考古项目工作成果不少，说明研究的前景是可期的。但是从相关统计来看，研究工作还待继续加强。当前的研究多侧重于水下遗址和遗物的调查与发掘，以及水下考古技术发展和出水文物保护方面的内容，而对于通过水下工作和研究来还原海洋文化形态和解决历史问题做得不够深入，限制乃至遮蔽了水下文化遗产更深、更广层次的文化意义。

三、海洋文化研究中的海洋文化遗产

（一）海洋文化遗产在海洋文化研究中的作用

海洋文化，就是人类源于海洋而生成的文化，也即人类缘于海洋而创造和传承发展的物质的、精神的、制度的、社会的文明生活内涵[1]。也就是说海洋文化是基于"海洋"这一自然地理环境，在人类与海洋的历史互动中形成的物质和非物质的文化或者价值观，这种价值观的内涵往往是多方面的，结构是多层次的，正所谓"海纳百川"。"海洋文化"的内涵结构，按照其作为社会生活方式的表现形态，分为物质文化、精神文化、制度文化、社会文化等四个层面[2]。可以说，海洋文化的内容是丰富而全面的，与人类涉海的各个方面息息相关[3]。

"海洋文化遗存"属于典型的物质性文化，也是"海洋文化"的一个重要组成部分。吴春明先生认为："作为研究海洋文化的众多分支学科之一，海洋考古学仅仅涉及古代人类创造海洋文化的遗存部分，考古学上的'海洋文化遗存'主要是指海洋文化的物质文化遗存，通过海洋性的物质文化遗存去复原、研究海洋文化的多方面、多层面内涵，如古代船舶遗存及其所体现的造船、行船技术，港口与码头遗迹及其所体现的航海文化、技术，古代外销物品、舶来品及其所体现的海上经济文化交流等。"[4]因此，海洋文化遗产能够形象反映海洋文化，使海洋文化的表现形式更为具体直观，进而促进海洋文化的相关研究。

---

[1]　曲金良等：《中国海洋文化基础理论研究》，海洋出版社，2014 年，第 16 页。

[2]　曲金良等：《中国海洋文化基础理论研究》，海洋出版社，2014 年，第 18 页。

[3]　曲金良：《海洋文化概论》，青岛海洋大学出版社，1999 年，第 8 页。

[4]　吴春明等：《海洋考古学》，科学出版社，2007 年，第 4～5 页。

（二）海洋文化研究中考古学材料的运用

传统史学界认为中华文化是大陆性文化,农耕文化是帝国统一和王朝延续的基础,海洋文化是附属性的边缘性的文化,长期以来没有引起学界的广泛重视。自 20 世纪 90 年代开始,海洋文化才逐渐引起学术界的关注,并且研究成果越来越多。尽管如此,由于中国海洋文化涉及庞大复杂而又丰富繁多的研究内容和视角,所以至今仍未形成一个系统的研究方法和规范。因此,借助其他相关领域的材料和研究成果成为有效的手段。其中,海洋文化遗产是除了历史文献学之外的一个重要领域,海洋文化遗产的调查发现,进一步表明当代海洋文化研究除了传统的方式方法外,还需要专业的科学技术手段。在立足陆地面向滨海的基础上逐步深入海洋,探索未知。所以水下考古成为揭示海洋文化遗产,促进海洋文化研究的一个重要方面。但是由于考古工作成果与学术成果的转化存在时间差,最前沿的考古发现和最新的研究成果运用的时效性值得注意。

四、水下考古研究的趋势

水下考古和海洋文化都属于海洋人文研究的范畴,在中国作为一个研究领域几乎同时起步于 20 世纪 80 年代。从考古学的角度来讲,中华文明的起源是"多元一体"的,近年来考古学的系列发现充分展现了中华文化的博大精深,对史学研究和文化发展起到了推动作用。水下考古同样揭示了海洋文化乃至中华海洋文明的丰富多彩。水下考古和海洋文化二者的关系,从学术研究的角度来看联系密切,能够互相启示,相互促进。水下考古的工作成果是海洋文化物质性的体现,可以充实海洋文化的物质内涵。海洋文化能够拓展水下考古的研究视角,进一步界定水下考古的研究范畴。

水下考古和海洋文化几乎同时引起我国学术界的关注,海洋文化是中华文化的重要组成部分。改革开放后随着我国经济和社会发展,学术科研力量的加强以及全球一体化浪潮的影响,海洋文化引起专家学者的关注和重视。相比于传统史学的文化研究,海洋文化的研究需要更多地从传统的历史文化中去汲取养分,依靠史志文献、民间资料乃至口碑记忆甚至是考古学资料等,因此可以看作是历史文化研究的一个领域。水下考古是考古学的延伸,考古学本身具有一定的技术性,要遵循严谨地操作规程。水下考古由于其工作环境对考古工作者的技术要求更高,除了要具备田野考古的知识和技能外,还要有潜水、物探、水下摄影等专长技术。操作流程更加讲究安全性和实效性,经费投入多,涉及部门和行业广,更加需要宏观设计和规划,因此水下考古"全国一盘棋"的工作模式也适合当下行业的发展。

海洋文化涵盖的内容是广泛的、多要素的,水下考古涉及的学术领域也是多层次的、多学科的,包括造船、航海、海港、自然灾害、经济贸易、文化交流、海战、海洋政策等多个方面。最终水下考古的研究成果和研究领域离不开中华海洋文化的历史范畴。同时,海洋文化又为水下考古提供了多视角和宏观的研究方向。

笔者认为水下考古的研究范畴和最终导向是海洋文化，基础和根源更应该回归中华文化。要坚持树立中国海洋文化发展的自信心和中华民族海洋文化历史的自豪感，建设"海洋强国"，树立海洋意识，强化海洋观念，构建海洋文明，尤其是中国现代海洋文明，曲金良先生在《中国海洋文化发展报告（2013卷）》中提出了要建设中国现代海洋文明，认为将建构规范中国现代海洋发展并影响世界海洋未来的中国现代海洋文明模式确立为中国海洋文化战略的目标定位。而其现实的途径就是要用中国海洋文化实现"人"化海洋，"文"化海洋，亦即用中国文化实现中国海洋发展的人文化[1]。

党的"十八大"明确提出要建设"海洋强国"，"十九大"要求"坚持海陆统筹，加快建设海洋强国"，在国家战略的推动下，各地方开始全面行动。同时"一带一路"倡议的提出将"海上丝绸之路"研究提升到了前所未有的热度上，一时间成为政府和学界的热点。海上丝绸之路研究一直以来就是海洋文化研究的一个重要方面，当下成为了中国海洋文化建设的新坐标。海洋文化是海洋发展的灵魂。海洋发展不但需要硬实力，更需要文化软实力的支撑、导向和引领。中国历史上的"海上丝绸之路"是和平与友谊的象征，讲究相互尊重、互利互惠，体现了中华民族开拓进取、开放包容、与邻为善的人文精神，不同于西方血与火的大航海模式。因此，可以说海上丝绸之路研究是"海洋强国"的重要文化基础。

在海上丝绸之路研究领域，水下考古工作与探索研究海上丝绸之路密切相关。数量众多的沉船和内容丰富的船货无疑是水下考古的主要工作对象，也是海上丝绸之路的主要研究对象。近年来，随着各地海上丝绸之路申遗工作的联合推动，水下文化遗产保护和海上丝绸之路研究有机地结合了起来，成为推动中国海洋文化研究和海洋强国战略实施又一新的理论研究方向。

结　　语

水下考古学在中国海洋文化构建中起着重要的物质支撑作用。因此要站在构建海洋文化的视野下，借鉴海洋文化的研究领域，进一步加强水下考古的理论探索和系统学术研究。未来建议从三个方面进一步推动水下考古研究和相关工作的开展。

首先，注重海洋性历史文献和民间资料的收集和整理。借助文献搜集资料，建立基础性的文献档案资料库，可以使水下考古的实物遗存能够更好地还原历史，重建当时的事件场景。正如学界那个经典的比喻："如果说考古是在罪案现场的证据收集，那么它的姊妹学科历史学（文献研究），则是对目击者陈述的审查。两门学科使用不同的信息来源和技术，但共同构成案件的证据。"[2]海洋性历史文献包括正史、方志、专著等，同时注意外文资料，特别是与我国古代联系密切的国家和地区，例如近邻日韩等的史料。民间档案如海图、航海日志、造船记录等，需要深

---

[1]　曲金良：《中国海洋文化发展报告（2013卷）》，社会科学文献出版社，2014年，第81页。

[2]　国家文物局水下文化遗产保护中心：《水下考古：原理与实践之NAS指南（第二版）》，文物出版社，2018年，第6页。

入沿海地区开展系统的走访调查。由于经济和社会发展，尤其是近些年的城市化建设，有些沿海地带变化非常大，走访调查除了关注传统的渔村、渔民、船厂外，更要重视养殖区、养殖户和新兴的海洋牧场等的调查。

其次，逐步完善水下考古工作的相关制度，构建体系性的规章。完善的规章制度可以为行业发展提供有力的保障，能够提高工作效率，保证水下工作过程中的安全性，尤其是人员的安全，体现"以人为本"的法治精髓。同时，促进行业竞争力，提高中国水下考古的国际水平。目前国家已经出台了《水下文物保护管理条例》《水下考古工作规程》等纲领性的文件，但是专业性的指导文件仍有待进一步的出台。以考古技术装备为例，水下考古工作的技术性很强，需要完全依赖科技装备作业。水下考古装备大致包括物探设备、潜水装备和摄影器材三类。国家文物局于 2018 年颁布实施《考古装备及设施配备导则》，主要适用于田野考古工作。建议完善水下考古物探和水下考古潜水等方面的专门条例或增加相关内容。同时建议水下考古的组织协调机构不断细化完善行业和学科发展的制度，尤其是在工作操作、人员培训、技术装备、船舶运行等方面，保障水下考古的可持续发展。

再次，加强地方单位、高校和科研机构的合作，推动学术成果共享，加强国际交流。目前，水下考古"全国一盘棋"的工作模式，在一定程度上能够起到"集中力量办大事"的效果，但是受限于目前水下考古工作的专业人员力量和设备资源，水下考古工作的人员、设备和资金力量有待进一步加强。正所谓"独行快，众行远"。在各地继续开展重点调查和全面调查项目，一方面在之前项目的基础上继续深入调查研究；另一方面也要扩展范围进行有计划的普查工作。随着数量的积累和时间的积淀，项目工作和研究的持续性得到保证，成果也就水到渠成，瓜熟蒂落。此外，要充分发挥基地和工作站的作用，水下考古从行业发展之初的国家博物馆到国家文物局水下文化遗产保护中心再到现今的国家文物局考古研究中心，在与地方合作中基地起到了重要的协调推动作用。同时，继续与海洋史、造船、物探等专业领域的研究机构和高校合作，开展相关科研工作，深化研究成果。另外，加强国际交流与合作，借鉴和吸收当今国际领域的先进技术和研究成果，为建设中国特色、中国风格、中国气派的考古学贡献水下考古的力量。

A Discussion on Maritime Culture Orientation in Underwater Archaeology Research

—Based on the Perspective of Maritime Cultural Heritage

by

Xue Guangping

Abstract: Chinese culture is extensive and profound, and maritime culture is an important part of Chinese culture. Underwater archaeology related work and research results provide a material basis for the study of maritime culture and promote the study of maritime culture, which not only increases the positivity of maritime culture research, but also expands the depth and breadth of maritime culture research. At the same time, to a certain extent, the study of maritime culture provides a macro and micro reference for underwater archaeology and its research, and improves the research perspective. The two complement each other. With the implementation of the Ocean Power Strategy the Belt and Road Initiative, the maritime silk road research based on maritime heritage has become a new coordinate for maritime culture research, and also an important area of concern for underwater archaeological research and underwater cultural heritage conservation. The cross and comprehensive research of the two should be paid attention to and strengthened.

Keywords: Maritime Culture, Underwater Archaeology, Around China Sea, Maritime Cultural Heritage

航行的聚落

——南海Ⅰ号沉船聚落考古视角的观察与反思

李岩 *

摘　要：南海Ⅰ号宋代沉船船体保存状况较好，如果从田野考古的角度，可将它视为一个较为复杂的遗迹单位。因此对其的发掘，有从聚落考古来进行可行性与必要性。船体上下及周边的淤泥或者称为堆积，应当与船只沉没后，各种人力与自然力的堆积有关，而船体内各舱的瓷器等遗物乃至其空间存在的状态，则更多地代表着船只装船之后及正常航行时的状态。本文正是本着这样的思路，对南海Ⅰ号已发表的资料进行了梳理，并想借此表达对未来保存较好的木质沉船发掘之个人意见与建议。

关键词：南海Ⅰ号　聚落考古　沉船

参与南海Ⅰ号发掘工作计划制订之初，笔者根据船体保存状况较好的这一条件，提出了按照聚落考古的方法进行发掘以及研究的思路。南海Ⅰ号沉船考古发掘工作已取得了举世瞩目的成绩，为不忘初心，笔者仍然按照当时的思路就已经发表的材料，从聚落考古的角度，对其成果进行一下粗略的梳理，依据的材料主要是《南海Ⅰ号沉船考古发掘报告之二——2014～2015年发掘》[1]（以下简称《报告》）以及笔者亲临现场的观摩学习所获。

一、作为聚落的南海Ⅰ号沉船之特点

水下考古是田野考古向水下的延伸，水下聚落考古是在田野考古中引入沉船考古的概念与方法。但是，对田野考古而言，单个遗迹或相关遗迹组成的遗迹群落（含遗迹所包含的遗物）构成了聚落考古考察、研究与分析的对象。通过缜密的发掘，依托地层关系，用聚落分析的方法，可以解读遗迹的构筑与使用、废弃过程，遗迹、遗物所蕴含的诸如社会等级、人工构筑的功能和功能分区等。回到南海Ⅰ号沉船上来，作为一艘沉船，船体保存较好，可以当作一个较为完整的

---

*　李岩，广东省文物考古研究所。

[1]　国家文物局水下文化遗产保护中心、广东文物考古研究所、中国文化遗产研究院等：《南海Ⅰ号沉船考古发掘报告之二——2014～2015年发掘》，文物出版社，2018年。

遗迹单位来对待,但是,它与通常所见田野发掘的聚落相比又有着什么样的独特性呢?

它是一艘船。本文不准备就沉船建造与修整的过程进行讨论,而是从其可以推断的本次航行开始说起,至其沉没。如此,它与田野考古所见聚落不同在于:田野考古所见聚落是不可移动的,而南海Ⅰ号是航行的;由此派生出以下特征:第一是装载过程,其次是正常航行过程,再次是沉没过程,最后是沉没以后至今。这类似于一个房址从使用到废弃再到废弃之后的过程。南海Ⅰ号的聚落考古研究需要从包括船只本身及其装载的所有遗物、船上及周边的堆积中进行分析和梳理;换句话说,这些就是对南海Ⅰ号沉船进行分析的基本条件。这一研究的条件和基础就是南海Ⅰ号发掘过程中对地层学的考察与分析,首先它确定了沉没前与后船上的各种状态;之后,再对船体和所载遗物进行分析,以了解它装载的过程以及船上聚落的社会生活。简要而言:首先确定哪些是南海Ⅰ号正常航行时的遗存、哪些是与沉没过程密切相关的遗存以及剔除沉没之后的各类扰动,在此基础上分析其航行开始前装载货物和生活物资的过程,并对其船上聚落的社会生活进行重构。

二、正常航行、沉没过程与沉没之后

在谈到正常航行、沉没过程与沉没之后三类状况的相关遗存之前,我们先要对南海Ⅰ号船体本身做些简单复原。

根据发掘所见,南海Ⅰ号沉船的围护结构中艏、艉、底及两舷保存基本完好。报告中所称左舷内的首层甲板按照现在新的观点,认为是储水舱残存的部分,因其有隔板,且底部有孔相同,笔者从之;也就意味着南海Ⅰ号的首层甲板基本无存。

关于船的上层建筑,"从木船体后部几个船舱和隔舱板的结构以及散落的木构件推测,该木船应当存在一定的舰楼上部建筑。如后部的C12,C13,C14船舱的隔舱板厚重,且有补强的附贴薄板结构,隔舱板表面也残留多处榫卯结构。现存船体的尾部上层建筑基本无存,建筑结构一概不明,大量船木构件散落于沉船尾部外侧周缘,从一些木件结构观察,应当属于木踏板、甲板和护栏等残件"[1]。

从这段描述中可知,在C12~C14范围内确定存在上层建筑。另一证据也说明了上层建筑的存在,即"艃前公用、纲"墨书酱釉执壶(图一)。

它发现于T0502第四层,底部有"纲"字,壁近底部有"艃前公用"字样的墨书。对其解读有两种意见,一种认为艃前公为一人名,此瓷器为此人所专用;另一种认为"艃前公用"即为公用之器皿[2],因而对"艃前"二字的解读成为争议所在。

这件酱执釉壶出土于T0502探方的第四层,位于船艉部之外。首先可以确定,这不是它在

[1] 国家文物局水下文化遗产保护中心、广东文物考古研究所、中国文化遗产研究院等:《南海Ⅰ号沉船考古发掘报告之二——2014~2015年发掘》,文物出版社,2018年,第127页。
[2] 林唐欧:《"南海Ⅰ号"沉船瓷器墨书初步研究》,《南海学刊》2018年第4期。

1

2

图一　墨书褐釉执壶（T0502 ④：0035）

船上的原来的位置。现在的位置为 C14、C15 的靠左位置，也就是说，这个范围还有船艉楼倒塌的堆积。

宋代文献对于船的上层建筑有少量的记载，斯波义信先生借《宣和奉使高丽图经》考证了客船的结构："中部分隔为三舱，前舱位于两樯（头樯、大樯）之间（樯即为船帆），不安舻板（甲板），底置灶和水柜，其下层用作水手之卧室。中央舱为四室。后舱是称为"斋屋"的楼房状客室。"[1] 虽然出使高丽的海船与南海Ⅰ号并非完全一致，但具有参考意义，而且其特别指明了楼房状客室的位置及名称。

从执壶的位置及其墨书字形的含义考察，斋字应指南海Ⅰ号船艉上层建筑的客舱，"斋前公用"的意思即为放在客舱前公用的饮水器皿，底部的"纲"字，意为纲首提供了此壶。这与报告中的描述互为印证，证实了南海Ⅰ号上层建筑的存在，并有专门的名称：斋。但其层数与具体外形、尺寸已不可知。

南海Ⅰ号沉船的基本外貌为单桅海船，且有名为斋的上层建筑。上层建筑的重要性不仅在于对船体本身的认识，还涉及下文所谈到的沉船过程以及船上社会等相关问题。

确定上层建筑后，再回到正常航行、沉没过程与沉没之后三个阶段上来。

《报告》介绍了发掘的地层堆积情况，并认为："总之，第 2 至 4c 层为沉船沉没后至 1987 年发现时期的历史沉积过程，其中第 2、3 层属于沉船上部随海洋动力而飘浮移动逐渐沉积形成的豁质淤积型泥沙，4a、4b、4c 层为沉没时期及以后的较长时期内所形成。"[2] 笔者认为这个推断是合理的。笔者认为：4c 层的包含物更多地反映了沉船过程或沉船刚刚着陆不久各种船载物件在船表面的分布；而 4b 层所反映的是经历一段时间之后的堆积，即它是在船艉楼倒塌之后形成的。正如报告所言："木船体表面以上整体呈凹凸不平状态，以铁锅、铁钉、瓷器等包含物为主，这些与船体及船舱内货物黏结一起的凝结物，作为该层以下的沉船整体对待。"[3] 即 4c 层之下，及船体内高于 4c 层的凝结物即为南海Ⅰ号正常航行时的堆积。需要指出的是，很可能是铁器凝

[1]　[日]斯波义信著，庄景辉译：《宋元时代的船舶》，《船史研究》1985 年第 1 期。

[2]　国家文物局水下文化遗产保护中心、广东文物考古研究所、中国文化遗产研究院等：《南海Ⅰ号沉船考古发掘报告之二——2014～2015 年发掘》，文物出版社，2018 年，第 33～41 页。

[3]　国家文物局水下文化遗产保护中心、广东文物考古研究所、中国文化遗产研究院等：《南海Ⅰ号沉船考古发掘报告之二——2014～2015 年发掘》，文物出版社，2018 年，第 34 页。

结物导致了南海 I 号首层甲板被"击穿"和丧失殆尽。这种情况与清理一座穹窿顶的汉代砖室墓葬时,当顶部倒塌之后,顶部之上的泥土和物品会向下侵入墓室相似。这些侵入的泥土和物品可以被辨认和剔出,同时,更不能因此否认墓顶的存在。

那么,沉没过程给我们留下了什么线索呢?这个拼图虽然不能百分之百的拼合,但还是有一个十分重要的线索,间接记载了海难发生时船只沉没过程的情况。这个所谓的间接线索来自南海 I 号金器散落情况(图二)。

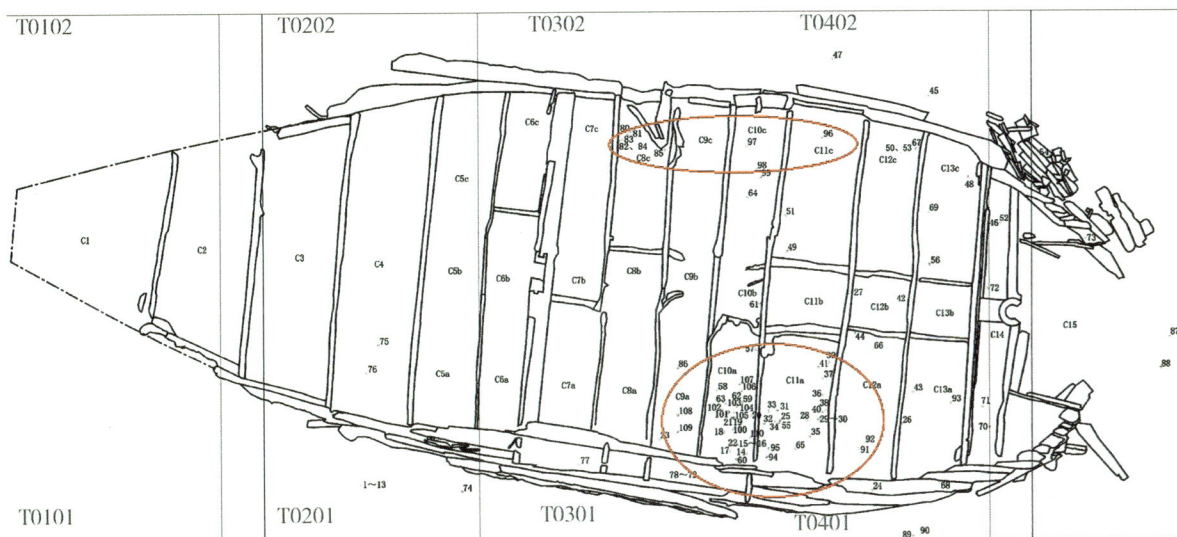

图二　金器集中分布示意图

从《报告》所发表的 2014 年凝结物分布图和金器分布图来看,金器在左舷 C9、C10 范围内分布最为密集,其次是右舷 C8～C10 处也较多,但较左舷者少。结合《报告》的描述"C9、C10 只有散落的凝结物,起吊后下部为混杂的泥沙土坑,也没有黏结现象,推测之前受过扰动和搬移,不是原始凝结物形成的固有位置",即 C9、C10 只有散落的凝结物,而受过扰动和搬移是一种可能,另一种可能是 C9、C10 首层甲板上本来就没有装载那么多的铁器。笔者因金器分布的情况,更倾向于后者的可能性。船只沉没前,船艉曾被高高举起,在艉内存放的金器被抛出,因遇到 C9 前方的铁器,被阻挡在铁器之后,来到了现在的位置。因此,笔者认为这是船只遇险后严重颠簸所导致的。

沉没之后的堆积,《报告》中有所描述和介绍,此处不赘述。

三、航迹推断

在大体了解了正常航行、沉没过程的堆积状态后,让我们将目光转入航行的环节。

所谓航行的环节是指南海 I 号沉没前,曾在哪些港口装载过什么主要的货物。换句话说,就是南海 I 号所装载的货品中的主要类别产地在哪里?特别是这些货品的集散地在哪里?清楚了集散地所在,也就清楚了船只曾经在哪里停泊过。

南海Ⅰ号上所装载的货品中,有如下几大类别:金银及铜货币、黄金奢侈品、瓷器、铁器、铜镜、漆器等。

铜币可暂时忽略,首先考察金银货币和奢侈品的产地和集散地。

黄金货币中,可以提供产地和集散地信息的器物主要是金叶子。南海Ⅰ号的金叶子按照铭文中店铺名称分类,共有"韩四郎""王助教◇""晋李四郎"三种[1]。

"韩四郎"金叶子传世和出土者为数不少,虽然未见店铺地址的戳印,但据对同款韩四郎铭文金叶子的研究[2],其产地就是现在的杭州。

"王助教◇"款由自铭地址"霸南街东"可知,亦在杭州[3]。王助教作为店铺的标记,在已著录过的黄金货币中尚未出现过,故南海Ⅰ号发现的王助教店铺,为南宋临安诸多金银铺中新增添了一家。助教,为南宋时州中的散官,官位极低。在过往的发现和研究中,也出现过类似的称谓,并有学者进行了专门的论述[4],即助教为官位,如此标记有显示地位及广告之用。

关于"晋李四郎"铭文的金叶子,发表过的同类铭文黄金货币仅见成都金沙遗址博物馆"金色记忆"展览图录中的例子,其被推断为北宋末年山西晋州的产品[5],其他有"李四郎"铭文的金银器皿和首饰在江苏、福建等地均有发现,但均非货币,而是器皿[6]。有学者认为江苏的带"李四郎"铭文者为扬州本地所产[7],福建者未有相关研究。南宋时期,金银货币、首饰的生产有出自一家的例子,考古发现中可见实物[8]。韩四郎家的店铺,不但制售金叶子,还制售金首饰。韩四郎的例子说明,黄金货币、器皿与首饰来自相同的店铺,因涉及商业信誉等原因,店铺重复标记的几率几乎不存在。因此,笔者认为南海Ⅰ号"晋李四郎"金叶子的产地还是在杭州,且黄金奢侈品的产地也是南宋的临安城。

银铤又何如呢?

"杭四二郎"二十五两银铤标记了店铺的地址:"霸南街东"。第十一船舱银铤凝结块中剥取的"张二郎""京销铤银"银铤,虽然无法看到关于其自身店铺地址的铭文,但在杭州玉泉出土的金牌中,有"张二郎"标记者[9];"京销铤银"中的京销二字,是南宋银铤中最为常见的文字,说明其产地同样在杭州。

---

[1]　李岩:《小议南海Ⅰ号出土的金叶子》,《博物院》待刊稿。

[2]　李小萍:《南宋金银盐钞交引铺研究》,《中国钱币》2010年第2期。

[3]　浙江省博物馆:《金银同辉——南宋金银货币精华》,文物出版社,2019年。

[4]　屠燕治 金德平:《宋代金银货币铭文解读四则》,《中国钱币》2004年第4期。

[5]　冯荣光:《李四郎金:七百年的金器窖藏之谜》,《华西都市报》,2019年9月12日第9版。

[6]　王振镛、何圣庠:《邵武故县发现一批宋代银器》,《福建文博》1982年第1期;肖梦龙、汪青青:《江苏溧阳平桥出土宋代银器窖藏》,《文物》1986年第5期。

[7]　肖梦龙、汪青青:《江苏溧阳平桥出土宋代银器窖藏》,《文物》1986年第5期。

[8]　浙江省博物馆:《错彩镂金——浙江出土金银器》,浙江人民美术出版社,2012年,第110页。该书中的金钏上有"韩四郎"戳印铭文,与韩四郎款的黄金货币当为同一店铺所产。

[9]　浙江省博物馆:《错彩镂金——浙江出土金银器》,浙江人民美术出版社,2012年,第56页。

就商业贸易的角度而言,产地与采购地不一定是相同的地点,而采购地点与集散地关系更为密切,更与南海Ⅰ号装船的地点密切相关。南海Ⅰ号的金银货币、奢侈品产地为南宋时期的临安,那么,其交易的市场,或者说,集散地又在何处呢?

南宋临安从事金银货币,乃至金银器皿与首饰的制售机构被称作金银盐钞引交易铺,吴自牧先生的《梦粱录》对其有相当精彩的记载:"自五间楼北,至官巷南街,两行多是金银盐钞引交易,铺前列金银器皿及见钱,谓之'看垛钱'……并诸作分打钑炉韛,纷纭无数。"[1]文中提到了李博士桥邓家金银铺、汪家金纸铺等店铺。

南海Ⅰ号出土的金叶子中,王助教和韩四郎的店铺均可在南宋时期临安金银店铺分布图上找到它们的位置(图三)。

从南海Ⅰ号的出土文物并结合文献综合判断,其上货的第一个地点是现在的杭州,也就是南宋之临安。

另一类大宗的商品为瓷器。船上十多万多件(套)瓷器,产自江西、浙江、福建、广东等不同窑口,但其集散地才是我们关注的重点。

先来看看景德镇窑与龙泉窑的瓷器集散地。

林士民先生早在20世纪80年代初,就对宁波(南宋称明州)东门口码头遗址、江厦码头遗址、渔浦城门遗址和码头基址进行了考古工作,用考古与文献相结合的方法,证实了宁波古港是宋元时期景德镇陶瓷的外销集散地之一。[2]2017年,笔者参加宁波大榭岛制盐遗址相关会议期间,于雷少先生处了解到,大榭岛的考古发现中,还包含了瓷器仓储遗迹和遗物。在两米多的堆积中,不仅发现了南宋时期数量庞大的景德镇窑、龙泉窑两窑口之瓷器,还出土了瓦、瓦当以及陶排水管等建筑物遗存。这些遗存恰好印证了林先生关于宁波为瓷器集散地的观点,而且有些景德镇窑的瓷器与南海Ⅰ号所见者基本相同(图四)

相对而言,笔者不仅检索过泉州、福州的相关考古发现,未见有此两类窑口瓷器的仓储遗迹,同时,还曾两次到访泉州市博物馆的库房,并向张红兴先生了解情况,证实泉州未见景德镇窑与龙泉窑瓷器仓储遗迹的发现。至于不少外销瓷研究者认为的,从景德镇出发将瓷器通过水路、陆路联运方式,送抵福州或泉州的观点,均未如宁波集散景德镇、龙泉窑瓷器的说法考古证据充分。故笔者认为,南海Ⅰ号上的这两类窑口之瓷器是从宁波港上船的。

福建窑口的瓷器则或在福州或在泉州集散。

南海Ⅰ号出土的铁器种类繁多,重量达百余吨。那么这些铁器是从哪里采购上船的呢?曾经有观点认为是从福建泉州装船的,但文中未见考古资料,系根据文献推断而定[3]。笔者暂时亦无新的观点。《报告》对铁器的装载分布情况做了介绍,C8舱左侧靠船舷处有少量铁条坯件,

---

[1] 阚海娟:《梦粱录新校注》,巴蜀书社,2015年,第219页。

[2] 林士民:《宁波东门码头遗址考古发掘报告》,《浙江省文物考古研究所学刊》,文物出版社,1981年;《从明州古港(今宁波)出土文物看景德镇宋元时的陶瓷贸易》,《景德镇陶瓷》1993年第4期;后来,林先生陆续发表其他相关论述,不赘述。

[3] 林唐欧:《"南海Ⅰ号"船载铁器初探》,《遗产与保护研究》2018年第8期。

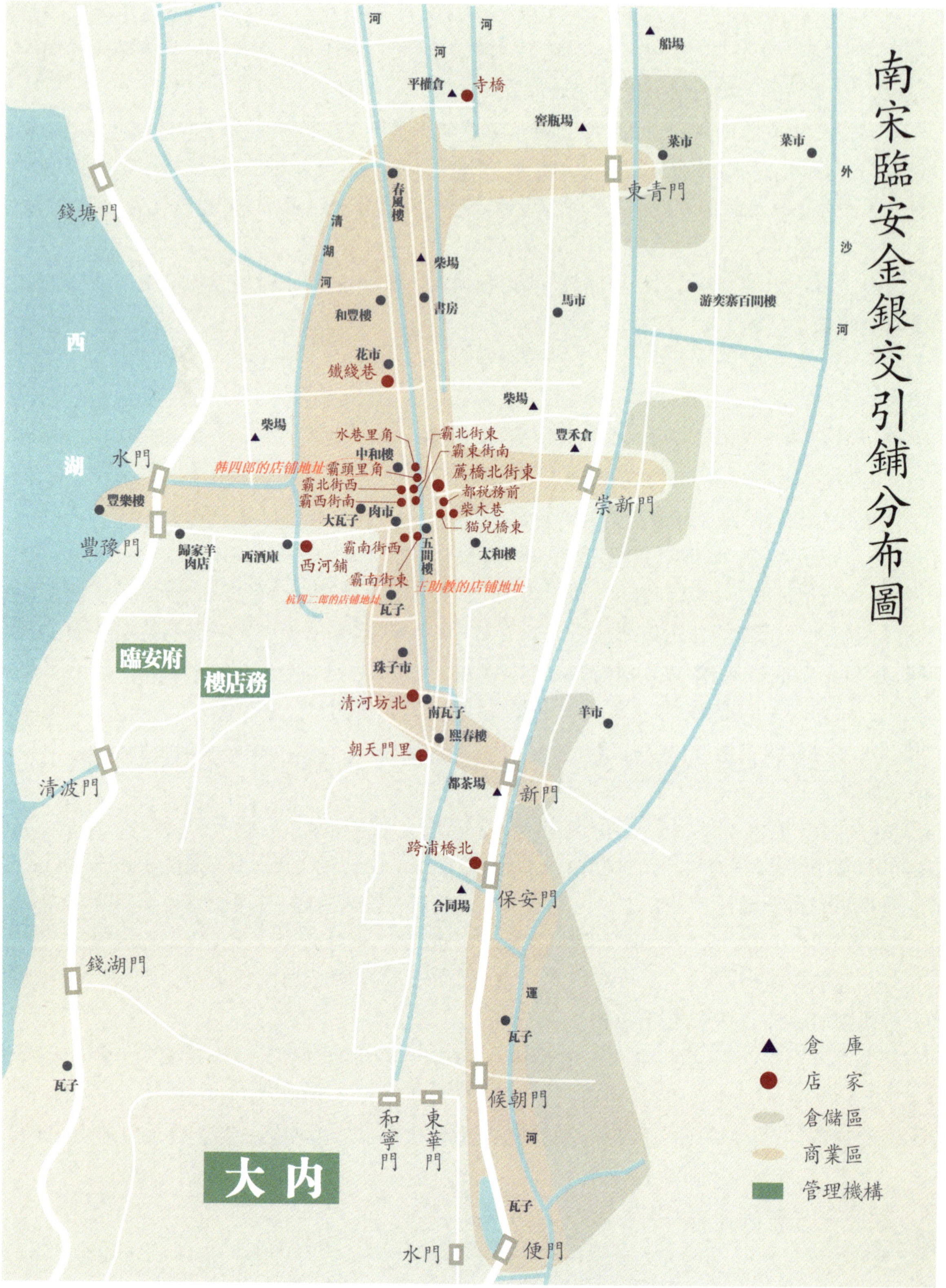

图三　南海Ⅰ号所载金器交易店铺位置示意图

（浙江省博物馆：《金银同辉——南宋金银货币精华》，文物出版社，2019 年，第 248 页）

C11 只在中间堆放铁条坯件,两边用薄木板固定,C9、C10 未见铁器,联系本文后述,似乎在装船时有意将 C9、C10 预留了出来。

图四 宁波大榭遗址地层堆积及建筑构件

南海Ⅰ号 C9、C10 出土了数量较多的酱色釉多系罐、四系罐,被归入磁灶窑瓷器中。《报告》对此类酱釉罐在舱位中的分布未有介绍,因此,其出土位置不明确。笔者到南海Ⅰ号发掘现场观摩学习时,专门就此类器物出土的位置做了观察和咨询,此类罐子绝大多数出土于 C9、C10 中。在与南越王宫博物馆及香港中文大学的友人交流过程中得友人告知,此类罐中的相当部分与磁灶窑同类产品类似,但并非磁灶窑产品,而是广东佛山石湾窑及南海奇石窑的产品[1]。《报告》还介绍了一件带铭文瓷片,T0502④：756,为酱黄釉带器耳印纹瓷的腹片,印有"酒墱"二字,

[1] 黄慧怡:《香港与广州所见宋代石湾窑印花贮藏罐之初步认识》,《中国石湾窑》,中国华侨出版社,2018 年。

外加方框[1]。广东窑口的瓷器通常集散在广州港，而"酒墱"二字更为广州方言，其含义即为酒坛。这两条证据可以说明，南海Ⅰ号曾在广州上过货。C9、C10有"玉液春"酒坛[2]和咸鸭蛋等物资，如此有两种可能性：或为船货，或为海粮[3]。笔者倾向于后者，前文提到的斯波义信先生的考证指出，船的中部为厨房，据此可认为南海Ⅰ号C9、C10为厨房之所在，C9、C10为海粮仓储舱位是基本可以肯定的。那么也就意味着南海Ⅰ号的海上补给是在广州港完成的。换句话说，C9、C10表面未曾堆放铁器的原因是预留出来装载补给品之用，而补给则来自广州。至此，南海Ⅰ号完成了所有船载货品的装载，那么广州港即为其离岸港口。从现代贸易的角度而言，此时，才是海关验货放行的时候。接下来的航程就进入了离岸航行并到达目的地的阶段。

关于南海Ⅰ号的目的地，笔者曾经有过论述，此不赘述[4]，仅说明该船目的地在阿拉伯半岛至波斯湾地区。

如上，对南海Ⅰ号这个航行着的聚落，根据船载货品的集散地，大体可知其航迹为杭州—宁波—福建沿海—广州。

四、衡具与船货

将南海Ⅰ号航迹拼图大体勾画出来之后，再就其主要船货和相关物品来考察一下这艘海船远航的主要目的。

（一）衡具之天平

除了货物和货币之外，衡具是进行贸易活动的最重要的工具之一。南海Ⅰ号上所见衡具是我国历年考古发掘收获中最为珍贵的一批衡具实物，当中包括了天平和杆秤[5]。杆秤及其配件例如秤杆、秤钩等与今天菜市场所用中型杆秤的规格十分接近。它与天平构成了不同重量级商品进行交易的较为完备的衡具系列。本文重点谈谈天平。

关于宋代天平的考古发现，在过往发表的

图五　南海Ⅰ号出土木盒及天平配件

［1］　国家文物局水下文化遗产保护中心、广东文物考古研究所、中国文化遗产研究院等：《南海Ⅰ号沉船考古发掘报告之二——2014～2015 年发掘》，文物出版社，2018 年，第 282 页。

［2］　黄慧怡：《香港与广州所见宋代石湾窑印花贮藏罐之初步认识》，《中国石湾窑》，中国华侨出版社，2018 年。

［3］　［日］真人开元：《唐大和尚东征传日本考》，中华书局，2000 年，第 47、48 页。

［4］　拙作：《南海Ⅰ号里的镶嵌宝石黄金首饰》，《美成在久》2020 年第 2 期。

［5］　国家文物局水下文化遗产保护中心、广东文物考古研究所、中国文化遗产研究院等：《南海Ⅰ号沉船考古发掘报告之二——2014～2015 年发掘》，文物出版社，2018 年，第 487～492、533～535 页。

材料中基本只见砝码一类[1]，不见其全貌。南海Ⅰ号天平确认的关键证据来自 T0501 出土的一件木盒。盒子现存部分没有盖，但盒内按照所盛放的部件被分割成形态不同的格子，左上为一件金属鼓形砝码，上部和中间为衡杆和水滴形环体残件，右边为一卵石。砝码与衡杆的共存（图五），可证此为盛放天平的盒子无疑（图六）[2]。参照天平的发展历史，以及南海Ⅰ号天平复原后的形态，笔者将其命名为"吊盘式等臂摆针天平"[3]。此天平为我国宋代考古发现中衡具实物的首例；杆秤的复原，则有待后续研究工作的跟进。

截至目前，南海Ⅰ号共出土了十三件金属砝码，其中盛放天平的木盒子中的一件尚未进行检测，其他十二件均为铜质砝码。最轻的一件仅 0.12 克，最重的为 78 克。按照宋代衡制换算[4]，最轻的一件约为宋代的三厘半，最重的约为宋代的二两。

图六　南海Ⅰ号出土天平复原图

表一　南海Ⅰ号出土十二件铜砝码重量列表

序号	重量（克）	与宋代衡制换算（约等于）	出土位置
1	0.12	3 毫	T0602 ④
2	2.34	5.8 厘	T0501 ④ C
3	9.41	2.3 钱	T0501 ④ C
4	10.25	2.5 钱	T0501 ④ C
5	10.37	2.6 钱	T0401 ④ C
6	14.14	3.5 钱	T0402 ③
7	18.85	4.7 钱	T0501 ④ C
8	19.5	4.9 钱	T0501 ④ C
9	20.13	5 钱	T0501 ④ C
10	39.58	1 两	T0501 ④ C
11	70.33	1.8 两	T0301 ②
12	78	2 两	第十舱中部第①层

[1]　吉县文物工作站：《山西吉县出土金代铜砝码》，《文物》1987 年第 11 期。

[2]　南海Ⅰ号申报 2018 年全国十大考古新发现资料。

[3]　李岩：《南海Ⅰ号出土吊盘式等臂摆针天平的"架设"》，考古大家谈微信公众号，2020 年 5 月 6 日。

[4]　郭正忠：《关于宋代斤两轻重的考订——从宋人的考察古称秤及近年的出土宋衡实物》，《中国史研究》1990 年第 3 期；丘光明：《天平、杆秤和戥子》，《中国计量》2011 年第 4 期。本文取值：宋代衡制今 40 克为宋代一两、4 克为一钱，如此类推。

由表一可见，十二件砝码绝大部分出自船艉舱所在的 04、05 系列探方中，仅两件例外，分别出自 T0301 ②层和第 C10 中部的①层。由于报告未标注更为具体的出土位置，因此，只能大概推断绝大部分砝码所在的原来位置，很大的可能是在船后部和尾部之舲内，现存位置不仅与沉船过程有关，而且，应当与舲的坍塌有关。至于这些砝码是否为一套，则无法确定，主要理由是船上的天平个体有数件，无法一一对应。

既然出现了天平，那么，它的量程和用途是两个最基本的问题。

从砝码的重量可知，南海Ⅰ号的等臂天平之量程，最小值为宋代 3 毫左右，那么，其最大量程是多少呢？南海Ⅰ号发现有宋代二两之砝码，那么最大量程是二两吗？这不仅违背常理，也有相关考古发现可提供反证。

1985 年，山西临汾市吉县结子沟村村民发现了一件藏于陶罐中的铜质砝码[1]。该砝码呈鼓形，实测重量为 198 克，并有铭文为"伍两"。考古工作者根据其特征，认为是金代遗物，可视为与南海Ⅰ号发现者时间相同。

确定南海Ⅰ号天平的量程，当然不能离开其本身。南海Ⅰ号的黄金饰品中，总重量最大的一件，是出自"百宝箱"中的三链项链（标本 T0201 ②：84），总重 272.7 克。这个重量折合为宋制为 6.8 两。理论上说，南海Ⅰ号的海商所携带的天平应当足以称量自己的商品，因此，结合中、外同时期的砝码重量，以及南海Ⅰ号船载金首饰的重量，笔者推测，南海Ⅰ号天平的最大量程应当大于 6.8 两。

考古是实物碎片构成的历史，虽然船上未见二两以上砝码，但仍然可以依据同类发现，推断天平的最大量程的范围。作为贵金属交易中最为重要的工具，砝码是有一定范式和规矩的。如果从使用的实际情况来看，量程的最大数值可能会在 7~8 两的范围，相当于今天的 280~320 克。南海Ⅰ号所见天平，其量程从 3 毫至 8 两是合理的，其用途应更多地用来称量黄金制品，或香料中量轻价高且体积不大的物件。

除衡具之外，南海Ⅰ号中发现的与贸易活动密切相关的文物还有木制的商业用途的印章以及砚台。南海Ⅰ号的海商进行贸易时，应当有纸质的商业文书，而南宋商业用途的印章在国内考古发现中也属仅见。

（二）主要船货的价值

说完衡具、文具，再根据主要船货的数量和相关考古发现，大体推算一下南海Ⅰ号船货的价值。这是因为过往的研究中，常常以外销瓷为主要出口货物，但是当我们将这些主要船货以货币价值进行估算时会发现，南海Ⅰ号的例子不仅生动有细节，甚至与以陶瓷为主要船货的观点有着显著的区别。

1. 金银及铜质货币的价值

南海Ⅰ号出土（水）的铜钱至少达到了 23000 枚，姑且，按照 23 贯计算。

---

[1]　吉县文物工作站：《山西吉县出土金代铜砝码》，《文物》1987 年第 11 期。

货币的用途一则是应付航行途中的各种花费，二是采购之用。按照常理，航行途中的花费占比应大大小于与采购者，但其比例，目前尚未可知。

南海 I 号出土的黄金货币的总重量为 400 余克（后陆续又有少量发现，暂不计算入）[1]。隆兴年间（稍早于南海 I 号沉没的时间），一两黄金可兑换 35000 文铜钱[2]，即 35 贯。那么，南海 I 号上的金质货币总值约为宋制 10 两，折合铜钱为 350 贯。

银铤等白银货币的总重量达到了 300 千克以上，为 7500 两白银，大约一两黄金可兑换 13 两白银[3]，折合黄金为 577 两，兑换为铜钱，大约是 20195 贯。

从货币总价值来看，三类货币总值约 20568 贯，白银占据绝对优势，黄金货币次之，铜钱则更少。从海商的角度而言，这个数量结构有一定的合理性，毕竟铜币无论是体积还是重量都较大，在航海途中是不划算的；白银货币则是沿途各国较为受欢迎的货币，故此，价值总量最大。

2. 黄金奢侈品的价值

根据最新统计资料[4]，船上黄金制品的总重量为 2.8 千克，首饰类的重量达到了 2399.1 克，折合为宋制 59.97 两，参照今天饰品黄金与货币黄金的比例，前者是后者价格的 120% 左右，即相当于 71.93 两黄金货币的价值，换算为铜钱是 2518 贯左右。

3. 铁器的价值估算

铜镜在南宋时期是按照重量售卖的，但发现数量有限；其他金属质地饰品和日常用具因统计较为困难，均暂不计入。南海 I 号商品中铁器为大宗器类主要有锅、刀具、钉子等。由于大量铁器已经成为凝结物，凝结物中还有不少为半成品，类别和个体数量无法完全统计。因此，计算方式为称重：总重量达 124000 千克（124 吨）之巨。故此，参考黄金货币与黄金饰品的价格比值，铁器加工较为粗重，取值略低些，假定为 115%。南宋时期的生铁价格比北宋时有显著上涨，约为每斤 130 文铜钱[5]，那么，124 吨折合成宋制为 193750 斤，生铁则需要 25187 贯左右，产品价值则为 28965 贯，姑且将其作为南海 I 号铁器的总价值。

4. 瓷器价值的估算

瓷器是南海 I 号所载的另一种大宗商品，共 16 万件（套），个人随身物品可忽略不计，这些瓷器价值几何呢？

河北定县静志寺真身舍利塔塔基出土的定窑之白釉刻花莲瓣碗，内有墨书文字："供养舍利，太平兴国二年五月廿二日，施主男弟子吴成训，钱叁拾足陌"[6]，即此碗为三十个铜钱所购买。

———————————————

[1] 国家文物局水下文化遗产保护中心、广东文物考古研究所、中国文化遗产研究院等：《南海 I 号沉船考古发掘报告之二——2014～2015 年发掘》，文物出版社，2018 年，第 422 页。

[2] 彭威信：《中国货币史》，上海人民出版社，2015 年，第 373、374 页。

[3] 彭威信：《中国货币史》，上海人民出版社，2015 年，第 373、374 页。

[4] 南海 I 号申报 2018 年全国十大考古新发现资料。

[5] 程民生：《宋代物价研究》，人民出版社，2008 年，第 290 页。

[6] 定县博物馆：《河北定县发现两座宋代塔基》，《文物》1972 年第 8 期，图片由陈波先生提供。

福建建欧市迪口北宋纪年墓出土的瓷瓜楞盖罐墨书曰："庆历三年五月上□□早□□龙矣用□三十文男□"[1]，即此罐为三十个铜钱所购买。

福州市地铁屏山遗址河沟出土北宋时期瓷器的墨书曰："甲申十月二十六六文"[2]，即这件小器皿用六个铜钱购得。

美国克里夫兰美术馆所藏崇宁四年（1105 年）磁州窑白釉注壶墨书曰："崇宁四年……七十文秦家"，[3] 即七十个铜钱购得。

上述为北宋时期数据，可供参考，单件瓷器的价格在 6～70 文不等，取其均值，大约 35 个铜钱一件。那么，南海 I 号瓷器的总价值大约为 5550 贯。虽然都是参考数据，但从总价值的对比而言，显然是低于铁器的。

如上所述，以各类船货（含货币）的价值大小排序：铁器为 28965 贯；其次为三类货币，总值约 20568 贯，其中绝大部分为白银；再次为瓷器，5550 贯左右；黄金饰品次之，为 2518 贯左右；未计算铜器和其他金属制品以及漆器、丝绸、茶叶等数量较少的货物价值。海船的总造价大约为 10000 贯，货币与货物总价值在 57000 贯以上。需要说明的是，本文估算的铁器和瓷器价格，从绝对价值的角度而言，存在进一步研究的空间，但不同种类船货之价值的相对数值有一定的参考意义。

南海 I 号船货中另外值得特别关注的是黄金奢侈品的中间产品。然而，我们需要面对的另一个问题是：南海 I 号之未曾镶嵌宝石的奢侈品，以及首饰上的各类配件，它们作为非成品从杭州采购并装载上船。

参照现代国际商业运作模式，南宋时期，应当存在着自中国杭州，经船运到达西亚的奢侈品供应链。现代意义的供应链是指为终端客户提供商品、服务或信息，从最初的材料供应商，一直到最终用户的链上的企业的关键业务流程和关系的一种集成。相关企业，通过对信息流、物流、资金流的控制，从采购原材料开始，制成中间产品以及最终产品，最后由销售网络把产品送到消费者手中，将供应商、制造商、分销商、零售商，直到最终用户连成一个整体的功能网链结构。

当然，我们在南海 I 号的奢侈品中，不能见到分销商、零售商，但西亚地区的制造商信息通过未完成镶嵌工序的项链等，已经显现；至少是南海 I 号将这些未完工的奢侈品售卖给到岸后的下游商人，由他们继续未完的工序。从塞林古港的砝码来看[4]，那里当时就应当有从事后段（镶嵌宝石及其后零售等环节）商业活动的商人。这些中间产品则生产、采购自临安。诚然，古代国际间的此类贸易，一方面有赖临安这座世界都市之冠的生产能力与市场，还与往来密切的海上贸易活动有关。在贸易中，商人们对适销对路产品的敏感、相互间的信任以及信息的交流都是奢侈品能够形成类似现代供应链的条件。有赖于这些条件，临安的上游店铺，与西亚地区的下游商家形成了商业伙伴关系，发挥各自的优势，通过这些奢侈品贸易链条，达到多赢共利的

[1]　建瓯市博物馆：《福建建瓯市迪口北宋纪年墓》，《考古》1997 年第 4 期。
[2]　梁如龙：《福州市地铁屏山遗址河沟出土瓷器墨书分析》，《福建文博》2016 年第 4 期。
[3]　北京大学考古系、河北省文物研究所、邯郸地区文物保管所：《观台磁州窑址》，文物出版社，1997 年，第 562 页。
[4]　姜波先生提供资料。

效果。从历史的角度来看,这种伙伴关系,导致的结果还包括了前所未有的紧密的文化、艺术交流、融合,开启了中国与伊斯兰文化区贸易合作的新模式,拓展了今天我们对以陶瓷和香料等为主要商品的海上丝绸之路贸易内容的认知。

从南海Ⅰ号的各类物资价值角度看,该船船货有如下特点:首先银铤的价值显示,海外的采购量较高,而且白银货币在海外使用亦为非常常见之事;其次是铁器不仅数量多、重量大,且价值亦高;通常被认为海贸中数量和价值都非常高的瓷器,价值仅居第三;而黄金奢侈品则以体积小、价值高位居瓷器之后。由此分析,与通常所谓以输出瓷器交换回香料等为主要目的相比,南海Ⅰ号此次远航,携带如此多的白银货币,应当以采购海外商品回国贩卖为主要目的,瓷器出口似乎没有想象般那么大。这与文献所载某些贩卖瓷器的小海商卧于瓷器之上较为吻合,即瓷器由于价格不算贵,贩卖的门槛也自然较低,但其数量却是很大的。中间产品的贸易,显示了其贸易关系之密切与成熟程度很高之状况。

五、航行的聚落

作为航行的聚落,南海Ⅰ号乘员的海上生活又是怎样的一幅图景呢?

(一)船上聚落人员登记初步考察

文献记载了宋代海船的一些组织结构情况,现结合船上出土文物来考察一下船上聚落的社会等级结构。

据文献记载,南宋海船上的乘员中最高负责人为纲首,以下还有副纲首、火长……等,以商人为主,也可能有其他类别的乘员,那么,具体到南海Ⅰ号上的情况如何呢?

关于船上社会组织结构的资料,主要见于瓷器的墨书中,其中有两大类:一是船货墨书,其次是非船货墨书。在非船货墨书中,有几例非常重要,与船上的社会组织结构密切相关。

"纲"字墨书之含义为纲首,基本为学界共识,本文不赘述。

"郑知客"墨书,报告中共五件,其中两件位于C9舱中,还见于其他位置。有意思的是,此类墨书的瓷器与纲首墨书瓷器装载于相同仓位。此墨书书法在南海Ⅰ号的墨书字迹中可称上品;但其内容, "知客"二字的含义是什么呢?

宋代文献中,知客作为低阶官员的名称,大体有四种情况:或为州级政府机构的公吏,或为皇子的府内幕僚[1],或为汉传佛教寺院中的僧职,或为国外使团的组成人员。

乾道九年(1173年),广西经略安抚司奏报:"安南都知兵马使郭进赍牒关报,差使、副管押称贺今上皇帝登极,及进奉大礼纲运赴行在(杭州)。……赴行在人员:一员大使,八名职员,

---

[1]　苗书梅:《宋代州级公吏制度研究》,《河南大学学报(社会科学版)》2004年第6期;刘坤新:《南宋潜邸出身官员群体研究》,河北大学2015年历史学博士学位论文。

一名书状官，一名都衙，二名通引官，四人知客，五人象公，三十人衙官从人。”[1]此条文献有两点与海商之船相关，一是纲运，负责人为贺登极纲大使，二是该大使团队的随员中有知客。故此笔者以为，使团中的知客与南海Ⅰ号的知客有类似之处，在南海Ⅰ号纲首之下有知客这个职位；而为公吏、皇子的府内幕僚、僧职等身份的可能性极小。这条文献显示：知客为使团成员，与南海Ⅰ号的外贸活动人员组成有类似之处。综合考量，笔者认为，南海Ⅰ号的郑姓知客与使团中所列知客类似，为南海Ⅰ号上的管理日常事务之职，与海商团队中“事头”承担的岗位职责相吻合。从目前发表的墨书来看，南海Ⅰ号的乘员人数不太多，只有数十人的规模，纲首之下不设副职，直接为“事头”或知客也在情理之中。

蔡火长墨书中的“火长”结合文献来看，《梦粱录》有云：“……且论舶商之船。自入海门，便是海洋，茫无畔岸，其势诚险。盖神龙怪蜃之所宅，风雨晦冥时，惟凭针盘而行，乃火长掌之，毫厘不敢差误，盖一舟人命所系也。”[2]火长乃司导航之职，责任重大，如此，地位亦应较高。

“柯头甲”墨书出土于C2舱表面[3]。北宋王安石的改革中，保甲制度是重要内容，在海船上也被应用[4]。此墨书瓷器的主人很可能是船上头甲，或称为第一甲的成员，亦可能是甲长，柯姓，为当时海船保甲制度的重要物证。

报告中介绍的“纲”字墨书共十五件，写在罐子底部。此类器物主要集中在C9舱中，应为装船时的位置，另外一件出土于船后部的T0502探方[5]。“纲”字为纲首，得到了学者们的公认，为南海Ⅰ号上等级地位最高者，并有一定的执法权。C9舱较为集中地存放带有纲首标志的器物，同时还有郑知客的墨书瓷器。同样较为重要的舱位还有其后的C10、C11舱，大量的银铤装载于这两舱之中。“艄前公用”执壶的位置与船艉楼密切相关。这些证据都说明，C9～C11以及船艉的艄舱都是船上等级较高之人所使用的空间，且位于艄屋之前，既安全又便于看管。有理由推测，C10～C11舱瓷器墨书所显示的杨、林、王、谢、庄、蔡等姓氏的海商，在日常中是与纲首较为亲密的商人，所以，他们的货物才能在纲首货物的附近。也就是说，C10～C11舱内货物的主人，是南海Ⅰ号上等级较高的海商，其他舱位则应当是中、小海商的船货了。这个等级中，还有“以舱代薪”的船工，例如“陈工直”墨书瓷器，即为船工所有，受雇于纲首，拥有少量舱位代替工资，可以贩运些瓷器。笔者观摩南海Ⅰ号发掘现场时，崔勇先生介绍了位于船体前部右舷的一个仓位有水平分层的情况，其为小海商或低等级船员“卧铺”的可能性极大。

从上述分析可知，南海Ⅰ号上的海商至少有四个等级，依次为：“纲”字墨书瓷器的所有者，纲首；“郑知客”墨书的所有者，为船上的“事头”，其货物可与纲首同放一舱；再次是第三等级者，即船货装载于C10～C11舱，瓷器墨书为杨、林、王、谢、庄、蔡等姓氏的海商或船员，蔡姓火长也

[1]（清）徐松：《宋会要辑稿》，中华书局，1957年，第7865、7866页。
[2] 阚海娟：《梦粱录新校注》，巴蜀书社，2015年，第211页。
[3] 林唐鸥：《“南海Ⅰ号”沉船瓷器墨书初步研究》，《南海学刊》2018年第4期。
[4] 廖大珂：《宋代海船的占籍、保甲和结社制度述略》，《海交史研究》2002年第1期。
[5] 国家文物局水下文化遗产保护中心、广东文物考古研究所、中国文化遗产研究院等：《南海Ⅰ号沉船考古发掘报告之二——2014～2015年发掘》，文物出版社，2018年，第403页。

应归属到第三等级中;最低等级者乃"陈工直"墨书之瓷器所有者。

如何看待南海Ⅰ号近三千克的黄金制品和三百多千克的银铤的归属呢?虽然无任何文字记载,但船上其他出土物品给我们提供了一些重要的线索,那就是衡具。根据《报告》的介绍,南海Ⅰ号共出土了至少六件天平和若干杆秤[1]。这些天平的主要作用为称量交易过程中的黄金制品,那么也就意味着拥有黄金制品的海商至少有六位。从前述等级分析来看,这六位海商应当是纲首、郑知客,以及装货物于C10~C11舱墨书所示之杨、林、王、谢、庄、蔡等姓氏海商中的某些人,即所谓等级地位与所拥有的货物或随身物品相符的原则。这也与俞伟超、高明两先生所说周代用鼎制度[2]的考古学观察相似。虽两者年代相隔久远,但对于等级社会而言,确有异曲同工之处。同理可知,银铤中的大部分应当属于第三等级以上海商所有。

(二)海粮与船上的宗教用品

从《报告》中提到动物骨骼以及各类谷物、坚果和水果核来看,这些当为海粮。前文提到,淡水大概储藏在左舷原来被称为甲板的舱中。媒体陆续报道出来的酒类与咸鸭蛋等于航海生活中的口粮补给。乘员饮酒也是较为普遍的事情。

南海Ⅰ号出土的宗教用品,目前所见均为佛教用品,其中有念珠、罗汉和僧伽大和尚(也称为泗州大圣)(图七)。僧伽是观音之化身,有护航、治病等作用[3]。从宗教用品的角度而言,南海Ⅰ号上的主要乘员当为中国人无疑,但也不排除有外国人的存在。

图七　南海Ⅰ号出土僧伽大和尚

六、反　　思

(一)报告编写的内容结构与目的

《绥中三道岗元代沉船》为沉船考古报告之首,其编写受到了船体无存等客观条件的限制,但是南海Ⅰ号沉船则不然,表层凝结物之下的船体和各个船舱基本保存完好,正如本文所言,相当大的部分为完成装载之后航行当中的状态;不仅有当初以聚落方式进行发掘的计划与实践,当然也具备按照舱位进行报告编写的基本条件。

---

[1] 国家文物局水下文化遗产保护中心、广东文物考古研究所、中国文化遗产研究院等:《南海Ⅰ号沉船考古发掘报告之二——2014~2015年发掘》,文物出版社,2018年,第489~492页。
[2] 俞伟超、高明:《周代用鼎制度研究》(上、中、下),《北京大学学报》1978年第1~2期、1979年第1期。
[3] 徐苹芳:《僧伽造像的发现和僧伽崇拜》,《文物》1996年第5期。就南海Ⅰ号出土此类造像是否为僧伽的形象,笔者专门请教过陈悦新、姚崇新两位校友,得到了肯定。

　　笔者认为，如果以田野考古所见多室墓的角度来编写发掘报告是恰当的。只有这样才能更客观、全面、系统地反映发掘的成果，为未来的各种研究提供更为坚实、有力的资料与证据[1]。舱位就是多室结构的墓葬，每个舱位之内的上下关系，最小的地层单位，尽可能地介绍包装单位，虽然不一定能够与"床"建立联系，但舱内的瓷器具体如何码放，有墨书者与这些瓷器及包装的关系等都需要认真研究。如果以田野考古来比较，将舱作为房子或墓室对待，其中的遗物状态、位置、数量都需要较为详尽的描述以及配图说明。众多目的中，更为重要目的有：装载过程的重构，写有墨书瓷器以及共同包装的瓷器数量，进而了解相关海商的货物拥有数量等。这是未来重新梳理资料时需要补课的重要部分。也就是说，只有以舱为遗迹单位进行描述，方有可能达成上述重要目的。

　　从目前南海Ⅰ号出土（水）文物的收藏情况来看，建立包含所有遗存信息（不同年度）的全数据信息的电子化数据库是十分必要的，至少在虚拟空间，我们可以拥有一套完整的南海Ⅰ号考古调查、发掘资料，为将来的研究与展览打好基础。

（二）杭州与南海Ⅰ号

　　通过前文的叙述，可以了解到南海Ⅰ号与南宋临安及周边地区的各类专业市场的关系极为密切，金银货币、奢侈品从产地、采购地，到装船；国家法令政策、海商团队与南海Ⅰ号这个集合体，正是南宋时期社会向海舶的延伸；船上奢侈品，或中间产品的出现，与隐藏其后的奢侈品"供应链"密切相关，是南宋时期，以临安为代表的中国南宋时期商品经济发达的必然要求与结果；黄金奢侈品以中间产品的形式外销，大有当时海外贸易"金融街"的意味，同时也是南宋软实力的体现，经由海商输出到更远的国家与地区。

未完成的结束语

　　所谓从聚落角度考察南海Ⅰ号沉船，航行着的聚落是其最大的特征，使得我们可以从沉没时间向相反方向探索，粗略地勾勒出它的航迹：首先它从杭州装载了金银货币和奢侈品，之后一路南下，至广州最终完成了所有物品的装载，从这个意义上说，广州港是它的离岸港口，如果有"公凭"的话，应当是在广州市舶司领取的，因为只有在这里船载物品才能点算、报关。

　　无论如何，本文也仅仅是对南海Ⅰ号沉船大概的重构，远远不是结束，更不敢自认为定论；更多的是抛砖引玉，并恳请各位方家指正。

---

[1]　李岩：《水下考古的信息指标略说（一～二）》，《南方文物》2005年第3期、2006年第1期。

Observation and Reflection on a Perspective of Settlement Archaeology of Nanhai I Shipwreck

By

Li Yan

Abstract: From the view of Field Archaeology, the hull of Nanhai I Shipwreck was better preserved as a complex relic unit, so it is feasible and necessary to explore them under the standard of Settlement Archaeology. Sludge, also called accumulation, covered the ship inside and out after the ship sank. But Chinaware, which filled up ship's garage as main subject of goods, could tell us something about the ship and its voyage. This article offers a literature review about Nanhai I Shipwreck, and provides some personal opinions and suggestions, expected to be useful to the future wooden shipwreck better preserved.

Keywords: Nanhai I Shipwreck, Settlement Archaeology, Shipwreck

2016 年新地村天主教堂遗址发掘简报

广东省文物考古研究所

摘　要: 新地村天主教堂遗址是近代法国人为进一步在岛上传教和接纳更多信众,在上川岛建的一所希腊式教堂,后因战争等原因毁坏,现仅存条石等地基。2016 年广东省文物考古研究所组织人员对其进行考古发掘,布设了大小不等的探沟 10 条,基本弄清其本体及整个园区的建设范围和结构。在针对教堂历史发展过程的考古调查中,又在岛上发现其他相关教堂或公所遗址,还有一处金字塔状山顶碑座遗址等重要遗存,再现了上川岛在中国近代史中的历史风貌。
关键词: 天主教堂遗址　建筑结构　附属建筑　宗教遗迹　殖民色彩

　　上川岛位于广东省南部沿海,台山市广海湾南侧的川山群岛东部,西与下川岛隔海相望,东北距大陆 9.19 公里,其东邻港、澳及珠海经济特区,距香港、澳门分别为 87 海里和 58 海里,距

图一　上川岛新地村天主教堂遗址地理位置示意图

大陆山咀码头 9.8 海里。上川岛是珠江口西侧最大的岛屿,呈哑铃形,南北走向,长 22.54 公里,最宽处 9.8 公里,最窄处 1.2 公里,海岸线长 139.8 公里,面积 137 平方公里,岛上遍布大小港湾多处,是古代海上丝绸之路的重要节点(图一)。

为了配合台山市申报海上丝绸之路世界文化遗产工作,广东省文物考古研究所组织发掘队伍对台山市上川岛新地村天主教堂遗址及其周边范围进行了必要的考古调查、勘探和发掘工作。本次文物考古工作从 2016 年 8 月开始,至 10 月结束。下面将该遗址的调查和发掘情况作简要介绍:

一、新地村天主教堂遗址概况

新地村天主教堂遗址位于上川岛大洲湾东侧,大洲村委会新地村大洲小学内,坐东朝西,面向大海。该教堂由罗马教廷派驻广州的第一任主教明稽章组织筹建,并于 1868 年落成,为希腊式,用来接纳新入教的天主教徒,还附带一所学校和一个座堂神甫住所(图二)[1]。

图二　1914 年《圣教杂志》所刊天主堂照片

[1]　转引自陈静:《〈黄埔条约〉签订后法国教会在粤活动研究(1844~1885)》,知识产权出版社,2009 年;佚名:《广东上川岛历史及归化始末记》,《圣教杂志》第三年(1914 年)第一期。

教堂建成后传教士们一直在岛上进行传教活动,与方济各·沙勿略墓园教堂共同见证了上川岛近代西方宗教文化的传播。

在与新地村民众的访谈中了解到,最后一位在此处传教的神父,中文名叫江能士。他在1918年34岁时成为玛利诺修会的传教士,后来到上川岛传教。1941～1942年,日军占领上川岛期间,焚毁了天主教堂,江能士神父亦被日军杀害。1947年,江门天主教会在教堂遗址南面修建一座教堂附属建筑。该建筑坐南向北,高二层,青砖墙,木梁架结构,庑殿顶。当年主要用于弥撒和生活之用。后又修建一座小二层石构建筑,称修女楼。1949年后,教堂建筑材料被陆续拆卸,另作他用,仅存石条砌筑的建筑基础。1949年以后,天主教堂遗址之上建成了新地村大洲小学,遗留下来的神父楼成为教学楼。修女楼则在后来的学校建设中被拆除。

目前的新地村天主教堂遗址由天主教堂基址、神父楼及修女楼遗址三大部分组成,长62.2米,宽42.8米,遗址区面积约3300平方米。

天主堂基址地势平整,现仅存本体基础结构。房基面宽16.42、进深20.08米。内有部分地基条石缺失或被翻动,但从现存裸露的地基条石中还能较清晰地看出教堂本体平面大体呈矩形,东侧有半圆形凸出的圣堂遗址。

神父楼基本结构保存较好。神父楼是一座两层的砖木结构房屋,墙承重结构体系,檐口高度6.34米,总高度(屋脊)8.63米,占地面积115.7平方米,建筑面积231.4平方米,面宽五开间,面宽17.43米,进深6.64米,中间开间为楼梯间,两侧为使用空间。楼梯间设置一三跑木楼梯从一层上到二楼。楼梯间墙和外墙厚24厘米,砖墙承重,二层楼面为木梁承重结构,楼面板为木板。坡屋面结构支撑体系为:楼梯间墙和三角形木屋架支承木檩条,木檩条上搁椽子再覆双层仰瓦灰梗屋面,在檐口处出挑形成双层瓦檐[1]。

修女楼地面已无存,原址上已建设成排球场,但当地村民至今还有此建筑的记忆。

2014年11月广东省文物考古研究所对该教堂做了一些地表的考古调查及相关测绘工作。2016年8月始,为配合江门台山申遗工作,我所继续对该教堂做了一些地表的考古调查和发掘工作,共清理了整个遗址区约3300平方米的植被和表土,同时在南部修女楼原址以排球场框架为基础布设探方发掘,在教堂本体以及周边布设探沟10处进行解剖性试掘,进一步弄清楚教堂建筑结构及附属建筑相关情况(图三、四)。

二、教堂本体的发掘

从2016年8月开始,我们把教堂表面覆盖的杂草杂物及回填土清理干净,在教堂礼拜区铺砖地面清理出来后,又在教堂内外选取了10处布置探沟并完成清理,从而基本了解了各个时期的地面和教堂建筑的基础结构(图五)。

从地表清理情况及探沟发掘情况来看,该教堂应是先挖一基础坑,再填铺40～50厘米厚石

---

[1]　据广东五邑大学广东侨乡文化研究中心2016年测绘数据。

层，见 TG4、5（图六、七、八）。进入礼拜区又铺了一层 40～50 厘米厚石层，然后再铺一层黄色砂土，再斜铺方砖，最后再铺一层红褐色砂土抹平，见 TG7、9（图九）。后来被改造成小学时，选了几处再开挖基槽建起石墙，地面则铺一层水泥。

三、北部附属建筑的勘探

教堂北面原小学食堂那边树丛里的空地上找到了早期的墙基，是石构基础。由于周边植树太多，不宜大面积揭露，只能用探沟和探孔结合方式探摸。该墙体在院墙边上，宽约 0.4 米，东西探孔探明 10.3 米，南北方向无存。探沟发掘可见墙体南部地面被严重扰动，原地面基本无存。根据现场相对距离推断，该墙体应是 1914 年照片中左侧的建筑基础残迹（图一〇）。

四、南部附属建筑墙体的清理

1914 年照片中的建筑即在现神父楼位置，我们在神父楼南侧发现一道墙基。该墙基亦宽 0.4 米，但东西两端走向不明，由于现场现代围栏影响不便进一步清理，因此墙基深度不明，当时地面结构不明。但据现场相对距离推断，该墙体应是 1914 年照片中右侧的建筑（图一一）。

图三　新地村天主堂遗址清理后航拍照片（由西向东）

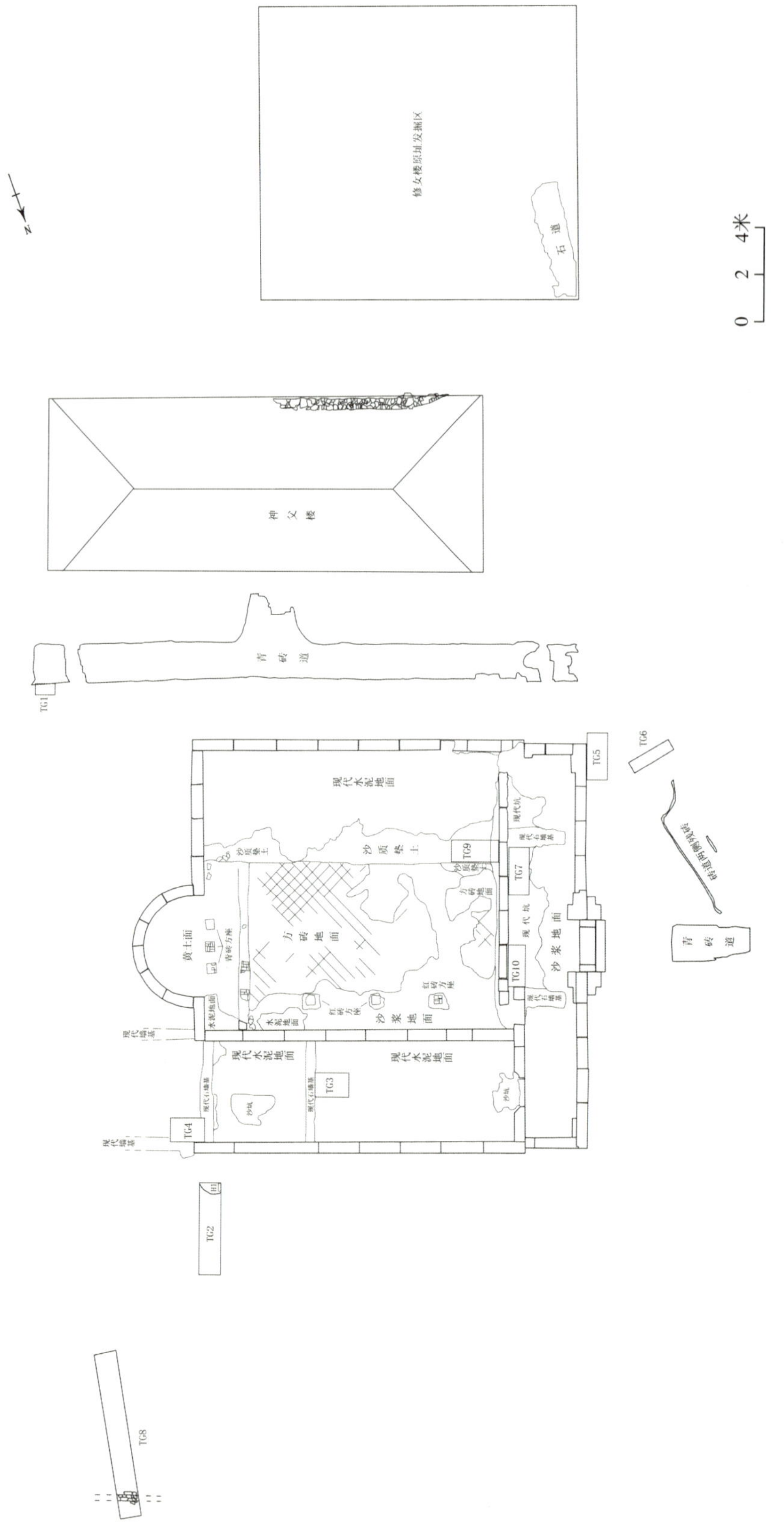

图四　2016 新地村天主教堂考古发掘平面图

图五　教堂礼拜区铺砖地面（由东向西）

图六　教堂东北角探沟 TG4 露出的几个活动面及石条下堆石（由东向西）

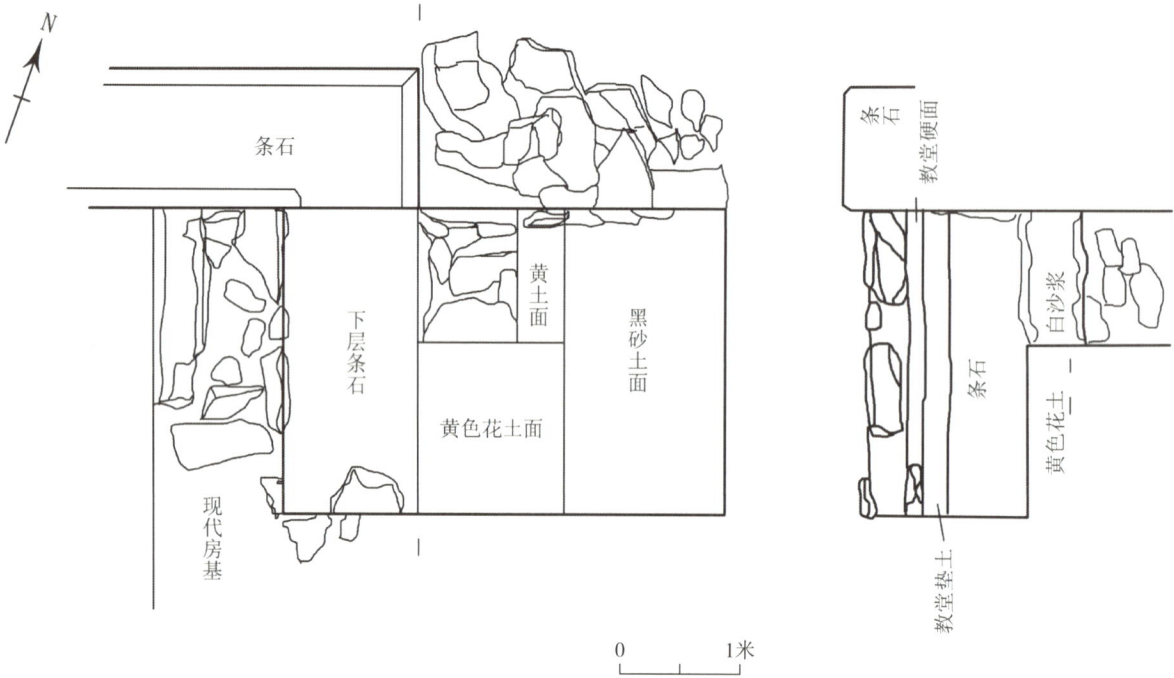

图七　探沟 TG4 平剖面图

图八　教堂西南角探沟 TG5 露出的基础坑铺石（由西向东）

图九　TG7 与 TG9 可见教堂前庭底层基础坑铺石和礼拜区上层铺石（由西向东）

图一〇　天主堂北面 TG8 北端石墙（由西向东）

图一一　神父楼南侧石墙（由北向南）

五、南部神父楼及砖道的清理

神父楼后被改造成小学，被废弃后楼内堆积各种柴草、农用废品及生活垃圾等杂物，我们利用发掘空当把楼内清理干净。同时沿着已暴露的楼前的青砖步道痕迹，把已埋在泥下的整条青砖步道清理出来。该砖路从天主堂门前开始铺砌，向北已基本无存，向东南方向则连接神父楼前砖道（图一二）。

六、南部修女楼的发掘

经过大面积探方发掘，大部分已见黄色生土或较早的黑色砂土层，除石道外，未见修女楼原基础。推测修排球场时已被破坏无存。在修女楼原址西北角发现一条石道，据新地村老人回忆，该路由于院内步道青砖不够后用石补齐（图一三）。

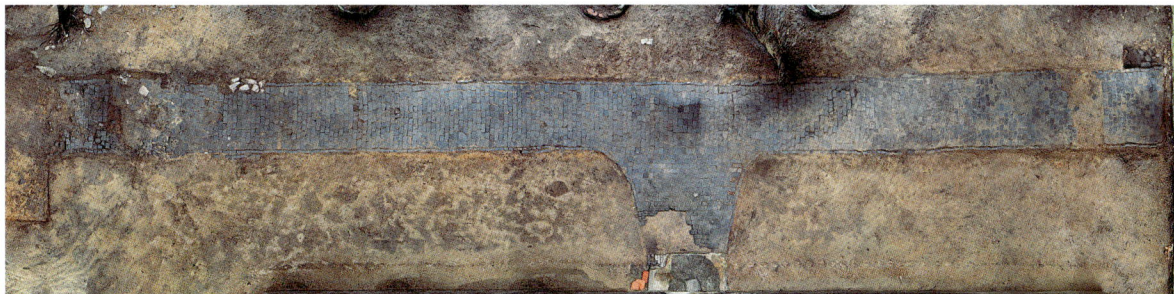

图一二　神父楼北侧砖道（由南向北）

图一三　修女楼原址前石道（由东向西）

七、其他相关调查

（一）岛中四堂

《圣教杂志》第十二年第十期的《上川岛盗患与风灾》一文中记载："今夏七月二十二日飓风骤至……岛中四堂，虽云未倒，而损失之巨，不下二三万余……"[1]除我们熟知的圣墓教堂和新地村天主教堂外，我们走访岛上数村，在当地热心村民的带领下又发现两座小教堂。其一在西牛村；其二在浪湾村。西牛村和浪湾村教堂早已被改造利用或废弃，教堂原址都难以辨识。不

[1]　佚名：《上川岛盗患与风灾》，《圣教杂志》第十二年（1923 年）第十期。

过，至少我们能确认民国年间岛中至少还存在四座教堂。

（二）窑口石条

我们还在朱家庄与新地村之间的农田中发现了两座当地部队建的砖窑上镶砌了大量石条，与新地村天主教堂内用石条非常相似，从洞口前看蔚为壮观。然而据村民介绍，当时大洲小学天主堂已作为小学，不能拆移，这些石条是从方济各墓园教堂铺石阶梯拆移过来的（图一四）。

图一四　部队建窑镶砌的石条

（三）塔顶山碑座遗址

据岛民称，岛上最高山塔顶山山顶上有一处石构古迹。有岛民认为其影响了岛上风水而捣毁之，如今还残存一些石头基础，从大洲湾等各处远观新地村天主教堂后山顶上皆可见突起一小山包即是。我们从东部后山水库附近上山调查，果真在山顶发现一处小山包状石构建筑遗迹。

该建筑遗迹位于新地村天主教堂东面，海拔约 370 米高的塔顶山山顶处，底部呈阶梯式金字塔状，西壁方向约 22 度。底部基础除西北角较清晰外，周边各处都被严重破坏，底部边长约为7×7 平方米，通高约 3 米。西北角还残存四级阶梯，宽和高都在 0.4～0.5 米，到第五级残高则达0.7～0.8 米。石墙缝还可见有白灰浆。周边未见古代遗物（图一五）。

图一五　山顶遗迹近景

民国时期在华天主教会的机关刊物《圣教杂志》第三年（1914 年）第一期《广东上川岛历史及归化始末记》有记载："一八六七年……经营二载，甫成圣堂两所……无何，又建二碑。一碑在山中，石座高三十尺，一碑在岛上最高处圣堂之后，作石柱式，高有三十迈当，上置十字圣架。小堂后面又立一圣人铜像，自地面起高约一百尺。主教之意欲使外人至中国者舟行至此即能瞭见此十字记号追念东洋宗徒之事迹也。"[1] 从 19 世纪的一幅画中可清晰看到上川岛的两座教堂及新地村后山山顶十字架（图一六）[2]。可见，该山顶石构建筑亦是与新地村天主教堂同时的宗教遗迹。

[1]　佚名：《广东上川岛历史及归化始末记》，《圣教杂志》第三年（1914 年）第一期。
[2]　Stephen Davies, Achille-Antoine Hermitte's Surviving Building, *Journal of the Royal Asiatic Society Hong Kong Branch*, Vol. 56 (2016), pp. 92 – 110. 转引自 Les Missions Catholiques, 2426 (3rd December, 1915) p. 577.

图一六　上川岛两座教堂及山顶十字架

八、遗物

该遗址出土遗物不多，主要是碎瓷片、瓦片及个别锈蚀严重的铁器等。因年代较晚，文献记载也较为清晰，因此发掘的地层及相关遗物年代、性质等的指示意义不大。但个别瓷片还是很有时代特征，下面介绍部分遗物标本：

（一）明代瓷片

该遗址偶尔能采集到一些与附近大洲湾明代外销瓷遗址出土物一致的青花瓷片，但采集到的残件棱角圆钝，釉面发白，显然是海水或其他原因被冲刷至此的。

标本 2016SJXT2 ③：1，青花碗底，修女楼发掘探方 T2 第③层出土。釉质轻薄均匀，表面经冲刷磨蚀而发白，胎质白净，细腻坚硬，内壁底下双圈青花弦纹内饰有花卉纹，外壁底下与圈足皆有弦纹，外底双圈青花弦纹内可识"□明□造"（图一七）字样。

标本 2016SJ：5，青花碗口沿，直口，清理教堂本体回填土时采集。釉质轻薄均匀，表面经冲刷磨蚀而发白，胎质白净，细腻坚硬，口部内外壁都有一道青花弦纹，内壁还饰有其他青花纹饰（图一八）。

标本 2016SJ：6，青花杯口沿，直口，清理教堂本体回填土时采集。釉质轻薄均匀，胎质白净，细腻坚硬，口部内外壁都有青花纹饰，内壁青花装饰较满（图一九）。

（二）晚清或近代瓷片

标本 2016SJ ：1，青花碗底，清理教堂本体回填土时采集。釉质轻薄均匀，青花没有上述大洲湾遗址风格瓷器的色调那么明亮，笔重处发黑，胎质白净，细腻坚硬，内底下有青花花卉纹（图二〇）。

标本 2016SJSN ：1，青花碗底，清理教堂遗址神父楼南墙回填土时采集。釉质轻薄均匀，较新亮，青花色调较蓝，笔重处发黑，胎质白净，细腻坚硬，内底下有青花花卉纹（图二一）。

标本 2016SJSN ：5，青花碗口沿，直口，清理教堂遗址神父楼南墙回填土时采集。釉质轻薄均匀，胎质白净，细腻坚硬，内壁素面，外壁饰有青花卷云状纹饰（图二二）。

标本 2016SJ ：2，青花碗口沿，直口卷唇，清理教堂本体回填土时采集。釉质轻薄均匀，胎质白净，细腻坚硬，内壁素面，外壁还饰有青花线状纹饰（图二三）。

标本 2016SJ ：4，青花碗口沿，敞口卷唇，清理教堂本体回填土时采集。釉质轻薄均匀，胎质青灰坚硬，夹少量杂质，内壁素面，外壁还饰有青花线状纹饰（图二四）。

标本 2016SJSN ：4，青花碗口沿，敞口卷唇，清理教堂遗址神父楼南墙回填土时采集。釉质轻薄均匀，胎质白净，细腻坚硬，内壁素面，外壁还饰有青花线状纹饰（图二五）。

标本 2016SJSN ：3，青花碗口沿，敞口卷唇，清理教堂遗址神父楼南墙回填土时采集。釉质轻薄均匀，胎质青灰坚硬，夹少量杂质，内壁素面，外壁还饰有青花花卉纹（图二六）。

标本 2016SJSN ：3，青花碗口沿，敞口卷唇，清理教堂本体回填土时采集。唇口铁褐色，釉质轻薄均匀，胎质青灰坚硬，夹少量杂质，内壁素面，外壁还饰有青花花卉纹（图二七）。

小　　结

通过对表面植被及回填土的清理，以及在重点区域的探方式或探沟式发掘，我们基本了解了教堂本体的结构。对比法国外方传教会图书馆（Library of the Missions étrangères de Paris）藏该教堂的设计图纸手稿（图二八）[1]，可见原教堂基础也遭受局部破坏。教堂两侧的建筑分别为一所学校和一处座堂神父的住所[2]。同时我们还能进一步复原其建造过程以及后来各个时期的改造利用情况等，一定程度上还原了该天主教堂从建造→使用→废弃→改造利用→再废弃的历史发展过程。

在对教堂本体进行清理的同时，我们还找到了天主教堂早期南北两侧附属建筑的墙基，清理了晚期附属建筑神父楼内的垃圾，发掘了修女楼原址，对早晚期的附属建筑保存现状已有一定的掌握，其间还对相关其他遗迹做了一些必要的调查，再现了晚清到近现代天主教在上川岛的传播历程。

---

[1] 　Stephen Davies, Achille-Antoine Hermitte's Surviving Building, *Journal of the Royal Asiatic Society Hong Kong Branch*, Vol. 56 (2016), pp. 92 – 110.

[2] 　陈静：《〈黄埔条约〉签订后法国教会在粤活动研究（1844~1885）》，知识产权出版社，2009 年。

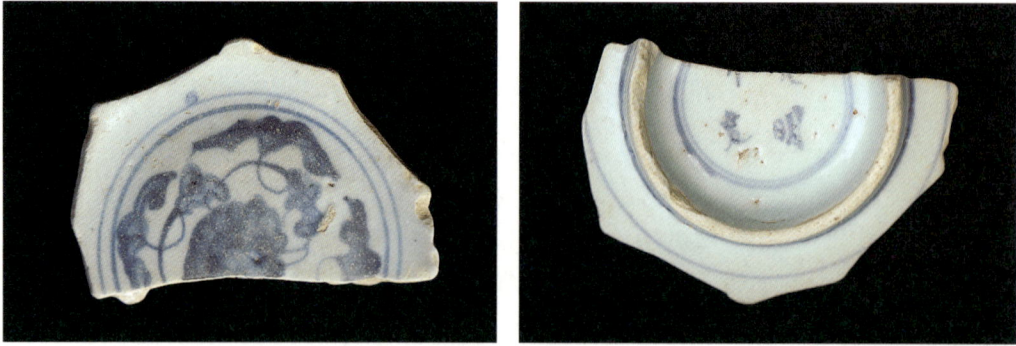

图一七　2016SJXT2③：1

图一八　2016SJ：5

图一九　2016SJ：6

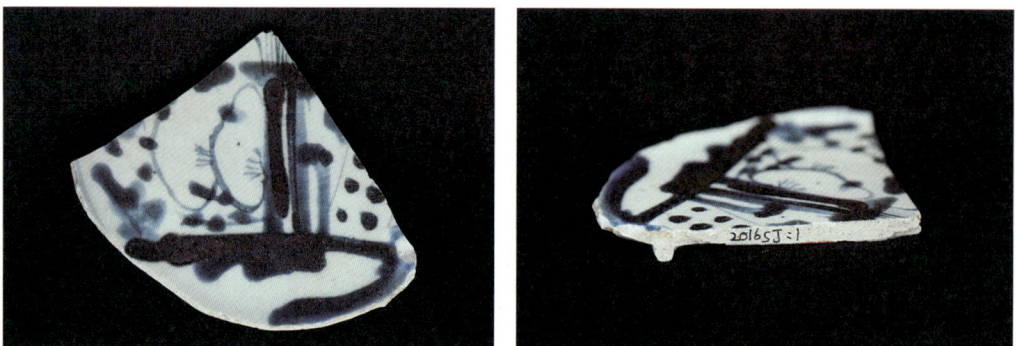

图二〇　2016SJ：1

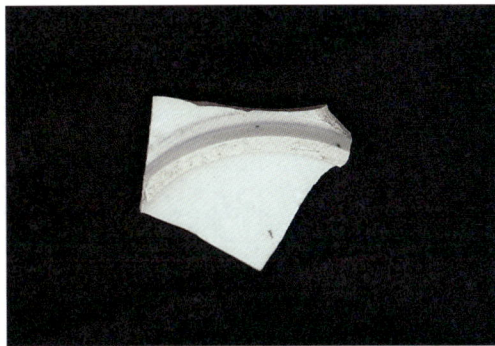

图二一　2016SJSN：1

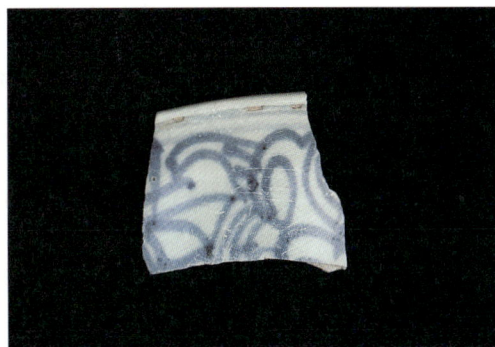

图二二　2016SJSN：5

图二三　2016SJ：2

图二四　2016SJ：4

图二五　2016SJSN：4

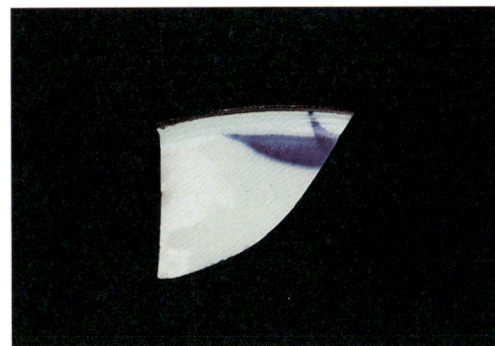

图二六　2016SJSN：3

图二七　2016SJ：3

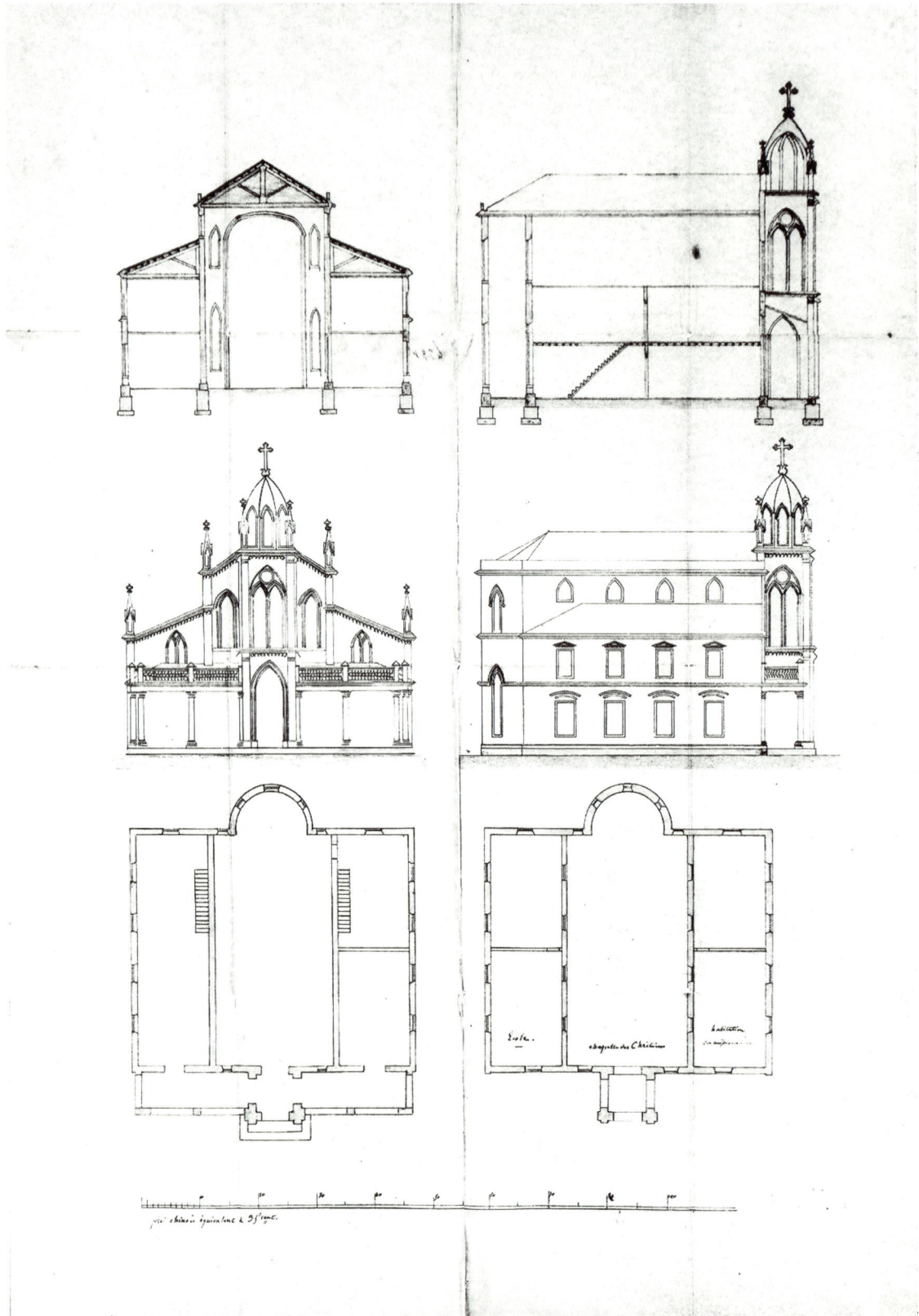

图二八　法国外方传教会图书馆（Library of the Missions é trang è res de Paris）藏该教堂的设计图纸手稿

近代世界史中天主教传入中国，是伴随近代西方国家对华贸易的开展而发展起来的。天主教东方传教先驱方济各·沙勿略随葡萄牙商船从印度经马六甲到日本再到中国上川岛[1]，并最后在上川岛离世，而他的墓园纪念教堂一旁正是当年葡萄牙人早期到中国贸易的据点——今天已是广东省文物保护单位的大洲湾遗址。

然而，中国近代史是由西方国家的坚船利炮掀开的，近代西方传教活动是伴随甚至支持殖民侵略开展起来的，同时也当然伴有中国本土官民反侵略反天主教的相关活动，这方面尤以法国为甚。"除了由于法国是传统天主教大国一向重视海外传教外，更重要的原因在于这一时期法国对华贸易与英、美相比极其薄弱……"[2]广东主教明稽章在致法国外交部长的信中说："我觉得，在这个只有法国传教士和传教思想代表法国的地方，确实有必要建造一座使人见了就想起或谈论起法国，并能显示法国势力的教堂。"[3]由此可见，上川岛近代教堂的宗教性质也已经不纯粹了，而带有鲜明的殖民时代的政治色彩。

1884 年中法战争爆发，广东省内官民驱逐天主教会人士，即《圣教杂志》谓："而大艰难以起，司铎乃离此而去。是年仇教风潮起，全国抢攘，虽不久即熄，而影响已及于岛上……土匪乘之，遂拥入堂内，焚掠兼施，地方官坐视不救。幸圣堂系石造未能烧去……"直至 1904 年时任广东主教梅主教派陶司铎到上川处理教务时，仍然战祸不断[4]。一战期间，法国撤回传教士，后教堂由美国神甫进驻。1927 年 5 月美国玛利诺外方传教会第二任总会长，江门教区代牧华理士主教在上川祝圣。二战期间，日本侵略军进驻新地村，并在该村设有临时指挥所。1941 到 1942 年间，日军杀害美国神甫并烧毁该教堂。新中国成立后神甫遭驱逐出境，该教堂渐被改造利用。如此可知，新地村天主教堂的兴衰折射出不同国家帝国主义在华力量的更替，反映了世界政局的变幻，既是一处很好的宗教遗迹，也是一处很好的爱国主义历史教育史迹。虽然该教堂带有政治色彩，但客观上促进了东西方宗教交流以及地方近代思想教育和开化，方济各·沙勿略早年的纯粹的传教精神得到一定的延续，上川岛也建立起近代意义上的学校和解放妇女的修女院等，这点还是值得肯定的。

明代中期上川岛作为早期中葡贸易据点，开始在经济贸易上直接沟通中国与西方世界。方济各·沙勿略随葡船从日本来华并在岛上仙逝后，该岛便从中西经济贸易交流桥梁角色转变成宗教文化交流桥梁并一直延续到近现代。可见，新地村天主教堂及附属建筑，与方济各·沙勿略墓园教堂以及相关其他教堂都是中西文化交流的重要载体，一定程度上承继了天主教东方圣人方济各·沙勿略的影响。其发展过程也是海上丝绸之路上中西文化交流的过程，同时也是上川

［1］　转引自张廷茂：《再议 16 世纪前期葡萄牙人在上川岛的贸易活动》，《元史及民族与边疆研究集刊（第二十八辑）》，上海古籍出版社，2014 年。

［2］　《1871～1911 年中国进口贸易价值中各国所占比重表》，《中国近代经济史统计资料先辑》，科学出版社，1995 年，第 35 页。直至 20 世纪初期，法国在对华贸易所占比重都是零。陈静：《〈黄埔条约〉签订后法国教会在粤活动研究（1844～1885）》，知识产权出版社，2009 年。

［3］　《明稽章致巴黎外交部函（1859 年 8 月 8 日）》，转引自陈静：《〈黄埔条约〉签订后法国教会在粤活动研究（1844～1885）》，知识产权出版社，2009 年。

［4］　佚名：《广东上川岛历史及归化始末记》，《圣教杂志》第三年（1914 年）第一期。

岛历史文化内涵的重要体现,是上川岛明代海上丝绸之路上的近现代延续。

附记:本次发掘与相关调查得到江门市博物馆宋力刚和台山市申遗办林斌、台山市博物馆谭达熙、川岛镇旅游局前局长马国华,以及上川岛退休老教师关容佳老师的大力支持和配合,在此深表感谢!

田野发掘:肖达顺、胡思源、宋力刚、林斌、谭达熙;

执笔:肖达顺。

Excavation of the Catholic Church Site in Sunday Village Shangchuan Island Guangdong Province in 2016

By

Guangdong Provincial Institute of Cultural Relics and Archaeology

Abstract: The ruins of the Catholic church in Sunday village used to be a Greek church built on Shangchuan Island by modern French to further preach and accept more believers. Due to the destruction caused by wars and other reasons, only some stones of foundations are left. In 2016, the Guangdong Archaeological Institute carry out archaeological excavation and clean up. By laying 10 exploration ditches of different sizes, the construction scope and structure of the main body and the entire park were basically clarified. According to the historical development of the church, the archaeological survey on the island also found other related church or office sites, as well as a pyramid-shaped monument site on the top of the mountain and other important remains, which reproduced the religious and cultural exchange and dissemination process of Shangchuan Island with colonial overtones in modern Chinese history.

Keywords: The Ruins of the Catholic Churchl, Building Structure, Ancillary Buildings, Religious Relics, Colonial Color

防城港市洲尾遗址
2017～2018年度考古调查与试掘简报

吴付平 *

摘　要：防城港市是位于广西南部、北部湾北部的一座沿海城市，其海域早在汉代即是从合浦港、徐闻港始发进行海上丝绸之路贸易的商船的必经路线。洲尾遗址位于防城港市企沙半岛的一处海湾。2016年防城港市博物馆对该地进行了田野调查，确认其是一处遗存丰富的古遗址，2017～2018年开展了大范围的田野调查和局部考古试掘，发现灰坑、柱洞等遗迹现象及金属器、陶瓷器等丰富的遗物，进一步证实该遗址时代为唐代至明代，其性质可能为北部湾海丝航线上交易货物的贸易场或货物集散码头。

关键词：北部湾　洲尾遗址　贸易场　码头

一、遗址概况

广西防城港市是位于广西南部、北部湾北部的一座沿海地级市，其西北部是连绵的十万大山，南邻北部湾，西南与中南半岛接壤，是与越南陆海相连的一座边关城市。其境内海岸线曲折，海湾众多，早在汉代即是合浦港、徐闻港与东南亚之间的贸易商船的必经路线。东汉时期，伏波将军马援为平交趾之乱，从北向南行进到合浦后，"缘海而进随山刊道"，经过北海、钦州、防城港沿海一路向西到达目的地。在唐代时，为疏通水路，缩短航程，时任唐安南都护高骈奏请开凿了位于现防城港市江山半岛的潭蓬运河，运河通航后，往来"舟楫无滞，安南储备不乏，至今赖之"[1]。明末清初贯通企沙半岛的皇帝沟运河的传说一直流传于防城港民间[2]。在近现代历史上，从防城港渔万半岛出发经海路到达越南的"海上胡志明小道"开启了这座滨海小城的飞速发展序幕。

洲尾遗址位于广西防城港市企沙半岛西北部一处伸向海洋的尖角位置，其西邻榕木江湾，与渔万半岛北部相接，南部为暗埠口江港，东隔风流岭江港与企沙半岛相望（图一）。行政隶属于防城港市港口区公车镇。

---

*　　吴付平，边海文化研究何守强名家工作室。

［1］（后晋）刘昫等：《旧唐书》，中华书局，1975年，第4703页。

［2］　防城县志编纂委员会：《防城县志》，广西民族出版社，1993年。

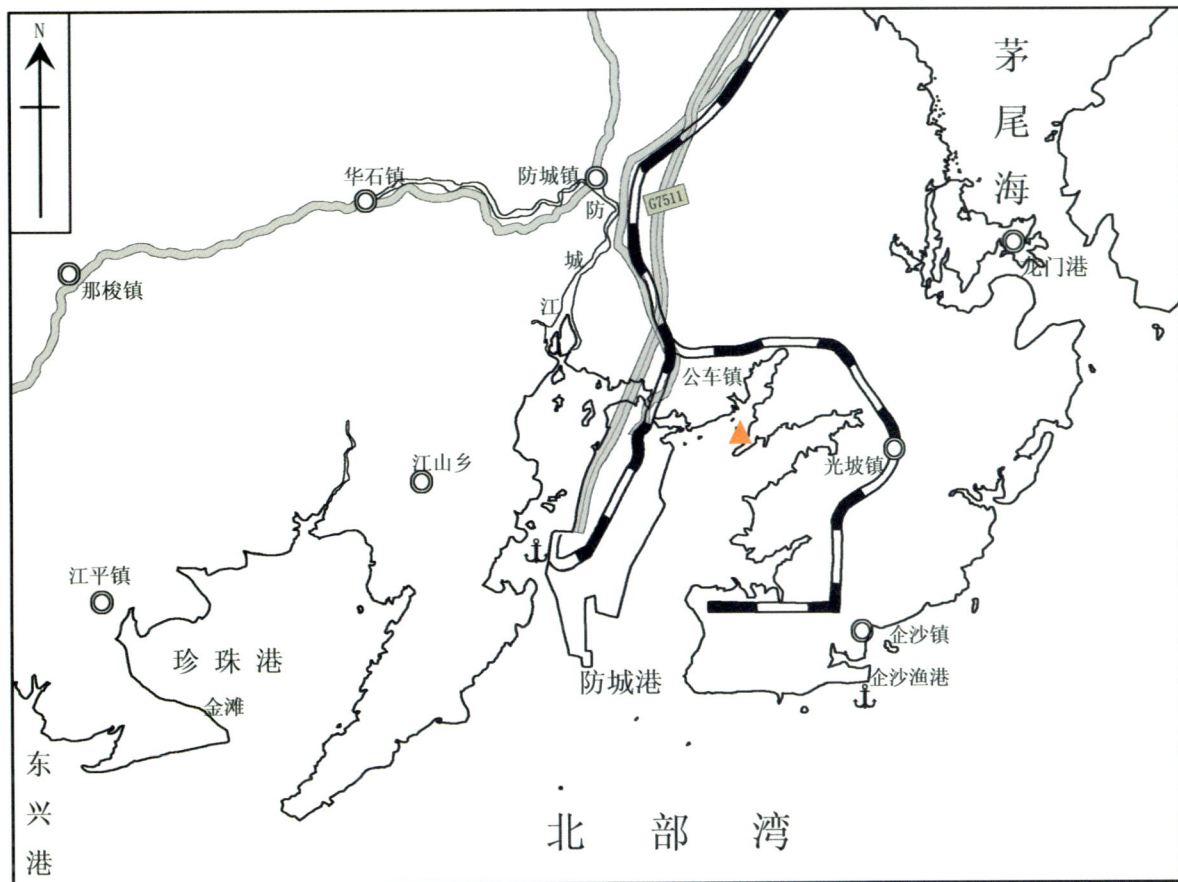

图一　洲尾遗址地理位置示意图（红色标记为遗址所在地）

　　洲尾的地理位置如图一标识，位于北纬 21°40'22.0"、东经 108°25'04.0"，海拔约 14 米。地貌为低山丘陵，中间有一条乡村小路穿行而过，连接沿线的沙港村周新组、中新组和薄辽尾组。丘陵之间和近海岸边有相对平整的旱地和水田，现已废弃成杂草灌木丛生的放牛场。此地的居民多以赶海为生，洲尾两侧海岸边分布有多个虾塘，东侧海岸分布有连片的红树林。

二、调查经过

　　防城港市博物馆曾在 2012 年前后多次到公车镇洲尾、沙港村等周边村屯寻访调查当地的历史文化面貌、开展民族民俗藏品征集等工作。据了解：在 20 世纪 80 年代前，当地村民在平整洲尾一带的土地时，在山坡边发现有陶罐装的铜钱，翻耕土地时发现有叠放的瓷碗、陶罐等器物。有村民在海边开挖虾塘时，从海底淤泥中挖出一罐罐的铜钱。防城港市博物馆在沙港村征集到的文物就包括唐宋明代铜钱、陶罐、石斧、穿孔陶器等。2016 年防城港市博物馆在国家文物局水下文化遗产保护中心项目——防城港沿海陆地调查的支持下，重点对洲尾遗址进行了调查，在位于洲尾康熙岭西北的一个虾塘中采集到丰富的陶瓷片标本，据鉴定有来自古代福建、浙江、江西、广东、广西等地多个窑口烧制的瓷器，也有一部分可能来自越南等地窑口烧制的产品，时代相当于中国的宋代至明代；在虾塘岸边的地表层也发现红陶片、灰陶片和青瓷片等堆积，初步确定洲尾遗址是一个分布面积广、跨越时代长、遗存丰富的古遗址。2017 年~2018 年在广西文物保护与考古研究所指导帮助下，防城港市博物馆持续对洲尾遗址进行了大面积的田野调查工作，并开展了小范围的考古试掘，初步确定遗址分布面积约 50000 平方米，遗址范围包括洲尾东西岸的浅滩、红树林及康熙岭南北的陆地，中心区域在康熙岭南北侧平地和西部虾塘所在的海岸边，陆地面积约 15000 平方米。

三、地层堆积

根据洲尾遗址分布的地形地貌特征，选取了 5 个不同的区域查看地层堆积情况。

第一个位置选取在洲尾康熙岭南部，两个山头之间的一处平地。除周边山坡以外，该地地势较高、海拔约 14 米，地形平坦。通过试掘可知地层堆积从表层耕土向下，至 40~50 厘米深度即见生土层（图二）。第①层：耕土层，棕黄色砂质壤土，疏松，夹杂大量植物根茎、小石子、小块陶瓷片。陶片种类有红陶、灰陶，瓷片有青瓷和青白釉瓷。土层中有少量大块红色石块。该层厚 15~25 厘米。第②层：灰黑色砂质黏土，较疏松，部分呈青黑色，夹杂较大块的陶瓷片。部分区域土质土色变化明显，有遗迹（灰坑、灰沟、柱洞）开口于该层。土层厚 15~35 厘米。第③层：黄色砂土层，土石混合，有大量小石子，间杂部分形状奇特的浆石，无陶瓷片分布。跟周边山坡上的原生土层一致，为生土层。

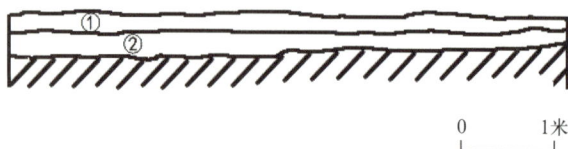

图二　位置一（2017ZWT3 东壁）剖面图

图三　位置二地层堆积

位置二位于位置一的西边，东边距离约 5 米是海边虾塘。该地距离现海岸线近，地势低。此地曾被当地村民作为水田耕种，近年逐渐荒废。该地上层耕土层较厚，厚度约 30~35 厘米。耕土层下为青黑色淤积层，黏度高，较致密，厚度为 28~35 厘米，包含大量大块的陶片和瓷片，及接近完整的瓷碗、完整陶钵等（图三）。

位置三位于康熙岭北，虾塘边的一处平地，距离海岸线较近，但较位置二地势高。上层耕土厚约 16~23 厘米，耕土层下的土色呈灰黑色，疏松，厚度约 15~24 厘米，在该层内发现有灰坑。②层内分布有大面积的红砖残块，部分区域为较致密的青黑色淤泥，夹杂陶瓷残片、红砖块。相比其他区域，该位置出土青花瓷片数量较多，还发现有堆积的螺壳。

位置四位于虾塘边，系村民清理虾塘形成

的深沟。在深沟一侧可以辨认出四层堆积：第①层：表层扰土层，土色呈青灰色，疏松砂质土，夹杂小石子、植物根茎、少量陶瓷片。第②层：灰黄色泥土层，夹杂小石子、黄褐色松软的石块。土质土色和包含物类似于周围山坡上的土。第③层：青黑色淤泥层，夹杂黑色木屑，陶瓷残片，厚度为 18～20 厘米。第④层：灰白色黄色泥质土层，有的地方是大面积灰白色风化的原生石块，土质纯净，未包含遗物（图四）。

位置五位于位置四北部，虾塘东岸，靠近康熙岭。地层堆积可分为四层。第①、②层和位置四相同，第③层为灰黑色砂土层，包含大量红色砖块、陶瓷片和石块，厚度约 20 厘米。第④层为红褐色石板，部分风化成小石块，表面被海水侵蚀呈坑洞状（图五）。

图四 位置四地层堆积

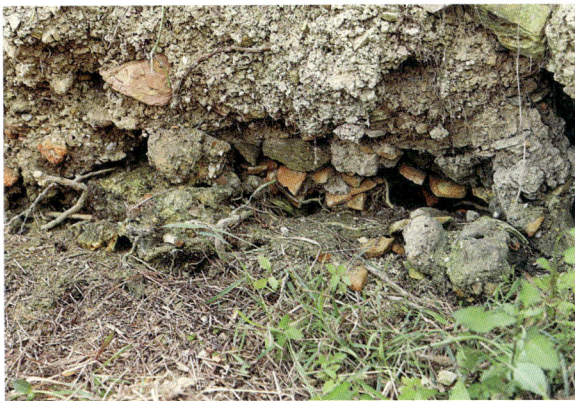

图五 位置五地层堆积

四、遗迹与遗物

（一）遗迹

洲尾遗址地层堆积普遍较浅，地层结构简单。根据位置一和位置三试掘的情况，可以判断遗迹类型有灰坑、灰沟、柱洞。

灰坑全部开口于第②层，如 2017ZWT1H1 开口于②层，长 68、宽 60、深 40 厘米，平面近圆形（图六）。灰坑内土质呈灰黑色，较疏松，未分层，出土有几片青瓷和 2 个平底饼足青瓷碗底。

灰沟 2018ZWT3G1 开口于②层，平面呈曲线形，残长 230 厘米，最宽处 55 厘米，深 22 厘米。沟内土质呈灰黑色，夹杂大量小石子。

柱洞开口于第②层或灰坑内，相邻的柱洞排列较规律，间距大致相同。如 2018T8D2 开口于灰坑内，开口处距地表 30 厘米，平面呈圆形，直径 36、深 35 厘米。

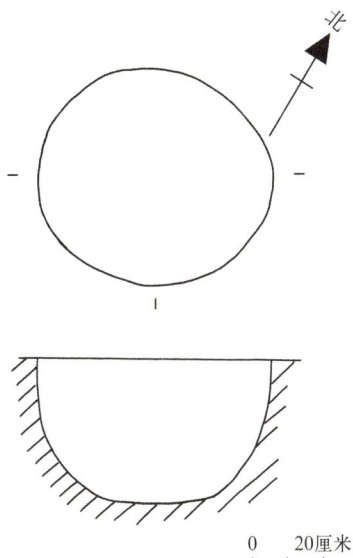

图六 2017T1H1 平、剖面图

（二）遗物

1.金属器

类别有青铜器、铁钉、铜钱等。

青铜锅残片，有口沿和腹部残片，普遍较薄，厚度约0.2厘米。其中一铜片残长11.9、宽5.4厘米，折沿，外壁附着一层厚厚的黑色烟炱痕（图七，5）。

青铜器耳，整体呈U型，长5.9、宽3.6厘米，横截面呈圆柱形，直径0.65厘米，结合处扁平，贴塑在器身上（图七，2）。

青铜手镯，椭圆形，线条呈扭转绳索状，长5.5、宽4.2厘米，横截面呈扁圆形，长0.76、宽0.5厘米（图七，1）。

铜权，塔形，共7层，顶部为扁圆形，有圆孔，高3.2、底径1.7、中间最宽1.75厘米（图七，4）。

铁钉，锈蚀严重，有两种规格。①整体呈锥形，横截面呈梯形，长9、最宽处2.5、厚1.3厘米（图七，3）；②整体呈锥形，横截面呈圆形，长7.3、最宽1.6厘米。

图七　洲尾遗址出土金属器
1.青铜手镯　2.青铜器耳　3.铁钉①　4.铜权　5.青铜锅残片

铜钱，在洲尾征集的铜钱出土于海底淤泥中，出土时用陶罐盛装，保存较好，虽表面锈蚀，但基本无黏连，多数文字清晰可辨，有开元通宝、乾元重宝、政和通宝、太平通宝、元丰通宝、治平通宝、元祐通宝、宣和通宝、绍圣元宝、熙宁元宝、大观通宝、正隆元宝、皇宋通宝、景德元宝、圣宋元宝、宋元通宝、天圣通宝、祥符元宝、至道元宝、福平元宝，等等。以唐宋钱为主，间有明洪武通宝钱，还有少量越南钱币。试掘清理出的铜钱有宋熙宁元宝、宋元通宝等，大多出土于灰坑中，零散分布，但锈蚀严重，铜钱内部大多已朽成粉状。

2.陶器

有陶片和砖块。陶器数量庞大，在遗址分布区地表随处可见。陶质以泥质陶为主，夹砂陶次之，还有少量磨光陶。陶色以灰褐陶为主，有灰陶、红褐陶、红陶，部分施黑色陶衣。纹饰以竖条纹、弦纹最常见，还有刻划波浪纹、如意纹、几何纹等。器形以平底钵最多，还有罐、壶、盆、釜、网坠、擂钵、器座、环形陶器等，砖为红色砖块，普遍烧制火候低，多已碎成小块，厚度为0.7~1.7厘米。

钵　可分为6式。

I式，2017ZWT4：225（图八，1），残，口径26、残高6.2厘米。泥质红陶，侈口，斜平沿，尖圆唇,束颈,直腹,腹以下缺失,肩部刻划水波纹和多条弦纹,腹饰竖条纹。

Ⅱ式,2017ZWT4 : 235（图八,6）,残,可修复,口径 16、底径 18、高 5.7 厘米。夹砂灰褐陶,直口,凸圆唇,唇部饰一周弦纹,浅直腹,平底,外壁饰竖条纹,肩部有 3 道凹弦纹,通体饰黑色陶衣,底露胎。

Ⅲ式,2017ZWT4 : 236（图八,3）,完整,口径 15、底径 16.8、高 4.5 厘米。夹砂灰褐陶,直口,凸圆唇,浅直腹,平底,外壁肩部有 1 道凹弦纹,周饰竖条纹。

Ⅳ式,2017ZWT4 : 278（图八,4）,残,可修复,口径 19.6、底径 19.6、高 2 厘米。夹砂灰陶,直口,宽平沿,方唇,浅直腹,平底,素面。

Ⅴ式,2018ZWT8K5 : 78（图八,5）,微残,可修复,口径 22、底径 26.2、高 21.1 厘米。泥质灰陶,侈口,斜平沿,尖圆唇,溜肩,直深腹,平底,外壁通体饰竖条纹。

Ⅵ式,2018ZWT8K5 : 3（图八,2）,完整,口径 7.7、底径 9.2、高 4.5 厘米。夹砂灰陶,侈口,斜平沿,尖唇,束颈,直腹,平底,素面。

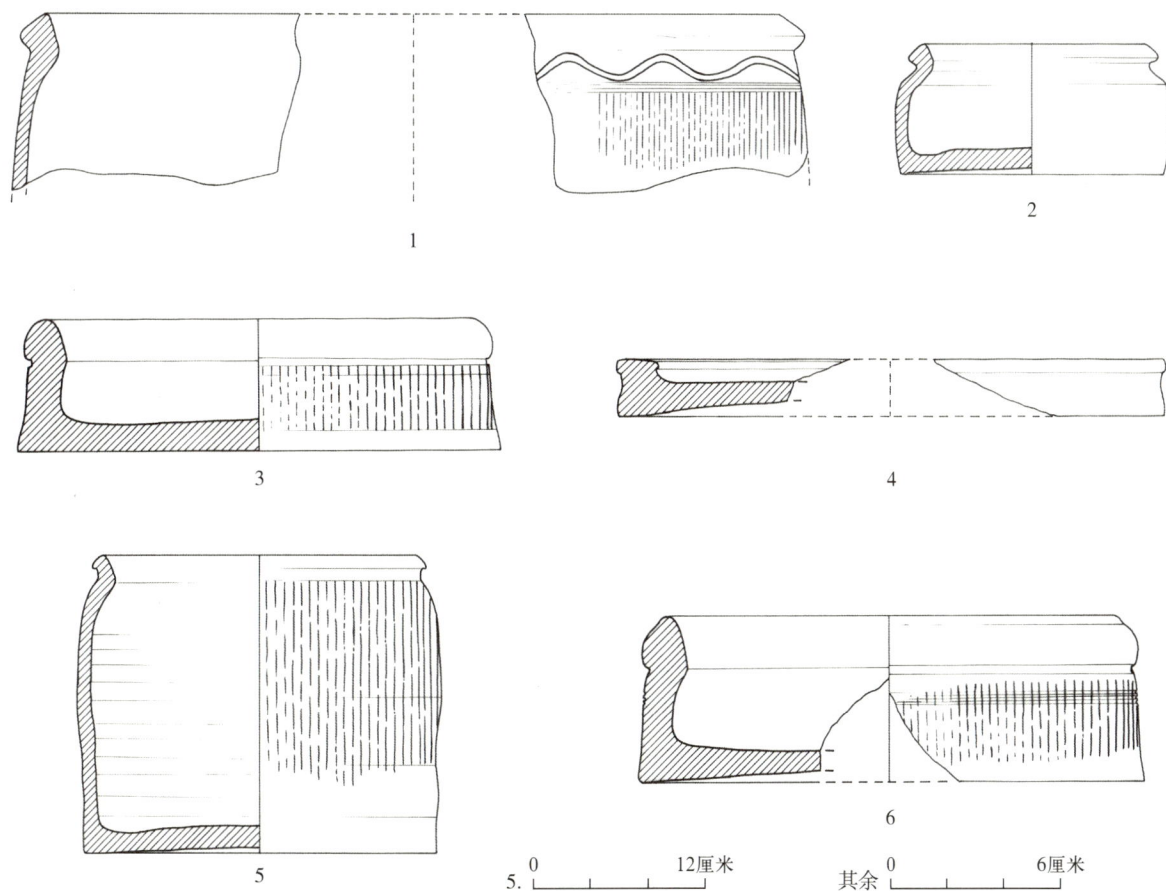

图八　陶钵

1. Ⅰ式钵（2017ZWT4 : 225）　　2. Ⅵ式钵（2018ZWT8K5 : 3）　　3. Ⅲ式钵（2017ZWT4 : 236）
4. Ⅳ式钵（2017ZWT4 : 278）　　5. Ⅴ式钵（2018ZWT8K5 : 78）　　6. Ⅱ式钵（2017ZWT4 : 235）

罐，可分为 5 式。

Ⅰ式，2017ZWT4：224（图九，1），残，口径 16.6、残高 8 厘米。泥质灰褐陶，直口，凸唇，直颈，溜肩，肩下部残缺，从上往下，肩部依次饰波浪纹、凸弦纹、贴塑花瓣纹、凸弦纹。

Ⅱ式，2017ZWT4：283（图九，2），残，口径 23.7、残高 5 厘米。夹砂灰褐陶，折沿，方唇，溜肩，腹部缺失，肩部饰 2 道凸弦纹，弦纹之间刻划花纹。

Ⅲ式，2017ZWT4：267（图九，5），残，口径 12.8、腹径 14.9、残高 7.6 厘米。夹砂灰陶，器表磨光，敞口，圆唇，微束颈，鼓肩，斜腹，底残缺，肩饰 2 道凹弦纹。

Ⅳ式，2017ZWT4：247（图九，4），残，可修复，口径 7.85、腹径 12、底径 9.2、高 5.8 厘米。夹细砂灰褐陶，直口，圆唇，短粗颈，鼓肩，斜腹，平底，素面。

Ⅴ式，2018ZWC：92（图九，3），残，口径 7.3、残高 4.2 厘米。泥质灰陶，侈口，尖唇，矮直颈，鼓肩，腹以下缺失，唇部有 2 道凹弦纹。

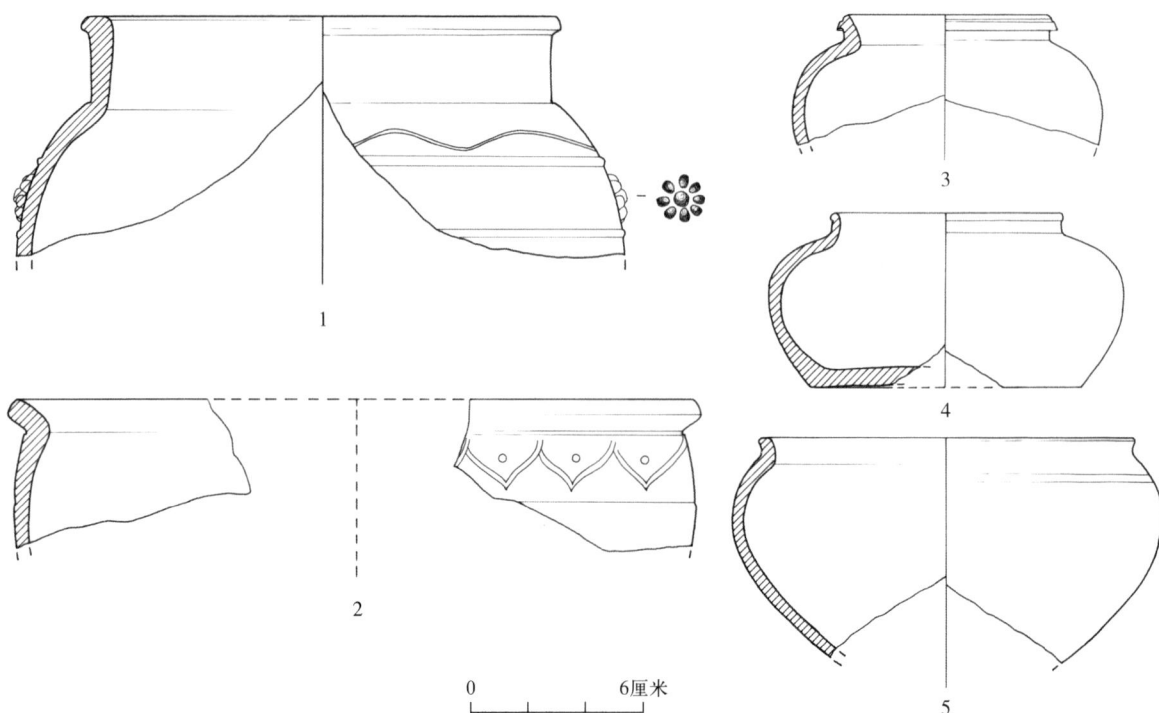

图九　陶罐

1. Ⅰ式罐（2017ZWT4：224）　2. Ⅱ式罐（2017ZWT4：283）　3. Ⅴ式罐（2018ZWC：92）
4. Ⅳ式罐（2017ZWT4：247）　5. Ⅲ式罐（2017ZWT4：267）

器盖，可分为 5 式。

Ⅰ式，2017ZWT4：241（图一○，1），残，可修复，口径 14、高 4.9 厘米。夹砂灰陶，覆碗状，敞口，尖圆唇，弧腹，圈足顶，颈部和顶部手制，有明显手制痕迹，盖身轮制，器内有明显轮制痕迹，素面。

Ⅱ式，2017ZWT4：232（图一〇，2），残，可修复，口径 10.8、高 4.2 厘米。泥质灰褐陶，器表施一层黑色陶衣，微敛口，圆唇，弧腹，盖钮为手捏成的不规则形，器身饰 4 道凸弦纹。

Ⅲ式，2017ZWT4：265（图一〇，3），残，可修复，口径 11.8、高 6.8 厘米。泥质红陶，覆盏状，母口，斜弧腹，圈足顶，颈部手捏制成，微束，盖身轮制，顶部手制，外施黑色陶衣，外壁有 2 道凹弦纹。

Ⅳ式，2017ZWT4：253（图一〇，4），残，口径 10.8、残高 2 厘米。泥质灰陶，器表磨光，卷平沿，斜弧腹，平顶，钮缺失，顶部饰 1 道凹弦纹，素面。

Ⅴ式，2018ZWC：75（图一〇，5），残，可修复，口径 12.2、高 5.5 厘米。泥质灰陶，含杂质较多，直口微撇，圆唇，颈微束，颈下有 1 道凸弦纹，鼓腹，平顶，宝顶形钮，素面。

Ⅵ式，2017ZWT4：296（图一〇，6），残，残高 5.7、顶径 5.3 厘米。夹细砂红陶，顶部敞口，近平，颈部微束，手捏痕迹明显，斜腹、外壁饰数道弦纹。

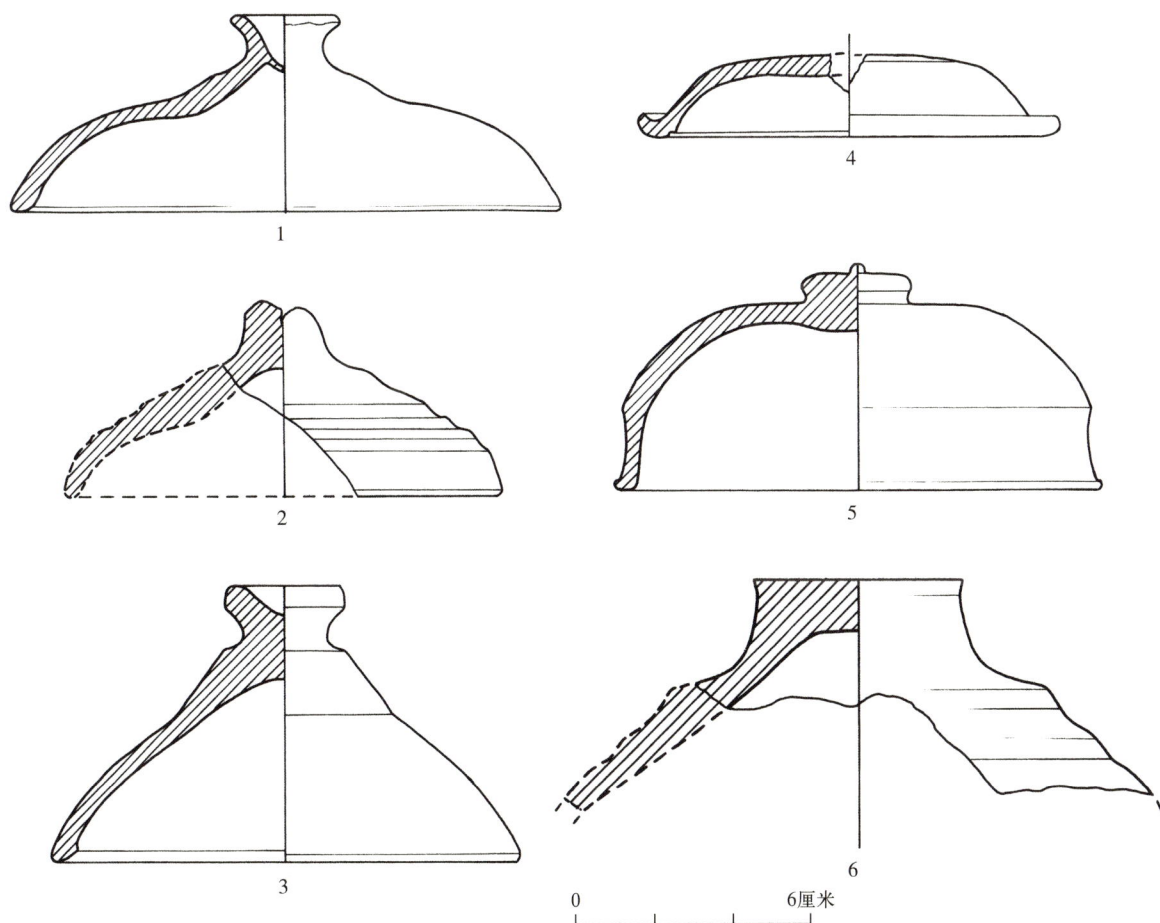

图一〇　陶器盖

1. Ⅰ式盖（2017ZWT4：241）　　2. Ⅱ式盖（2017ZWT4：232）　　3. Ⅲ式盖（2017ZWT4：265）
4. Ⅳ式盖（2017ZWT4：253）　　5. Ⅴ式盖（2018ZWC：75）　　6. Ⅵ式盖（2017ZWT4：296）

盘，2018ZWT5K2：9（图一一，4），残，口径15.6、残高4.5厘米。泥质灰褐陶，微敛口、子口，圆唇，束颈，底部残，颈部饰一周浮雕双层莲瓣纹。2017ZWT4：48（图一一，5），残，外口径16.6、内口径14.6、残高3厘米。泥质灰陶，敞口，子母口，尖圆唇，浅弧腹，圈足，足底呈锯齿状。

盆，2017ZWT4：245（图一一，1），残，口径23.5、残高8.9厘米，夹粗砂红陶，折沿，圆唇，肩部带耳，素面。

灯盏，2018ZWC：15（图一一，3），残，口径7.2、腹径6.8、底径2、高2.4厘米。夹砂灰褐陶，敞口，圆唇，颈微束，下腹斜收，小平底，素面。

擂钵，2018ZWC：82（图一一，2），残，残高7.9厘米。泥质灰陶，外壁施黑色陶衣，肩部刻印重复花纹，腹部饰2道弦纹，内壁刻密集的交叉双线条纹。

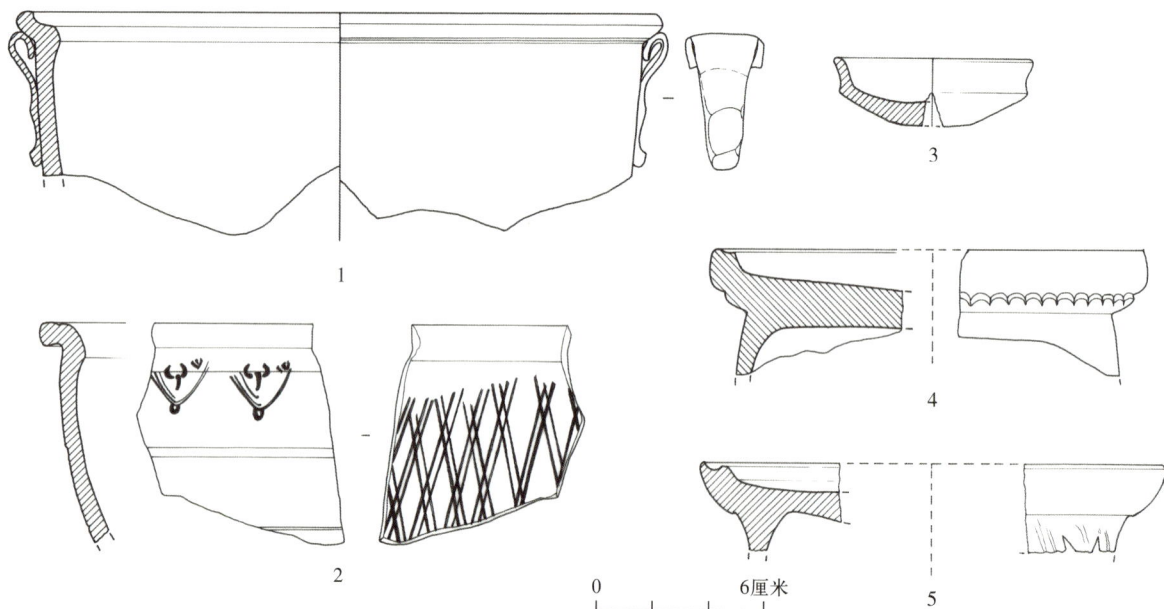

图一一　部分陶器

1. 陶盆（2017ZWT4：245）　　2. 擂钵（2018ZWC：82）　　3. 灯盏（2018ZWC：15）
4、5. 盘（2018ZWT5K2：9、2017ZWT4：48）

陶网坠，2016ZW：151（图一二），完整，长6.5、宽3.4、厚1.8厘米。夹砂灰褐陶，近圆角矩形，中部有一凹槽，两端各有一圆孔。

环形穿孔陶器，中间孔径呈圆形，少量变形呈椭圆形，外壁两端薄，中间厚。2018ZWT7①：1（图一三，1），完整，泥质灰陶，剖面呈椭圆形，长4.2、宽4厘米，内径变形，一端为圆形，直径2.4厘米；一端呈椭圆形，长2.3、宽2.6厘米，通高2.25厘米。2018ZWT10①：1（图一三，2），完整，泥质红陶，剖面呈圆形，外径4.1、内径1.8、高2.6厘米。

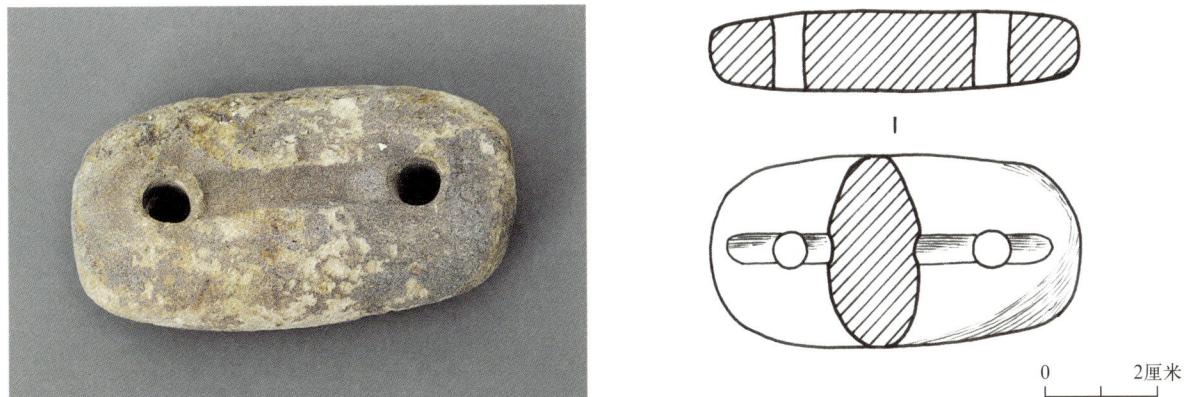

图一二 陶网坠（2016ZW：151）

1   2

图一三 环形穿孔陶器
1. 2018ZWT7①：1   2. 2018ZWT10①：1

3. 瓷器

按釉色划分，瓷器类别有青瓷、青白釉瓷、黑釉瓷、酱釉瓷、绿釉瓷、双色釉瓷、仿钧釉瓷等，器表装饰有刻花、印花、填彩、贴塑等。器形以碗数量最多，还包括盘、碟、盏、杯、钵、洗、罐等。瓷器标本中既有烧制水平较高、瓷胎致密、釉色清亮、至今仍散发着柔润光泽的青瓷器或残片，也有胎内含大量杂质、胎釉结合差、釉层几乎脱失殆尽的瓷器或残片。海边虾塘采集的瓷器标本中有一种圈足青瓷碗底，足底平直，底部呈红褐色，数量约占标本总数的 80%。

青瓷碗，2018ZWT1①：1（图一四），残，可修复，口径 17.6、底径 7.4、通高 6 厘米。敞口，圆唇，斜直腹，下腹鼓，渐内收至底，平底，饼足，足底有若干捺痕。内底有方块状刮釉痕迹，灰白胎，青黄色釉，外施半釉，胎釉结合度差，脱釉严重。2018ZWC：4（图一五），残，可修复，口径 15.6、底径 6、高 6.4 厘米。侈口，圆唇，弧腹，平底，内底有一周凹弦纹，浅圈足，足底刮削痕明显，外底中间凸起成鸡心点，灰白胎，内外施青绿色釉，釉面开片，外侧釉不及底，圈足底以内无釉。2018ZWT8K5：7（图一六），残，可修复，口径 11.6、底径 5、高 5 厘米。侈口，尖圆唇，弧腹，圈足，近平底，灰白胎，内外施青黄色釉，釉层薄，开片，圈足及底部无釉，内壁有旋胚痕，

碗底有叠烧黏连痕迹。2018ZWT8K5 ： 10（图一七），残、可修复，口径 15.4、底径 6.3、高 6.1
厘米。侈口，尖圆唇，弧腹，圈足，刮足不甚规整，灰白胎，内外施青黄色釉，釉层薄，开片，外壁
施釉不及底，内底有 5 个小支钉痕。

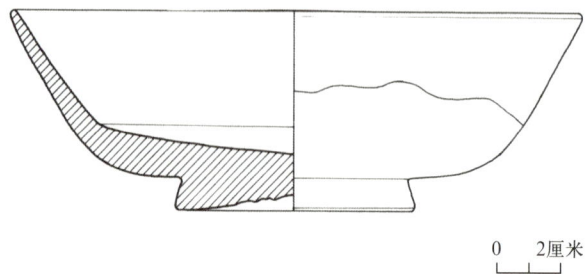

图一四　青瓷碗（2018ZWT1 ①：1）

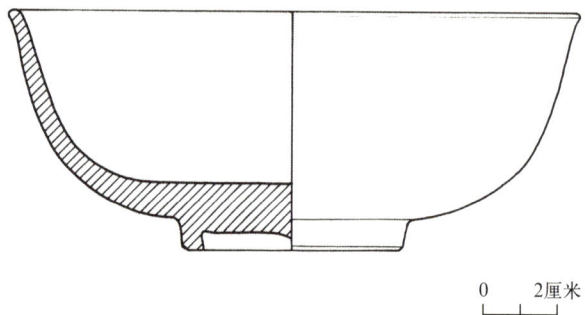

图一五　青瓷碗（2018ZWC ：4）

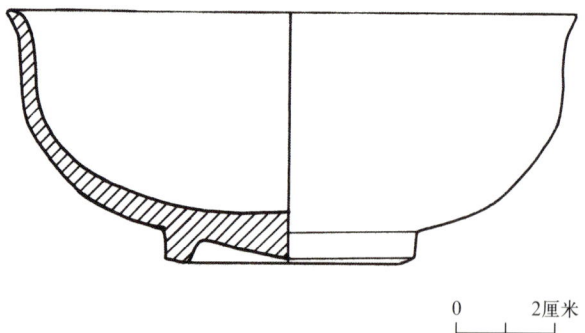

图一六　青瓷碗（2018ZWT8K5 ：7）

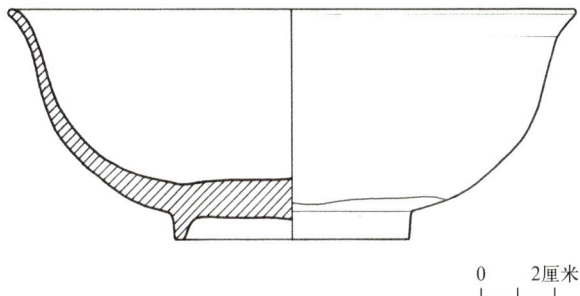

图一七　青瓷碗（2018ZWT8K5：10）

青瓷刻花碗，2018ZWT1H2：2（图一八），残，可修复，口径 12、底径 3.6、高 5.6 厘米。敞口，尖唇，斜弧腹，圈足，平底，灰白胎，内外饰青釉，釉层开片，口部脱釉，圈足及底部未施釉，外壁满饰刻划莲瓣纹。

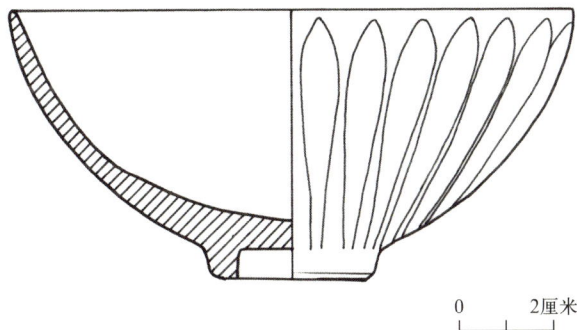

图一八　青瓷刻花碗（2018ZWT1H2：2）

青瓷印花碗，2018ZWT3K1：1（图一九），残，可修复，口径 16.6、底径 6.6、高 6.5 厘米。侈口，葵口，尖圆唇，上腹斜收、下腹微鼓，圈足，平底，灰白胎，内外施青绿色釉，釉表面泛白，釉层开片，内壁饰花朵纹，但图案不清晰，圈足及底部无釉，有刮削痕。2018ZWT8K5：11（图二〇），残，可修复，口径 17.6、高 6.2、底径 6.8 厘米。侈口，尖圆唇，斜弧腹，平底，圈足，外底鸡心点明显，灰白胎，内外施青黄色釉，外壁施釉不及底，内壁饰弦纹、圆点纹、花草纹，内底心纹饰不清晰，内底边缘有垫圈痕。2018ZWT8K5：17（图二一），残，可修复，口径 17.4、底径 6.7、高 6.6 厘米。敞口微侈，圆唇，斜弧腹，平底，圈足，灰白胎，青釉，外壁施釉不及底，内壁似有模印花草纹，但印痕极浅，图案不清晰。内底边缘有垫圈痕，外下腹有叠烧黏连痕，轮制痕迹明显。2018ZWT8K5：19（图二二），口径 16.2、底径 5.9、高 3.9 厘米。侈口，斜腹微弧，平底，圈足，灰白胎，内外施青黄色釉，外壁施釉不及底，内壁饰短线纹加弦纹，内底有垫圈痕。2018ZWT10②：6（图二三），残，可修复，口径12.8、底径4.55、高5.25厘米。敞口，尖唇，斜弧腹，平底，圈足，外底中间有鸡心点，灰白胎，内外施青黄色釉，釉层薄，开片，圈足底以内无釉，内壁由从口到底的压印条纹等分，内底呈圆窝状，黏连有炉渣。2018ZWT8K5：59（图二四），残，可修复，口径12、足径3.3、高4.6厘米。直口微敛，尖圆唇，斜弧腹，外壁瓷胎压印射线状凸棱，自底延伸至口沿，白胎，内外施青绿色釉，釉层开片，圜底，圈足，足底无釉，其他部位满釉，胎釉结合处呈红褐色，外底凸起。2018ZWT5K2：8（图二五），残，口径13.2、底径7、高4.6厘米。敞口，内卷沿，圆唇，斜直腹，圜底，饼足，足底粗糙有缺失，灰白胎，内外施青黄色釉，釉层开片，部分脱落，外壁施釉不及底，外壁底及足底无釉，内壁中间偏上至底部饰模印菊瓣纹、花朵纹，内底心印菊瓣纹。2018ZWT8K5：75（图二六），残，可修复，口径15.2、底径6.8、高4.2厘米。敞口，尖唇，斜腹微弧，矮圈足，灰白胎，内外施青黄色釉，足底露胎，内壁饰菊瓣纹、乳钉纹、弦纹，内底印痕浅，图案不清晰，似花草纹，内底有5个小支钉痕。2018ZWT8K5：77（图二七），残，可修复，口径14.8、底径6.6、高3.7厘米。敞口，尖圆唇，斜腹微弧，矮圈足，灰白胎，青黄色釉，足底露胎，内壁至碗底模印弦纹、菊瓣纹。

图一九　青瓷印花碗（2018ZWT3K1：1）

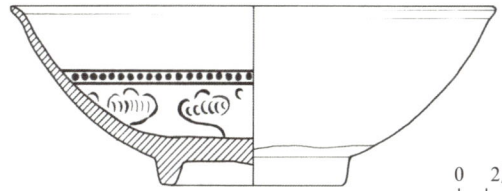

图二〇　青瓷印花碗（2018ZWT8K5：11）

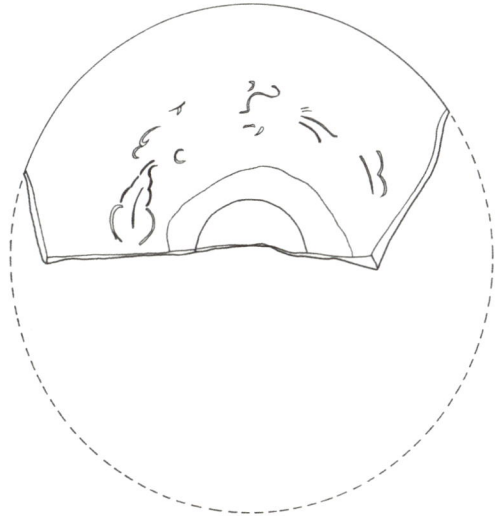

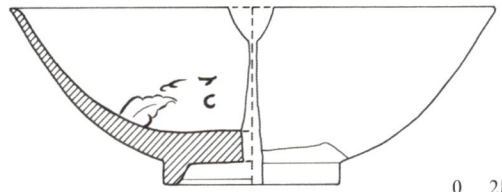

图二一　青瓷印花碗（2018ZWT8K5：17）

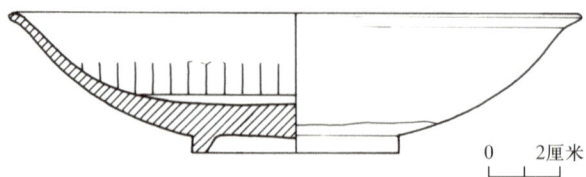

图二二　青瓷印花碗（2018ZWT8K5：19）

图二三　青瓷印花碗（2018ZWT10②：6）　　　　　图二四　青瓷印花碗（2018ZWT8K5：19）

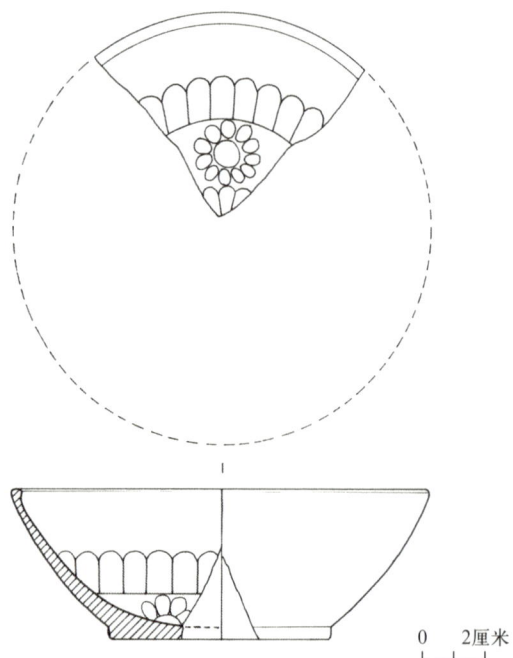

图二五　青瓷印花碗（2018ZWT5K2：8）

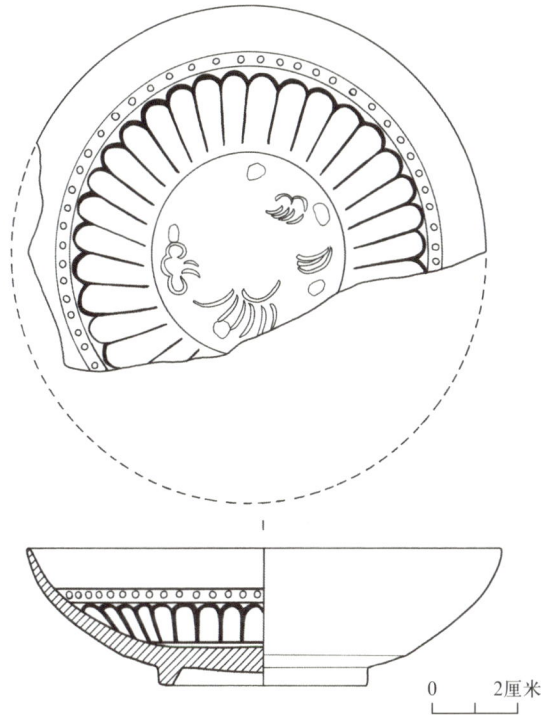

图二六　青瓷印花碟（2018ZWT8K5：75）

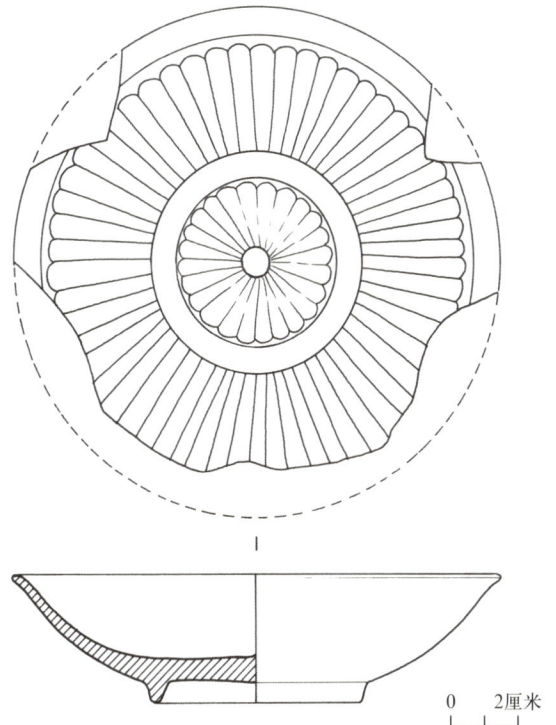

图二七　青瓷印花碗（2018ZWT8K5：77）

青瓷盘，2018ZWT8K5 ：76（图二八），残，可修复，口径 20.8、底径 7.6、高 5 厘米。敞口，方唇，宽折沿，斜弧腹，圈足，平底，灰白胎，内外施青黄色釉，釉层开片，胎釉结合差，釉面大面积脱落，圈足及底部未施釉，素面，内底呈凹陷圆窝状，底上残留有五个支钉痕。

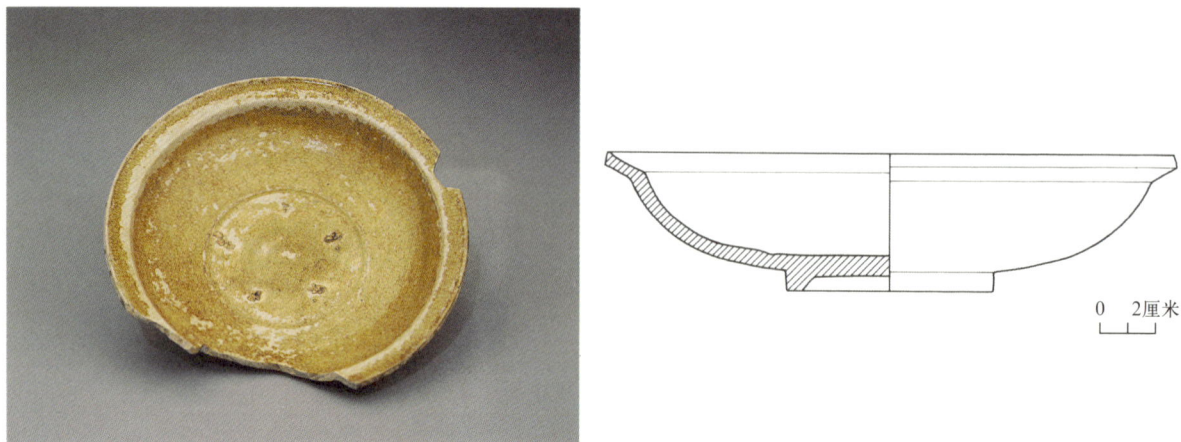

图二八　青瓷盘（2018ZWT8K5 ：76）

青瓷碟，2018ZWT8K5 ：6（图二九），残，可修复，口径 11、高 2.4 厘米，底为椭圆形，长 5、宽 4.6 厘米。敞口，圆唇，浅弧腹，平底，灰白胎，内外施青黄色釉，釉层薄，开片，外底无釉，底部轮制痕迹明显。2018ZWT8K5 ：35（图三〇），残，口径 11、底径 5.4、高 2.6 厘米。敞口，圆唇，斜腹，平底，刮足，灰白胎，内外施青釉，釉层薄，开片，外壁施釉不及底。2018ZWT8K5 ：50（图三一），残，可修复，口径 12.7、底径 5.5、高 2.9 厘米。敞口，圆唇，颈微束，浅弧腹，平底，鸡心底，灰胎，青釉，釉层开片，外壁施釉不及底，内有块状刮釉痕，内外底都有红褐色垫烧痕迹。

青瓷刻花碟，2018ZWT8K5 ：4（图三二），残，可修复，口径 13.4、底径 5、高 3.6 厘米。敞口，宽折沿，折痕明显凸起，浅弧腹，圈足，平底，灰白胎，釉色青翠，釉层均匀润泽，圈足底部未施釉，其他部位满釉，内底呈凹陷圆窝状，外壁刻莲瓣纹，外底中间凸起。

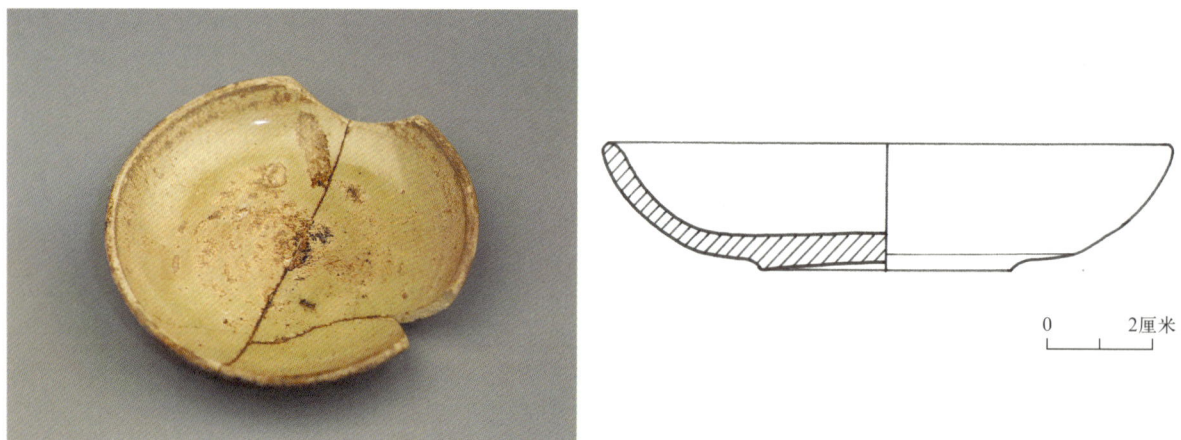

图二九　青瓷碟（2018ZWT8K5 ：6）

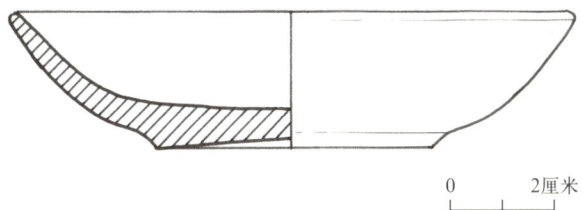

图三〇　青瓷碟（2018ZWT8K5：35）

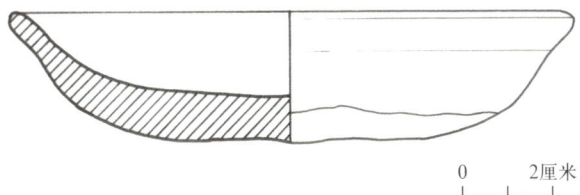

图三一　青瓷碟（2018ZWT8K5：50）

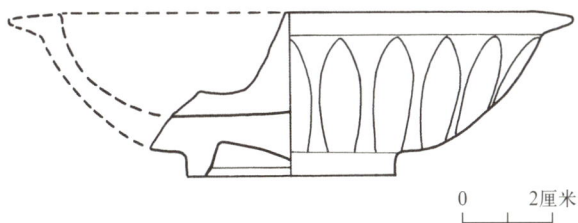

图三二　青瓷刻花碟（2018ZWT8K5：4）

青瓷杯，2018ZWT4 ③：1（图三三），残，可修复，口径 10.95、底径 4.6、高 4.3 厘米。直口，圆唇，颈微束，斜弧腹，平底，饼足，灰白胎，青黄色釉，釉面开细小片，外施半釉，素面，胎较厚，轮制痕迹明显。

青瓷钵，2017ZWT4：196（图三四），残，可修复，口径 9.2、底径 5.4、高 3.6 厘米。直口，上腹直，中间微鼓，下腹斜收，平底，灰白胎，青釉，足底露胎，外壁上腹饰 3 道凹弦纹。

青瓷器盖，2017ZWT4：134（图三五），残，高 1.2、残宽 9.4 厘米。盖沿残，仅存盖顶，尖圆顶，似莲花顶，腹微鼓，灰白胎，青釉，盖内无釉。

青瓷器口沿，2018ZWT5K2：2（图三六），残，下部缺失，口径 13、残高 10 厘米。侈口，折沿，尖圆唇，长直颈，鼓腹，下腹内收，灰胎，青绿色釉，釉层均匀，润泽，内外均满釉。

带字青瓷器标本，2017ZWT4：18（图三七，1），残，标本长 8.6、宽 6、底厚 1.4~1.5、足径 5.8 厘米。青灰胎，内外施青釉，釉层开片，内底平、无釉，边缘有垫烧痕，中间微凸，刻划桃子纹样，中间书写"国器"二字。圈足，足部满釉，外底无釉，中间凸起。2017ZWT4：305（图三七，2），残，标本长 7.7、宽 4.9、底厚 1.2、足径 6 厘米。青灰胎，内外施青釉，部分釉层开片，有气泡，内底平，满釉，中间有压印的线条较粗的汉字，仅存右上部分，可能为"寿"或"喜"字，圈足，外底平，足和底之间有一周凹槽，足底和外底无釉，足墙、凹槽及其他部位满釉。

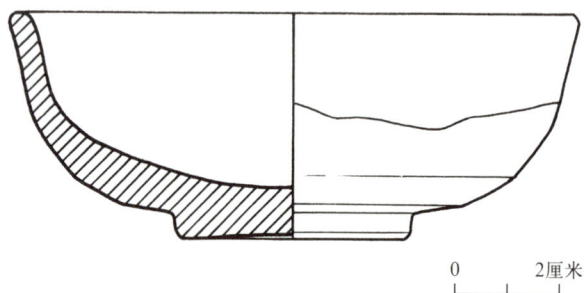

图三三　青瓷杯（2018ZWT4 ③：1）

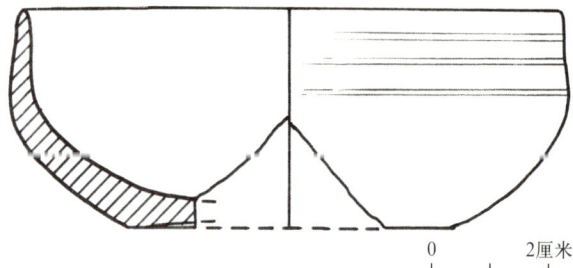

图三四　青瓷钵线图（2017ZWT4：196）

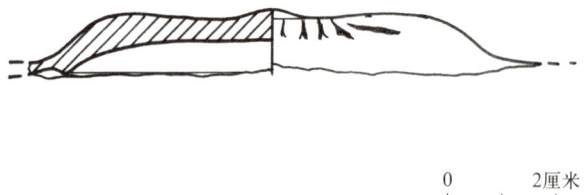

图三五　青瓷器盖线图（2017ZWT4：134）

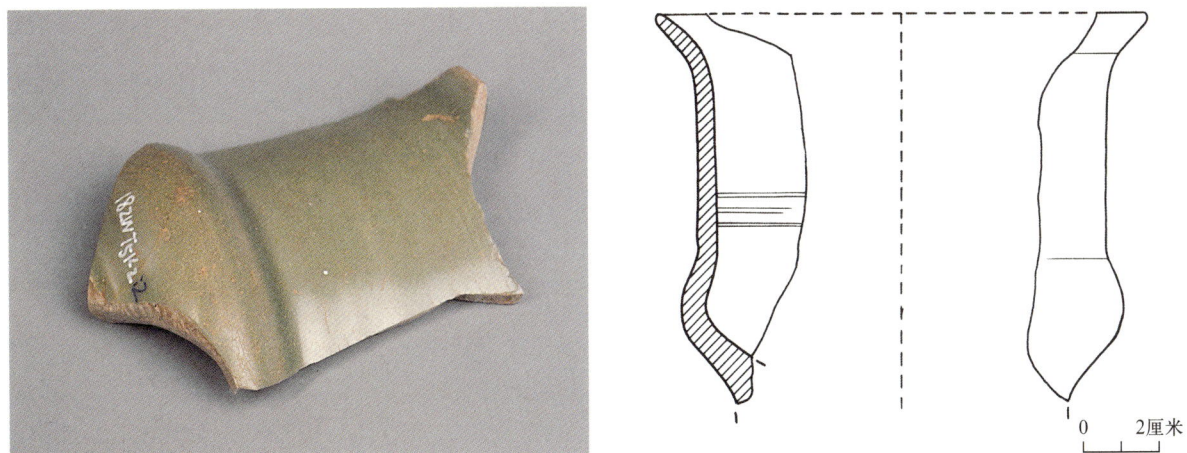

图三六　青瓷器口沿（2018ZWT5K2：2）

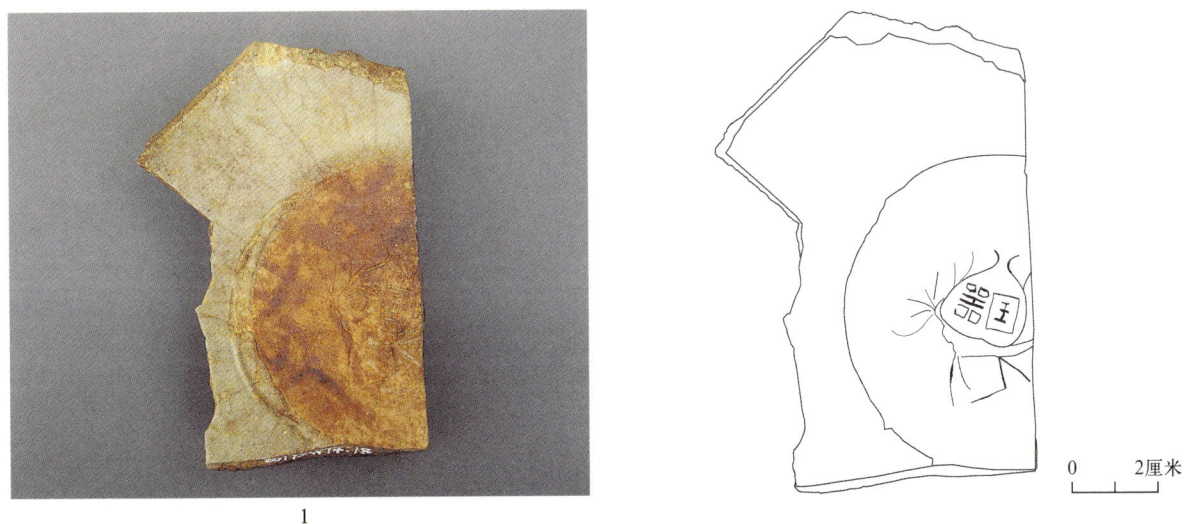

1

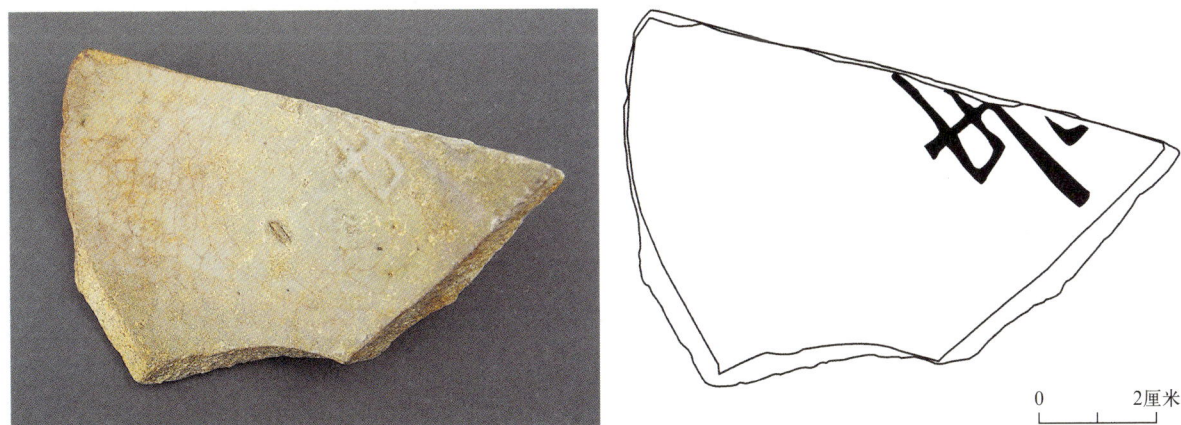

2

图三七　带字青瓷器标本
1. 2017ZWT4：18　2. 2017ZWT4：305

　　青白釉碗，2018ZWC ：41（图三八），残，可修复，口径 19.2、底径 7.4、高 7.4 厘米。敞口微侈，尖圆唇，直肩，弧腹斜收，平底，灰白胎，内外施青白釉，釉层开片，外底无釉，内底下凹呈圆窝状，内有 5 个小支钉痕。2018ZWT8K5 ：79（图三九），残，可修复，口径 18.2、底径 7、高 8.2厘米。敞口，尖圆唇，直肩，下腹弧形内收，平底，灰白胎，内外施青白色釉，釉层薄开片，外底无釉，内底下凹呈圆窝状，直径 9.3 厘米，内有 5 个支钉痕。

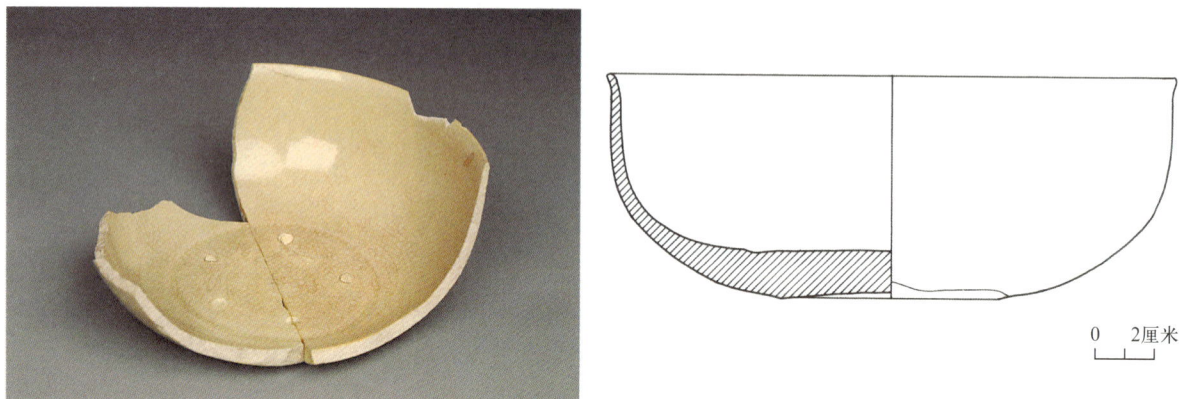

图三八　青白釉碗（2018ZWC ：41）

图三九　青白釉碗（2018ZWT8K5 ：79）

　　青白釉印花碗，2018ZWC ：27（图四〇），残，可修复，口径 12.4、足径 5、高 4.9 厘米。敞口，尖圆唇，斜腹微弧，平底，矮圈足，灰白胎，青白釉，釉层开片，足底露胎，圈足不规整，有黏砂，内壁饰若干组竖线纹。

　　青白釉葵口碗，2017ZWC ：3（图四一），残，可修复，口径 15、底径 5.2、高 3.6 厘米。葵口，侈口，尖圆唇，斜弧腹，矮圈足，灰白胎，青白釉，足底露胎，呈红褐色，内壁饰花瓣纹，内底有 5个支钉痕。

　　青白釉填褐彩罐，2017ZWT2 ：1（图四二），上部残，仅存底部，壁厚 1.35、底厚 1.8、底径 35 厘米。厚胎，灰白胎，青白釉，釉层薄，开片，外壁施填褐彩线条，平底。

图四〇　青白釉印花碗（2018ZWC：27）

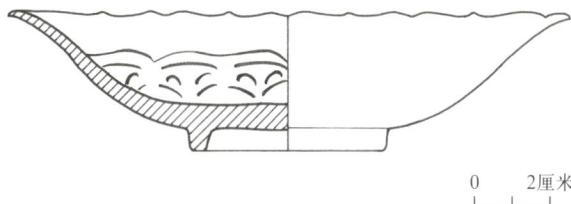

图四一　青白釉葵口碗（2017ZWC：3）

图四二　青白釉填褐彩罐底（2017ZWT2：1）

青白釉钵，2016ZWC：6（图四三），残，口径 10.4、腹径 11.8、残高 4.4 厘米。内卷口，圆唇，鼓肩，斜腹，底残，白胎，内外施青白釉。

青白釉碟，2018ZWT10②：12（图四四），残，口径 11、底径 5.8、高 2.6 厘米。敞口，尖圆唇，浅斜腹，平底，矮圈足，白胎，内外饰青白色釉，内底有支钉痕，外壁施釉不及底，圈足底以内无釉。

2018ZWCE：22（图四五），口径 11、底径 6、高 1.9 厘米。敞口，圆唇，浅斜腹，平底，灰白胎，青白釉，素面，底露胎。

青白釉瓷器口沿，2017ZWT4：132（图四五），残，口径 7.5、残高 5.1 厘米。侈口，尖圆唇，颈微束，溜肩，肩以下缺失，灰白胎，青白釉，内外均满釉，颈饰 2 道弦纹。

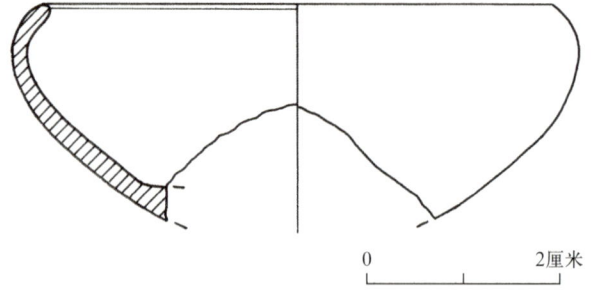

图四三　青白釉钵（2016ZWC：6）

图四四　青白釉碟（2018ZWT10②：12）

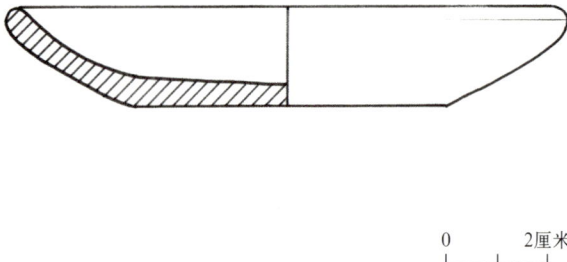

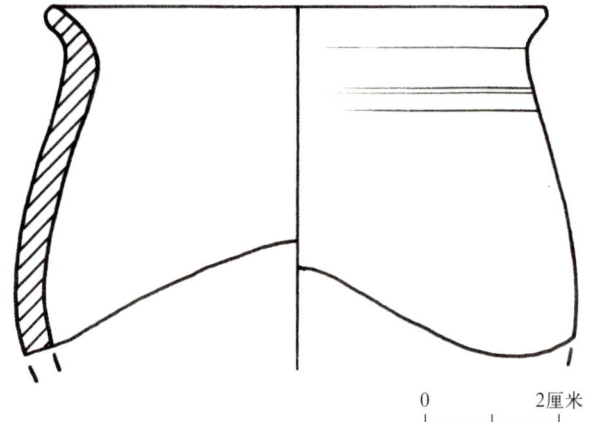

图四五　青白釉碟（2018ZWCE：22）　　　　　图四六　青白釉瓷器口沿（2017ZWT4：132）

影青釉菊瓣纹盖，2018ZWT10②：10（图四七），残。侈口，尖圆唇，宽沿，中部呈穹窿顶，白胎，釉色为青中泛白的影青，釉层润泽，内口沿无釉，其他部位满釉。外壁中间饰放射状菊瓣纹，顶部残。

图四七　影青釉菊瓣纹盖（2018ZWT10②：10）

酱黑釉斗笠碗，2017ZWT4：66（图四八），残，可修复，口径 12.6、底径 5.6、高 4.4厘米。敞口，尖唇，斜腹，矮圈足，圈足极短且略外撇，底近平，灰白胎，内外施酱黑色釉，足底露胎，内底有小支钉痕。

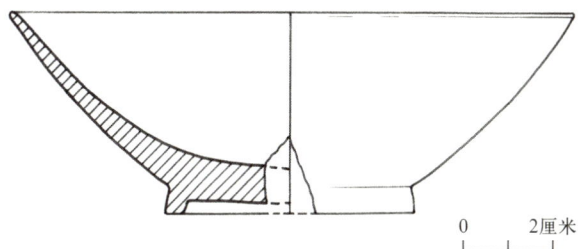

酱釉钵，2018ZWC：3（图四九），残，可修复，口径 7.4、底径 5、高 2.3 厘米。侈口，

图四八　酱黑釉斗笠碗（2017ZWT4：66）

圆唇，微束颈，腹略鼓，下腹斜收，平底，灰胎，内外施酱色釉，夹杂浅色斑点，足底露胎，素面。2018ZWT8K5：41（图五〇），残，可修复。口径 9、底径 4.8、高 4 厘米。微撇口，尖唇，颈微束，鼓腹，平底，微内凹，灰白胎，内外施褐色釉，底露胎，素面。

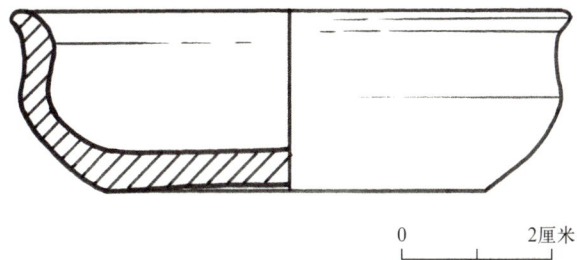

图四九　酱釉钵（2018ZWC：3）

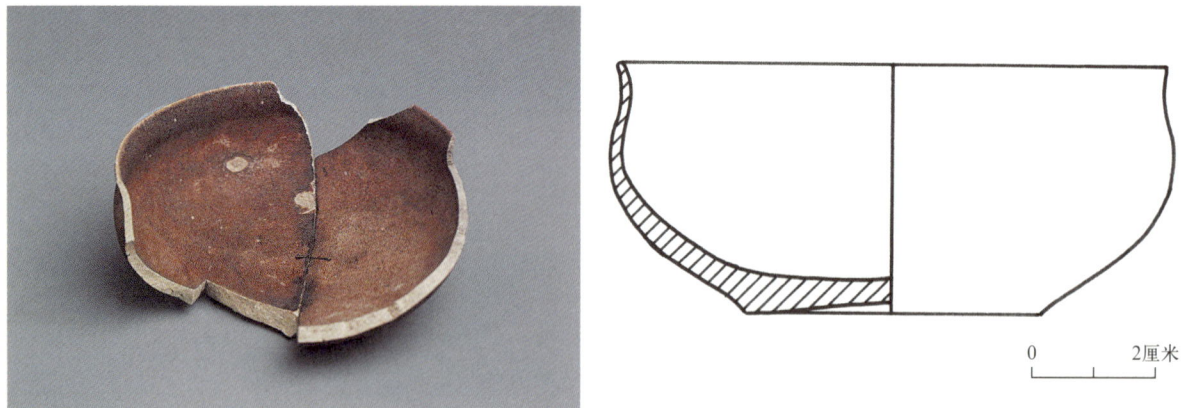

图五〇　酱釉钵（2018ZWT8K5：41）

酱釉碟，2018ZWT10②：1（图五一），残，口径13、底径4.9、高3.2厘米。敞口，尖圆唇，斜腹，内底呈圜形，矮圈足，外底平，灰白胎，内外施酱色釉，釉层厚薄不均匀，足底以内无釉，内底有支钉痕，素面。

双色釉印花瓷碟，18ZWT6②：22（图五二），残，可修复，口径14、足径5.3、高3.7厘米。敞口，尖圆唇，斜腹，内底呈圜形，矮圈足，外底平，灰白胎，内壁施青白色釉，开片，外壁施黑色褐点釉，施釉不及底，足底以内无釉，内壁有印花图案，印痕较浅，内底边缘有支钉痕。

黑釉描金盏，2019ZWC：1（图五三），残，口沿缺失一块，可修复，口径10.8、底径3.8、高5.2厘米。敞口，尖圆唇，微束颈，口沿下向内束成一圈浅显的凹槽，鼓肩，斜直腹微内凹，平底，外底不规整，灰胎，内外施黑釉，外壁施釉不及底。内壁自底心至口沿绘金彩放射状线条。盏内壁可见3处描金文字（残缺处应有一处，实为四处文字），文字线条洒脱似花草，周边无边框。文字区域放射状线条自动缩短避让，留出一块空白。文字右边的放射状线条向左弯曲垂下，形状似兰花的茎叶。可辨文字有"寿""福"。

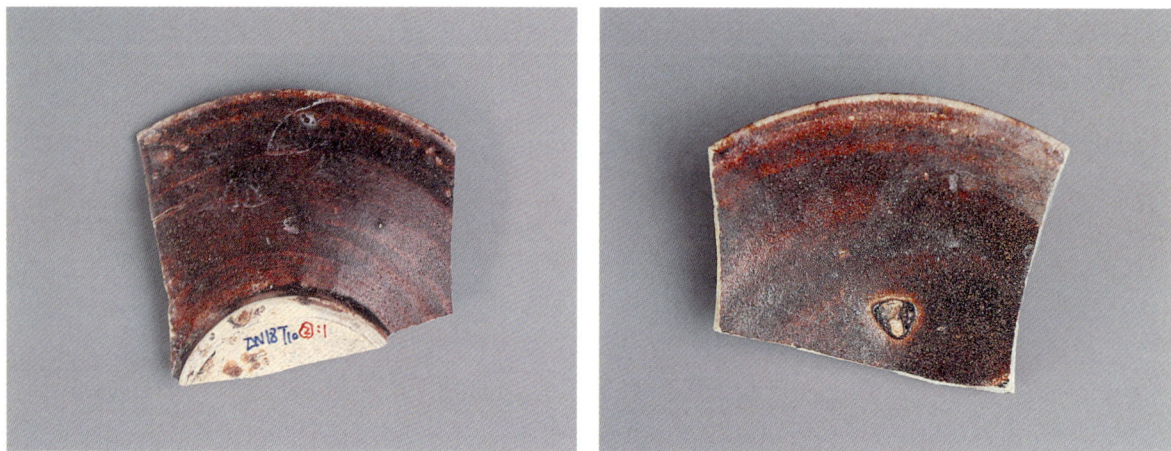

图五一　酱釉碟（2018ZWT10②：1）

图五二　双色釉印花瓷碟（18ZWT6 ② ：22）

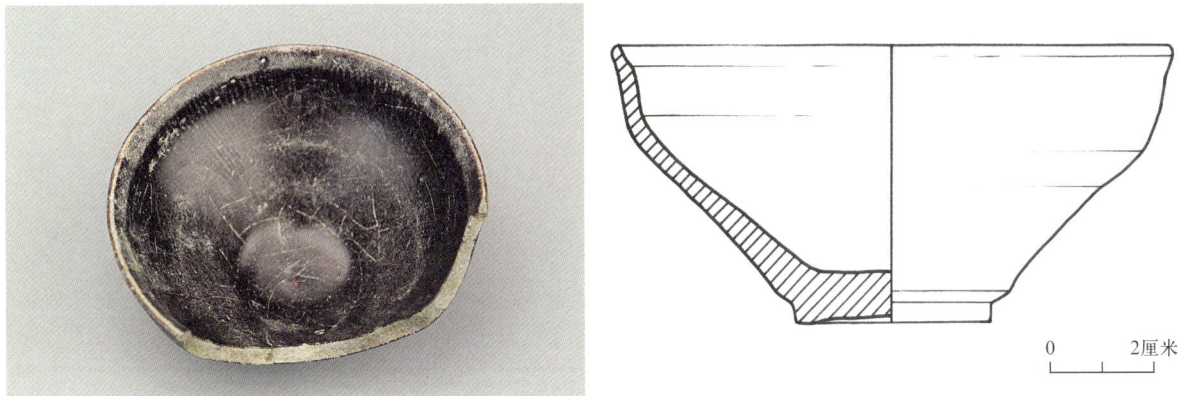

图五三　黑釉描金盏（2019ZWC ：1）

青花瓷碗，2017ZWT4 ：130（图五四，1），残，口径 17.6、残高 6.1 厘米。侈口，圆唇，弧腹，下腹微鼓，底残，灰白胎，白釉，青花由弦纹和抽象青花图案组成。2018ZWC ：44（图五四，2），残，仅余碗底，底径 6、残高 2.3 厘米。圈足底，上部残缺，白胎，青花饰满釉，内底心、外壁为青花弦纹和缠枝花卉纹。

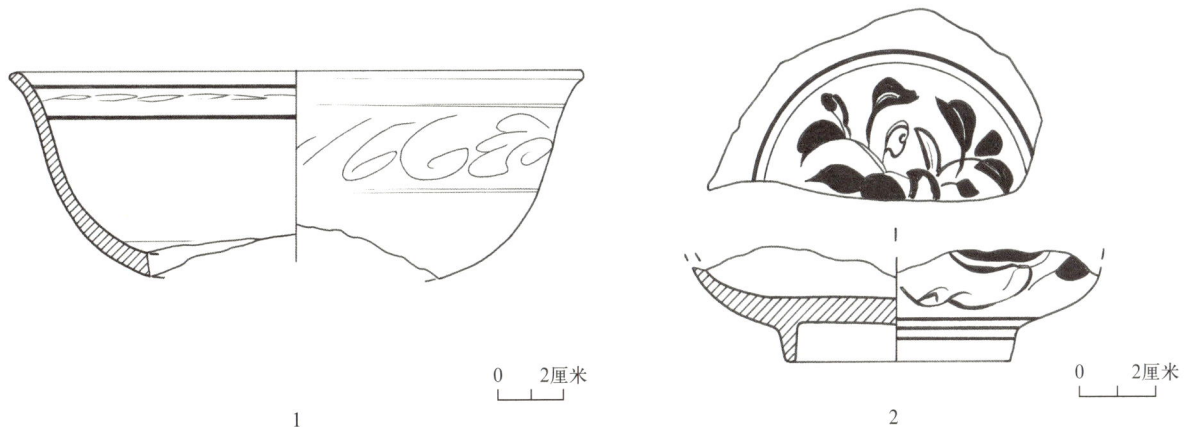

1

2

图五四　青花瓷碗
1.2017ZWT4 ：130　2. 2018ZWC ：44

　　青花瓷碟，2018ZWC ：10（图五五），残，可修复，口径 12.6、底径 6、高 3.5 厘米。侈口，圆唇，折沿，斜腹，下腹微鼓，平底，圈足，灰白胎，白釉青花，外壁饰弦纹加花瓣纹，内壁饰弦纹加点纹，内底有规则垫圈痕，内底心有一圈青花带，青花发色暗淡。

　　青花瓷杯，18ZWT6 ② ： 37（图五六），残，可修复，口径 8、足径 3、高 4.5 厘米。侈口，颈微束，下腹微鼓，平底，圈足，白胎，足底露胎，外壁，内底心饰折枝花卉纹，内壁口沿处饰一周卷云纹。

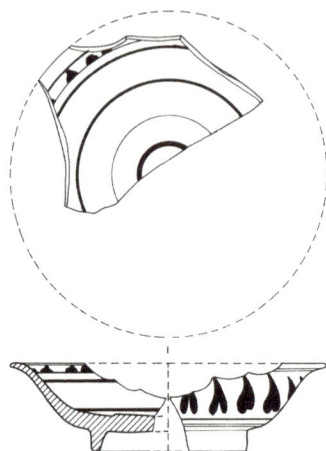

图五五　青花瓷碟（2018ZWC ： 10）

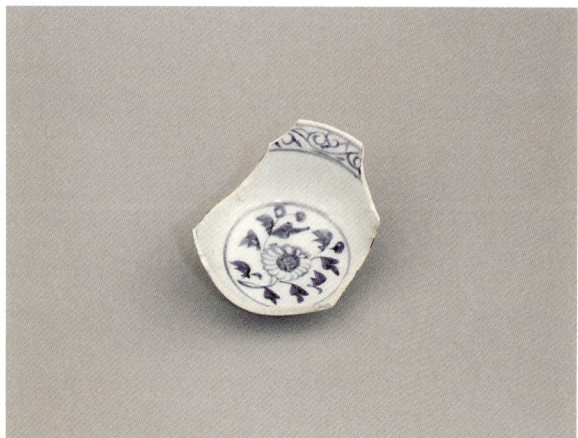

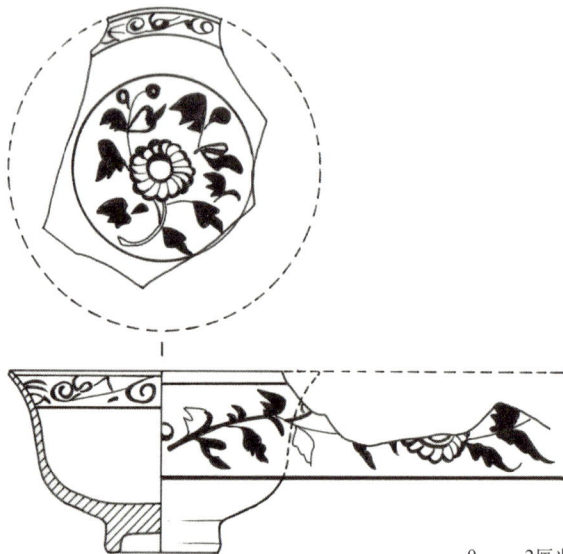

图五六　青花瓷杯（18ZWT6 ② ： 37）

结　语

（一）器物的来源与时代

该遗址出土有唐、宋、明代的铜钱，又以两宋时期铜钱占绝大多数，还见有少量越南铸铜钱。铜锅残片使用痕迹明显，类似器物在洲尾对岸也有发现，包括 9 件铜釜、1 件双耳铜镬、6 件明代早期龙泉青瓷盘，且出土于同一个窖藏坑。另在相邻的防城港渔万半岛也出土有器形相似的铜锅。

该遗址调查采集到的器物中，以陶器数量最多，且基本为日用陶器，既有制作粗糙、器形庞大的夹砂陶，又有表面磨光、器形较小、器壁薄的小件陶器。其中数量最多、最具特色的陶钵在中国广西北部湾沿海及现越南地区都有发现。该器物器形厚重，制作不甚精细，式样较多，但装饰基本相似。因此，以陶钵为主的陶器来自北部湾沿海或邻近地区的窑口，且不止一两个窑口可以烧制这些器物。

瓷器标本中，青瓷所占比例最大。部分瓷器标本的来源较为明确，如本地发现的具有刮釉、坦底、双系等特征的青瓷碗、碟、罐等标本，在广西北海晚姑娘窑、合浦英罗窑、钦州潭池岭、雷州余下古窑址等唐代青瓷窑址中都有发现。

在浙江龙泉青瓷中，为迎合封建社会人们祈求长命富贵和迷信等思想意识，在碗、盘和高足杯等器物上刻印"福""禄""寿""禧""吉"等之类的吉利铭文。在刻印的文字中，也有具有商标意义的窑主姓名、符号和窑名，如"石林""李氏""张""王""宝""平昌""国器"等[1]。洲尾遗址发现的带字青瓷器标本在这里可以找到来源。部分瓷器的年代可以确定为宋代、元代、明代，既有来自浙江龙泉窑、福建遇林亭窑、江西景德镇窑的瓷器，还有来自广州西村窑、广西容县窑等两广地区窑口烧制的器物，部分器物则为在越南地区烧制的仿龙泉青瓷器。根据少量青花瓷片及铜权年代判断，遗址中也存留有少量清代遗物。

（二）关于遗址的性质问题

从近年的调查和试掘可以判断，洲尾遗址分布范围广、遗存丰富，本地地形地貌特征多样，文化层堆积相对较薄。因在较薄的文化层中发现了灰坑、灰沟、柱洞等遗迹现象，并结合出土文物的多样性，可推测防城港沿海地区参与古代贸易不仅仅是作为线路的组成部分，也存在港口、码头等船舶停靠、集散货物或直接交易的贸易场所。公车镇洲尾遗址极大可能就是北部湾沿海海丝贸易航线中一处贸易场或货物集散码头，或为宋代钦州博易场的组成部分。交易的货物以陶瓷器为主。陶钵、陶罐等陶器为北部湾附近及周边民众日常生活用具，部分或用作装运瓷器的器皿。

---

[1]　朱伯谦：《揽翠集——朱伯谦陶瓷考古文集》，科学出版社，第 168~169 页。

洲尾遗址的时代跨度大，从唐代，经宋代、元代、明代，一直延续到清代。在不同时期，遗址的性质和规模存在变化。在唐代时，洲尾遗址以交易北部湾周边区域的产品为主。在海丝贸易繁荣的宋元时期，该地的陶瓷器货品交易量也达到高峰，且瓷器产品的来源地更广，种类更丰富。在明代早中期，洲尾遗址的贸易或码头功能继续维持。明后期以后，贸易重心转移，洲尾遗址的贸易或码头功能逐渐废弃，但该地作为一般居民点存在。现居洲尾的骆姓族谱显示，其最早一代在此地定居是在明末清初。

（三）关于古代海上丝绸之路北部湾航线的问题

汉武帝统一岭南后，设置了南海、郁林、苍梧、合浦、交趾、九真等九郡。大规模的由官方发起的经由海上路线进行的海外贸易自此开始，即为"汉代海上丝绸之路"。它以雷州半岛南端的徐闻和北部湾畔的合浦为始发港，航程达东南亚各国，远至印度半岛南端。这一时期造船业及航海技术尚不发达，船舶需沿海岸行进。防城港地区属合浦郡的一部分，在汉代海上丝绸之路航线中，防城港沿海是必经之地。在三国至南朝时，造船业率先在东部沿海发达起来，"海上丝绸之路"始发港转移至东部沿海。唐代时，中国的造船业达到一个新的高峰，航海技术发达，航线不再局限于沿海岸线，依靠季风远渡重洋的技术得以掌握。南下的海道，启碇地移至广州。唐代后期，东部沿海的泉州港、明州港等相继繁荣起来。那么在汉代以后海上丝绸之路核心港口东移的历史背景下，北部湾沿海海丝贸易是否持续？又有哪些佐证呢？

通过文献记载可知，在汉代以后，北部湾沿海所属的交州仍是通往南海诸国的主要港口，合浦港仍是通往安南的主要交通要津。《旧唐书·南蛮列传》有关于"自交州南渡海"的记载。《新唐书·南蛮传》载，前往林邑南面的殊奈（nài）国需"泛交州海三月乃至"。交趾海即北部湾，唐朝至东南亚诸国，也多是"泛交趾海"。宋人周去非详细描述了钦廉地区通往交趾的水陆交通条件："钦之西南，接境交趾，陆则限以七峒，水则舟楫可通。自钦稍东，曰廉州，廉之海，直通交趾。"[1] 两宋时期商品经济发展迅速，宋代政府对东南亚诸国的贸易仍以交州为据点，贸易的规模空前，贸易路线也得到拓展。两宋时期北部湾沿海经济、贸易发达，港口繁荣。据文献记载，唐宋时期北部湾沿岸贸易繁荣，北宋时设置了钦州博易场，交易量"每博易动数千缗"。交通路线方面则开通了海上运河，如位于防城港市江山半岛中段的潭蓬运河即开凿于唐代中后期，初为军事用途，后来在沿海贸易中发挥了重要作用。北部湾沿海的中心港口转移至钦州港，此地接续汉代的合浦港，成为贸易繁荣之地。元朝与中南半岛诸国如交趾（安南）、占城、真腊、缅国等一直保持着密切的联系，移民与商贩往来不息。明清两代，虽然朝廷政策方面以海禁为主，但北部湾海域小规模的民间海商贸易往来仍有持续，并进而兴起一批如合浦冠头岭、钦州龙门港、东兴竹山港和江坪等对外贸易的港口。

纵观北部湾沿海贸易历史，北部湾沿海在古代贸易活动中的地位发生了重大变化，但作为参与者和海上丝绸之路重要组成部分的角色一直存在。在整个北部湾沿岸与东南亚各国的贸

[1]　（宋）周去非著，杨武泉校注：《岭外代答校注》中华书局，1999 年，第 3 页。

易往来和交流历史中，虽然官方的贸易往来由于政策、动乱等原因受到波及和影响，但由于边境陆海相接的便利条件，北部湾沿海与相邻的越南及东南亚其他国家之间的民间贸易活动一直持续，未曾间断，而洲尾遗址正是唐代至明代北部湾沿海海丝贸易的实证。

附记：洲尾遗址的调查和研究工作得到国家文物局水下文化遗产保护中心、广西文物保护与考古研究所的大力支持。田野调查工作得到韦革副所长、谢广维研究员的具体指导，文物标本鉴定工作得到多位区内外相关领域专家的指导和帮助，参与田野调查和试掘工作的人员有：何守强、张玉林、冯达添、陈云云、罗宁、李澄、曾礼琳、杨春宇、李宝宣、彭基玉、刘雄道、陈冠中、黄海怡、翁得智、许琨、许明星、禤华、巨姗姗、李粮莹、叶兴祥、班贵芺、韦斯焱、陈琦等，器物线图由张进兰、韦璇完成，特致谢忱！

Brief Report on the 2017 to 2018 Archaeological Investigation and Trial

—Excavation of Zhouwei Site in Fangchenggang

By

Wu Fuping

Abstract： The city of Fangchenggang is a coastal city located in the south of Guangxi and the north of Beibu Gulf. As early as the Han Dynasty，The coastline was the only route for merchant ships to trade along the maritime silk road from Hepu port and Xuwen port. Zhouwei site is located in a bay on the Qisha Peninsula of Fangchenggang city. In 2016，the Fangchenggang city museum conducted field investigation on the site and confirmed that it is a well-preserved ancient site. From 2017 to 2018，Fangchenggang museum continued to carry out a wider field investigation and partial archaeological trial excavation, found ash pits, pillar holes and other relics, as well as rich relics such as metal ware and ceramics. These discoveries confirm that the site time from the Tang Dynasty to the Ming Dynasty，the nature of the site may be a trading ground for goods on the sea route of the Beibu Gulf or cargo terminal.

Keywords： Beibu Gulf，Zhouwei Site，Trade Place，Terminal

江西南城洪门水库水下考古调查简报

国家文物局考古研究中心　江西省文物考古研究院

南城县文化广电新闻出版旅游局　南城县博物馆

摘　要： 2017、2018 年国家文物局水下文化遗产保护中心（现国家文物局考古研究中心）与江西省文物考古研究院联合组队对江西省南城县洪门水库石佛古庙遗址和硝石镇遗址进行了水下考古调查。经过调查，确认石佛古庙遗址由摩崖造像和寺庙建筑组成，摩崖造像的开凿年代为明代早期；硝石镇遗址是千年古镇——硝石镇淹没于水下后的遗存，保存有大量清代民居建筑遗存。

关键词： 石佛古庙遗址　硝石镇遗址　水下考古调查　时代　性质

洪门水库，又称醉仙湖，位于江西省抚州市南城县东南约 16 公里，是江西省第三大水库，跨南城、黎川两县，面积 70 余平方公里。库区内岛屿星罗棋布，有大小岛屿 1000 余座，修建于 1958 年，1960 年开始蓄水。蓄水后大量文物古迹，如千年古镇——硝石镇等被淹没于水底。库区周边还分布有明代益藩王墓群、清代船形古屋、源头古村落、第五次反围剿硝石之战战场遗址等，文物资源较为丰富（图一）。

2016 年 11 月，洪门水库水位下降，当地渔民在水库内发现一尊摩崖造像，另有一座石质牌坊暴露出水面。

2017 年 1 月，国家文物局水下文化遗产保护中心与江西省文物考古研究院联合组队对摩崖造像、石牌坊和硝石镇遗址进行了为期约 10 天的水下考古调查。

2018 年 9 月至 10 月，国家文物局水下文化遗产保护中心与江西省文物考古研究院联合对洪门水库进行了第二次水下考古调查，调查对象包括摩崖造像所在的石佛古庙遗址[1]、硝石镇遗址以及二处遗址之间水域内的其他遗存。通过调查基本掌握了石佛古庙遗址和硝石镇遗址的保存现状、布局、年代、性质等信息，获取了石佛古庙遗址、硝石镇遗址水底地形、地貌特征及河网水系分布等情况，工作时间 35 天。

---

[1]　《南城县志》（清同治十二年刻本）中有"石佛古庙，四十七都双江口石佛渡西"的记载，结合摩崖造像所在的地理位置，2018 年水下考古调查时将摩崖造像及其周边遗存统一定名为石佛古庙遗址。

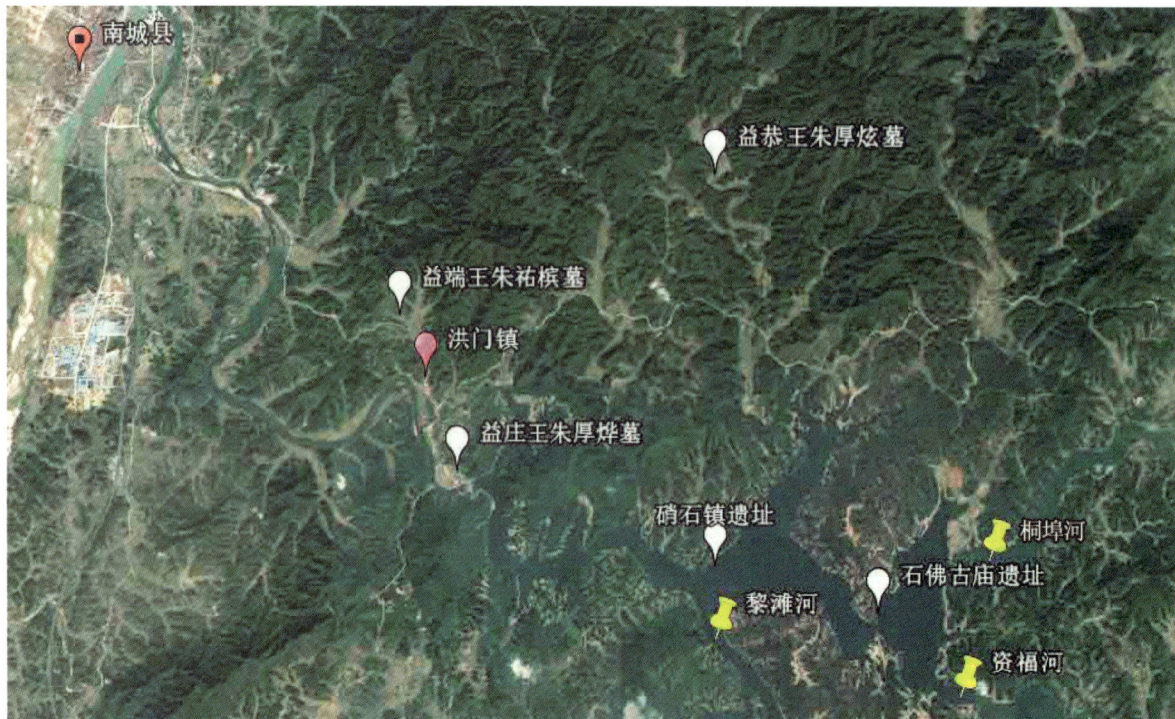

图一　洪门水库水下文化遗存分布图

一、石佛古庙遗址水下考古调查

石佛古庙遗址位于江西省抚州市南城县洪门水库内一南北向的山崖处，西北方向与南城县洪门镇曹源村醉仙湖码头的直线距离约 4.8 公里，水上航程耗时约 30 分钟。

石佛古庙遗址摩崖造像所在的南北向崖壁长约 54.4 米，较为平整、竖直，崖体为红色砂岩，风化侵蚀严重，以历史最高水位线为界，崖体外观呈现出二种明显不同的颜色，水线以上为灰黑色，水线以下呈黄色，泛红。

2017 年水下考古调查时洪门水库最低水位为 88.7 米，位于摩崖造像胸部，摩崖造像上部崖壁的柱洞、重檐屋脊、南部的题刻，以及山崖西北部的采石场、古道等遗存皆出露于水面以上，佛像胸部以下及寺庙建筑仍淹没于水下（图二、三）。2017 年对水面以上的遗存以田野考古的方式进行了调查（图四至六），水下能见度很差，仅有约 0.2 米，水下遗存只做了初步调查。

经调查，南北向崖壁近南端处有二方上下相连、错开分布的题刻（图七）。上方题刻南北长 2.29、上下宽 1.57 米，周边有明显的边框，边框内双线阴刻有 30 余字，因风化剥落严重，字迹漫漶不可识（图八）。下方题刻位于崖壁南端向北 0.8 米处，南北长 3.63、上下宽 2.89 米，下端与水面平齐，由 5 个佛名石刻组成，自南向北分别为南无地藏王菩萨、南无大势至菩萨、南无阿弥陀佛、南无观世音菩萨、南无大海众菩萨，每个佛名石刻均为长方形，宽 0.4 米，上端为浅浮雕垂叶纹，下端为浅浮雕莲花纹，中间双线阴刻佛名，佛名石刻之间彼此间隔约 0.23 米，间隔区域内凹，可见明显的斜向修凿痕迹（图九）。

图二　石佛古庙遗址 2017 年航拍图（由东向西）
①：摩崖造像　②：柱洞　③：重檐屋脊　④：题刻　⑤：题刻　⑥：采石场　⑦：古道

图三　题刻与造像位置关系

图四　航拍

图五　三维激光扫描

图六　水面测量

图七　题刻

图八　上方题刻

图九　下方题刻

图一〇　摩崖造像、重檐屋脊、柱洞的位置关系

崖壁南端向北 8.15 米处为重檐屋脊的南端，由上至下刻凿出 7 道，立面呈尖顶宝盖形，最下面一道最长，南北长约 20.65 米，与佛像胸部平齐，最高处一道顶部距水面 5.51 米、距摩崖造像佛龛顶部约 3.56 米，重檐边缘的崖壁向内修凿明显，使重檐边缘突出崖壁面约 0.2 米，便于排水。崖壁南端向北 14.95 米处为佛龛南端，露出水面的佛龛部分宽 2.6 米，最高处距水面约 1.95 米，佛龛周围分布有多个人工开凿的或长方形或圆形、大小不一的孔洞，摩崖造像、柱洞及重檐屋脊所在崖壁上有大量修整开凿的痕迹（图一〇）。摩崖造像所在山崖北部发现一条人工垒砌、修整的东西向古道，古道位于二处山崖之间，最宽处约 2.3 米，最窄处仅有约 1.2 米，蓄水前古道东部可以通往摩崖造像东部的寺庙，西部延伸到大山内（图一一）。古道南侧山崖上还发现一处采石场遗迹，平面呈长方形，向山崖内开凿的长度约 4.3 米，东西向宽 2.5 米，高约 1.5 米，石料开采痕迹非常清晰、明显（图一二）。

2018 年水下考古调查时洪门水库水位上升 7.4 米，石佛古庙遗址大部分遗存被重新淹没于水下，仅山崖北部的古道尚存部分出露于水面以上（图一三），山崖东部水面有大面积的拦网养殖区，水体富营养化程度高，水质较差，水中悬浮物多，能见度较低，约 0.2~0.5 米，另外由于遗址西侧紧邻山崖，受山崖遮挡，水面日照时间短，水温较低，水下 10 米深处水温 22℃，水下 12 米深处水温降至 19℃。2018 年重点对摩崖造像及寺庙建筑遗存进行了水下考古调查，下面将调查情况简要介绍如下。

图一一 古道（从西向东）

图一二 采石场（由北向南）

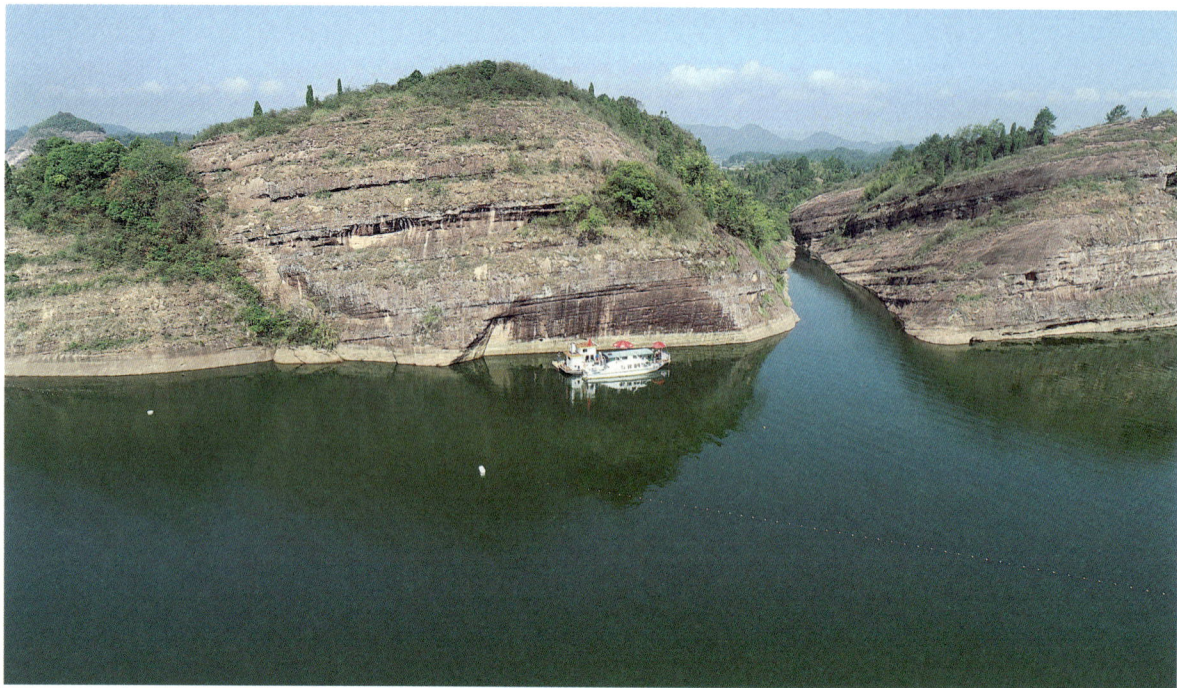

图一三　石佛古庙遗址 2018 年航拍图（由东向西）

（一）工作经过

石佛古庙遗址位于洪门水库中心，四周环水，无陆路相通，且距离码头有一定距离，出于安全和工作便利考虑，在遗址上方布设了一个相对固定的水面平台（图一四），用于悬挂工作计划简介（图一五）、人员上下水、水面监督、存放工具设备、充填气瓶和水面支援保障等。

1. 布设基线

根据 2017 年的调查资料，经过水下搜索，确认石佛古庙遗址寺庙建筑的分布范围、建筑结构、布局和方向后，以寺庙大殿基址的西南角为基点，沿残存墙基的分布走向布设南北向基线 2 条、东西向基线 1 条。其中南北向基线与寺庙大殿南北向墙基的方向一致，东西向基线从佛像下部供台的正中开始，向东穿过大殿东墙基中部，与南北向基线垂直，直到东墙基外的东部土坡边缘，调查中根据发现和需要延伸基线长度（图一六）。

2. 水下测绘

以基线为参考，采用传统手工测绘、摄影制图与物探扫测成图相结合的方法，完成了石佛古庙遗址水下遗存平面分布图、水底地形起伏图、摩崖造像立面图等测绘工作。其中水下遗存平面分布图主要采取水下手工测绘的方式完成（图一七），并参考了物探扫测获取的水底图像；水底地形起伏图以物探扫测的三维图像为底本，通过人工测量关键点数据的方式完成；摩崖造像的立面图是通过水下摄影和相关软件构建三维模型，生成正射影像，进行矢量化描图，最后用实际测量的尺寸进行校准并成图。

3. 水下摄影摄像

水下调查中对石佛古庙遗址的现状进行了全方位的摄影和摄像记录,重点采集了寺庙建筑遗存以及摩崖造像的影像资料,拍摄了遗址分布区内部分石质建筑构件、花纹砖、瓦等遗物的水下照片(图一八)。

4. 局部清理

为了解遗址堆积情况,选取寺庙大殿基址中部偏南的石柱础附近作为典型位置,进行了局部解剖清理,清理方式为人工手扇,清理范围 0.25 平方米,清理深度约 0.3 米。

5. 标本采集

在完成测绘、摄影摄像等资料记录的基础上,提取了 17 件保存较好、特征明显的遗物标本(图一九、二〇)。

6. 物探调查

使用多波束测深系统、侧扫声呐等设备对石佛古庙遗址所在水域进行了物探扫测,获取了水深、水温、底质构造、水底地形、地貌等基础信息,取得了遗址水下探测图像(图二一)。

图一四　水面平台(由南向北)

图一五　工作计划简介

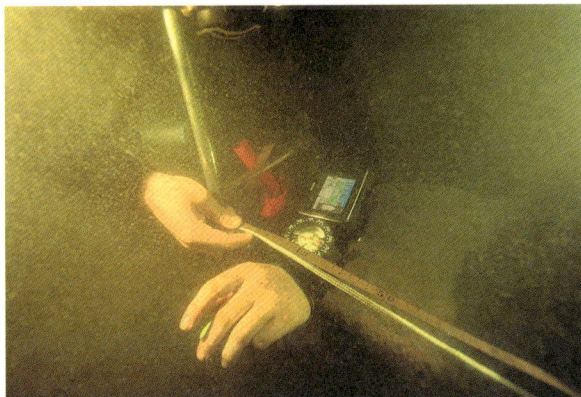

图一六　布设基线

图一七　水下测绘

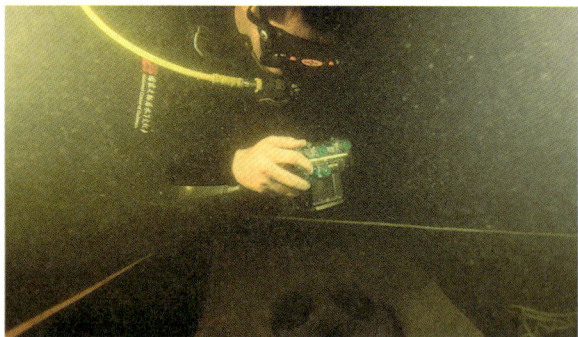

图一八　水下摄影

图一九　采集遗物

图二○　遗物标签

图二一　物探调查

（二）遗迹与遗物

1. 遗迹

石佛古庙遗址由崖壁上的摩崖造像、题刻、重檐屋脊、柱洞及山崖底部以东的寺庙建筑和西北部的采石场、古道等遗存组成。2017 年暴露于水面以上的题刻、重檐屋脊、柱洞、采石场和古道等遗迹在前文已有简介，此处重点介绍摩崖造像和寺庙建筑。

（1）摩崖造像

摩崖造像由佛像、佛龛和供台三部分组成。佛像所在崖壁上有大量凿痕，开凿前崖壁应进行过修整和加工。佛像通过向崖体内掏圆雕而成，保存较为完整，通高 2.77 米，最宽处 2.0 米，颈部内掏最深，向崖壁内深约 0.7 米，外表呈黄色，泛红，表面附着有一层较薄的悬浮物。佛像为阿弥陀佛，头部不见肉髻，螺发颗粒小且细密，头顶宝珠，面庞圆润，宽额，俯视，表情静穆柔和，长耳垂至肩部，身着双领、下垂大衣，宽衣博带，内为僧祇支，腰间束带，双腿结跏趺坐，二手平放于腿上，掌心向上，施定印，手部略有残损。佛像坐于一长方形平台上，平台南端距佛龛内边 0.06 米，长 1.98 米，高 0.26 米，下缘与佛龛下部平齐。佛像外为一长方形尖弧顶佛龛，尖顶处水深 5.44

米,高出水底地表约 4.86 米,采用剔地浅浮雕技法,突出于现存崖壁面约 0.15 米,佛龛通高 3.96 米,最宽处 2.6 米,边框宽 0.15~0.55 米,边框内浅浮雕有卷云纹和火焰纹(图二二、二三,见图一〇)。

图二二　摩崖造像正射影像

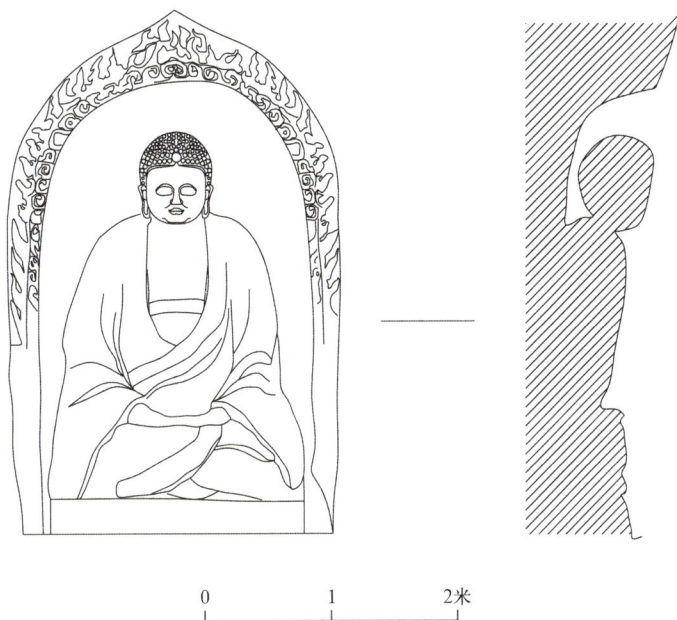

图二三　摩崖造像平、剖面图

佛龛下部东侧有一平面呈长方形的供台,南北长 2.5、东西宽 0.8、高 1.16 米,西边紧贴崖壁。供台底部水深 10.3 米,直接砌筑于地表以上,立面可见分为 5 层(图二四),下面三层用长方形红色砂岩条石错缝垒砌而成,部分条石之间用灰砖砌筑填缝,由下至上的第三层使用二块楔形石板,拼接呈凹口状,推测为放置香炉之用(图二五),最上面二层用长方形红色砂岩条石砌筑,呈莲花状,条石之间填有灰砖,最高处与佛像下平台的上缘平齐,砌筑供台的条石以及供台与崖壁之间发现较多灰砖块,疑似填塞空隙用。

图二四　供台

图二五　供台第三层平面

（2）寺庙建筑

寺庙建筑位于山崖东部的一处高台上，水深10～11米，西侧紧邻崖壁，东、北、南三侧为土坡，南、北二侧的土坡较缓，东侧土坡坡度较大，部分区域为陡坎，陡坎下为资福河，水深约20米。寺庙建筑为地面起筑，分布范围南北长约44米，东西宽约17米，由北部院墙、中部大殿、大殿南部厢房以及厢房东南部的一处附属建筑构成（图二六至三二）。

①北院墙

位于寺庙建筑大殿北墙以北约15.9米处，大部分已被破坏，地表散落有大量灰砖和条石，仅在东部残存有一段墙基，由条石和灰砖垒砌而成，残长2.7、残高0.15、宽约0.35米，墙基北部地表水深11.1米（图三三）。

②大殿

平面呈长方形，南北长11.7米，东西宽10.3米，方向15°，上部建筑皆已不存，东、南、北三面残存有墙基，其中北墙基北侧距离佛龛北边框4.65米，西面未发现墙基，推测直接使用了崖壁（图三四）。墙基用长方形红色砂岩条石直接垒砌而成，南、北墙基的东部皆有残断，东墙基保存较好，残存最高，部分位置残存有4层条石，墙基宽0.3～0.4米，最高处距大殿外地表约0.76米，距大殿内地表约0.5米（图三五）。

大殿内水深10.3米，遗存发现较少，布局和结构不详，大殿内中部偏南发现一石质柱础，红色砂岩制成，下部为方形，中部呈八棱形，最上部为鼓形，通高0.33、直径0.28米，地表覆盖有一层淤积沉淀的浮泥，厚约0.2米，浮泥下为碎砖、破瓦构成的混合堆积，厚度约0.1米（图三六）。碎砖破瓦以下为大殿地面，未发现铺地砖或铺地石板，从石柱础附近局部清理的情况看，大殿内的地面是直接修整基岩而成，没有基岩的地方用土铺垫（图三七）。

大殿东北部发现一处平面呈八字形的遗存，仅余石砌墙基，残宽4.66米，残高约0.25米，八字形遗存外的地表散落有较多建筑构件，如四角挑檐石构件（图三八）、中部有圆形十字镂空的长方形石板（图三九）、中部开有长方形孔的石板（图四〇）、长方形石柱（图四一）、刻有文字的圆形十字镂空长方形石板（图四二）、花砖、素面灰砖、双拱瓦（图四三）、红褐色板瓦（图四四）等，八字形遗存外东北部约5.5米处发现一片竹林，上部已被砍伐，仅存下部和根茎（图四五），竹林东北为土坡。

大殿东墙中部向东5.4米为东部土坡的上部边缘，水深12米，坡边与大殿东墙之间未发现遗存，地表覆盖有一层较厚的浮泥，散落有较多的砖块、瓦片和倒塌的条石。在东墙东部的土坡上发现2根圆形木柱，其中一根位于东墙中部东南125°，距离13.3米，水深15米处，直径0.28米，方向80°，东段暴露在外，另外一段被斜坡上的泥土掩埋，平躺状态，暴露长度1.4米（图四六）；另外一根位于东墙中部东北55°，距离9.9米，水深13.1米处，直径0.28米，方向10°，全部暴露在外，平躺于斜坡上，总长2.6米（图四七）。这二根圆形木柱的直径与大殿内发现的石柱础直径相同，原应为大殿内的立柱。

图二六　石佛古庙遗址平面布局图

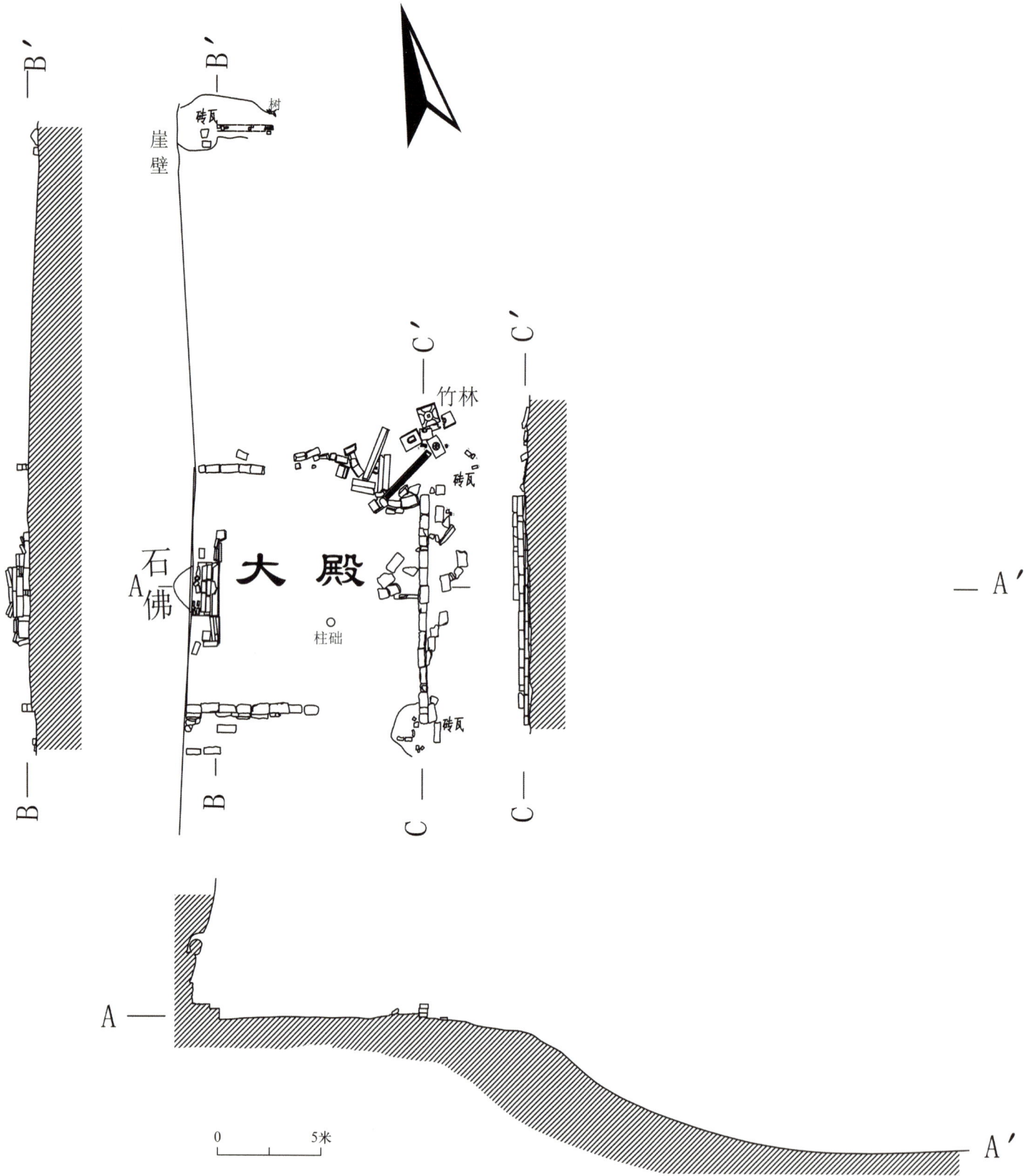

图二七　石佛古庙遗址平剖面图

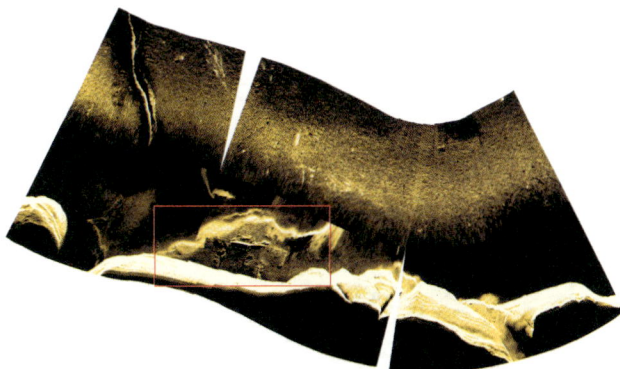

图二八　石佛古庙遗址侧扫声纳探测图（红框内为石佛古庙遗址）

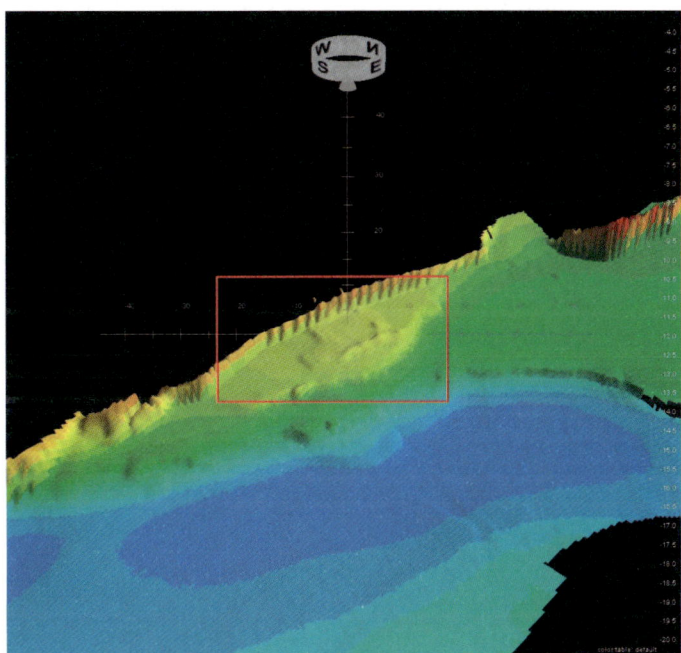

图二九　石佛古庙遗址多波束测深系统探测图（红框内为石佛古庙遗址）

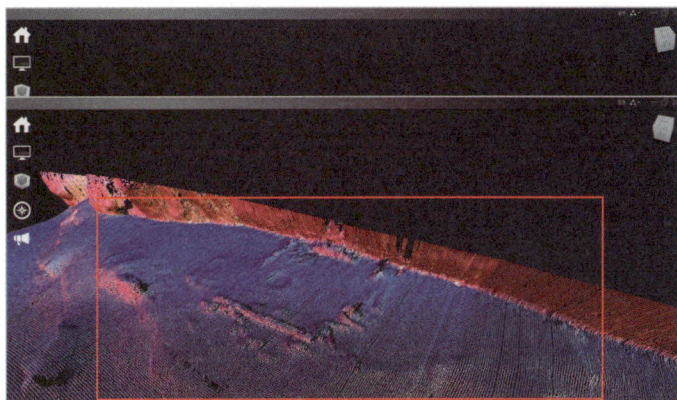

图三〇　石佛古庙遗址鸟瞰图（红框内为石佛古庙遗址）

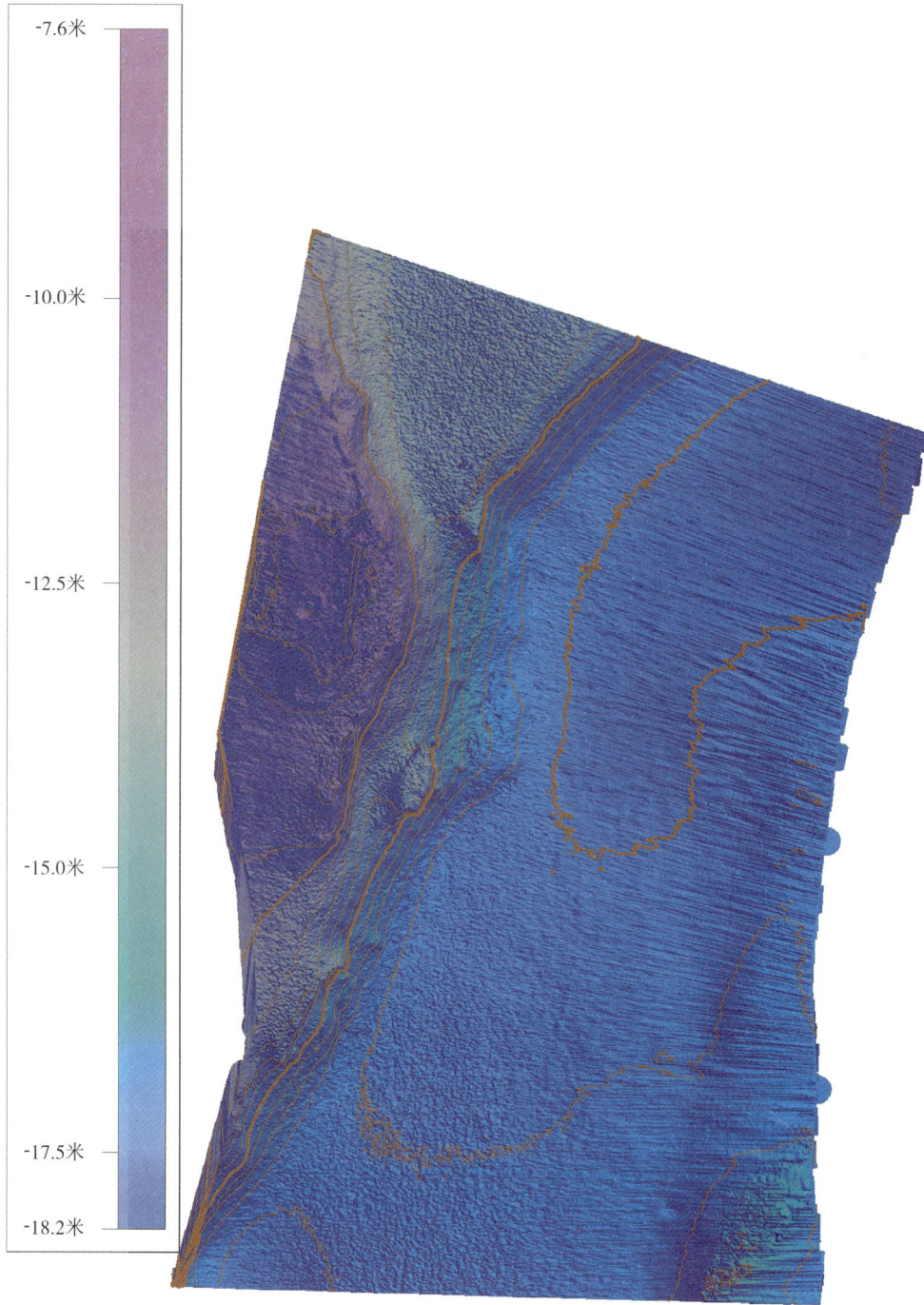

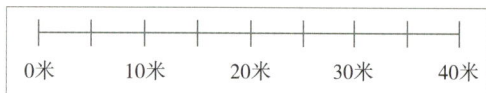

图三一　石佛古庙遗址 50 厘米等深线图（左侧褐色区域为石佛古庙遗址）

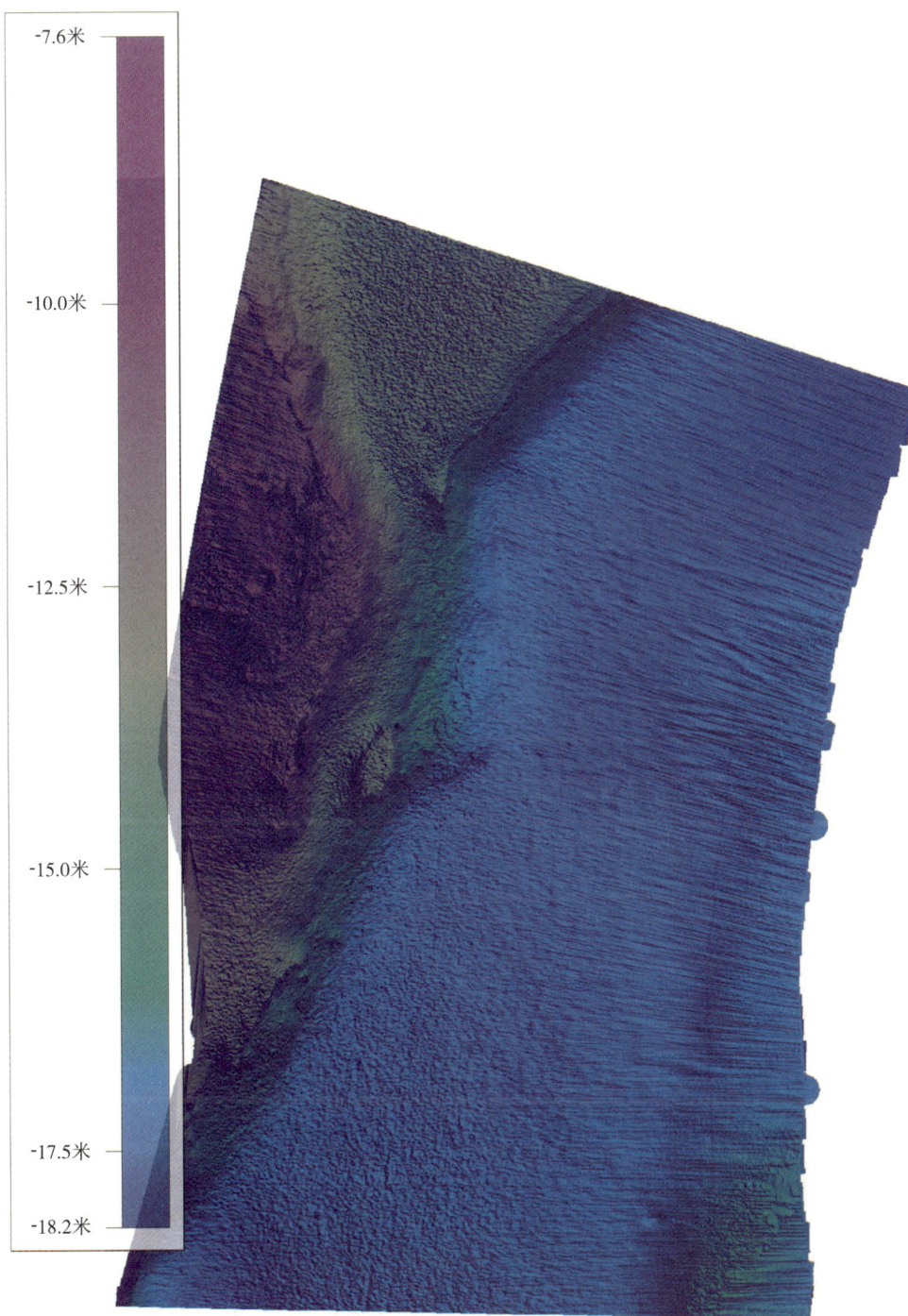

图三二　石佛古庙遗址水深色阶图（左侧褐色区域为石佛古庙遗址）

图三三　北院墙墙基

图三四　大殿墙基拼接图

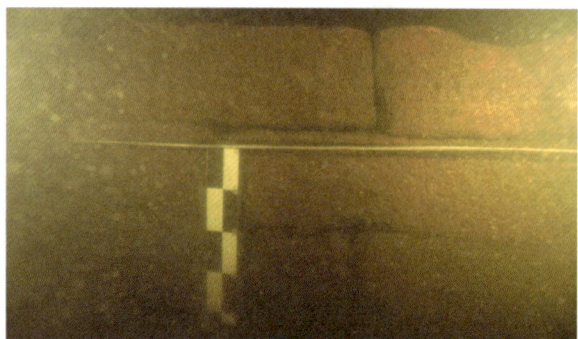

图三五　东墙基外立面（由东向西）

图三六　石柱础及地表堆积

图三七　石柱础附近地面

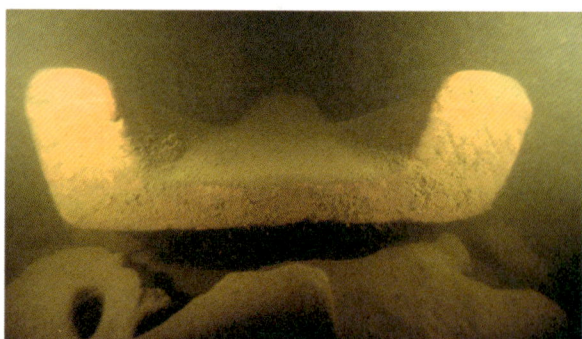

图三八　四角挑檐石构件

图三九 圆形十字镂空石板

图四〇 石板

图四一 石柱

图四二 刻字石板

图四三 花砖、灰砖、双拱形瓦

图四四 板瓦

图四五　殿门东北部竹林（由东北向西南）

图四六　木柱

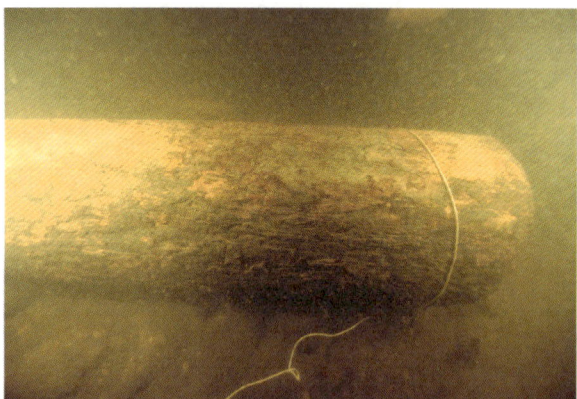

图四七　木柱

图四八　厢房墙基及地面堆积（由南向北）

③厢房

厢房紧邻大殿东南角，东部与大殿东墙基平齐，水深 10.8 米，上部建筑不存，仅余基础部分，用灰砖和红色砂岩条石砌筑而成（图四八），平面呈长方形，南北长约 5 米，东西宽约 3.8 米，高出地表约 0.35 米，残损严重，布局和结构不详。室内地表散落有大量灰砖，发现一残破成数块的石臼（图四九）。根据发现的这件石臼推测，该厢房应为生活区。

④附属建筑

图四九　厢房内的石臼

在厢房东南 3.5 米处发现一道南北向的岩体，岩体北端距离大殿东南角 8.5 米，方向 15°，有明显的人工修整和加工痕迹（图五〇）。岩体西侧面较矮，修整得较为竖直，北端顶部高出西侧地表约 0.8 米，南端顶部与其西侧地面平齐，水深 11.2 米，岩体顶部较平，北高南低，依次发现有半圆形（直径 0.39 米）、长方形（长 0.2、宽 0.15 米）和圆形（直径 0.1 米）的柱洞各一个。岩体东侧面较竖直,底部以东为较陡的土坡,岩体顶部与东侧地面之间高差达 1.7 米。岩体西侧地表淤积有一层浮泥,间或分布有散落的灰砖,推测此岩体应为原始基岩,经过修整加工后作为附属建筑的东部基础,该附属建筑的其他区域结构不详。

图五〇　附属建筑东部基础摄影拼接(由西向东)

2. 出水遗物

石佛古庙遗址地表散落有大量砖瓦及石质建筑构件。2018 年水下考古调查共采集出水文物 17 件,其中建筑构件 16 件,包括砖 7 件、瓦 8 件、石板 1 件,日常生活用具 1 件,为石砚(表一)。

①花砖

提取出水 4 件,主要发现于大殿外东北部,多为灰色,砖上雕刻有花卉、鱼等纹样。

标本 2018JNHS ：采 1[1],基本完整,器形宽扁,灰色,短边一端呈花朵形,花瓣边缘浅凹刻有一槽,中间花蕊部位向砖体中部斜拉成花枝,形成剔地浅浮雕的效果,凹槽深约 5 毫米,短边另一端呈楔形,人为打缺一角,可见多条裂纹,不见装饰纹样,砖体表面有明显的切拉痕迹,较为平整,砖体内夹杂有大量白色小石英岩颗粒。长 39、宽 13.3、厚 4 厘米(图五一)。

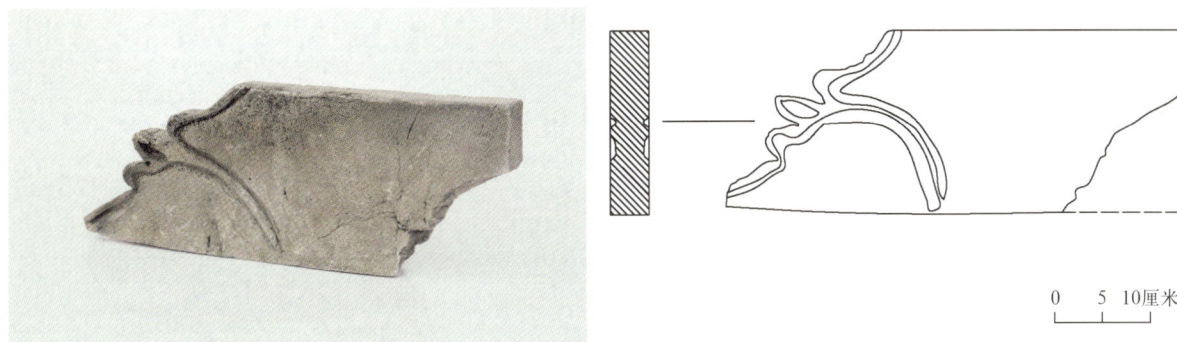

0 5 10厘米

图五一　2018JNHS ：采 1

---

[1]　标本编号 2018JNHS 中 2018 代表 2018 年,J 为江西的拼音首字母,N 为南城的拼音首字母,H 为洪门水库的拼音首字母,S 为石佛古庙遗址的拼音首字母。

标本 2018JNHS ：采 7，基本完整，器形与标本 2018JNHS ：采 1 相同，颜色斑驳不纯，总体呈灰色，部分位置为黑色、黄色，砖体内夹杂有大量白色小石英岩颗粒。长 35.5、宽 13.7、厚 4 厘米（图五二）。

标本 2018JNHS ：采 12，残断，器形与标本 2018JNHS ：采 1 相同，青灰色，砖体内夹杂有大量白色小石英岩颗粒。残长 19、宽 13.7、厚 4 厘米（图五三）。

标本 2018JNHS ：采 11，残断，器形宽扁，青灰色，短边一端向外突出，宽面阴刻有卷云纹和鱼纹，鱼身各部位清晰可辨，可见眼、鳃、鳞片、鱼尾等，纹样周边切拉痕迹明显，砖体内夹杂有大量小石英岩颗粒。残长 16.7、宽 13.4、厚 4 厘米（图五四）。

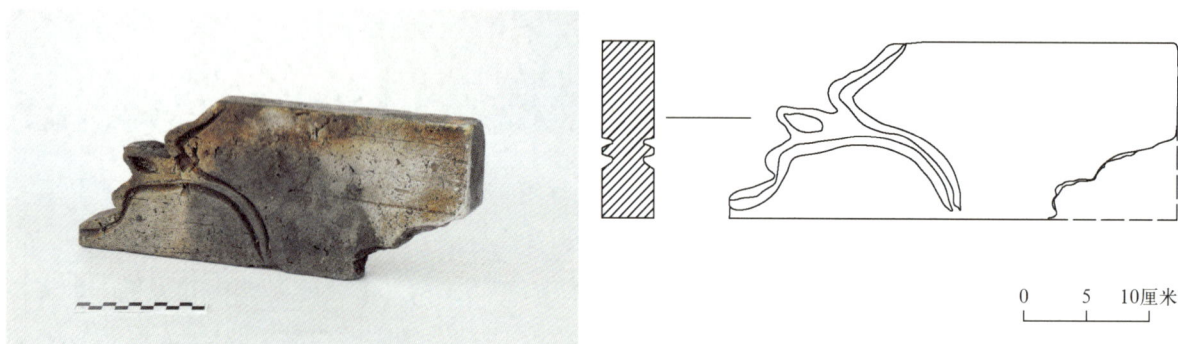

图五二　2018JNHS ：采 7

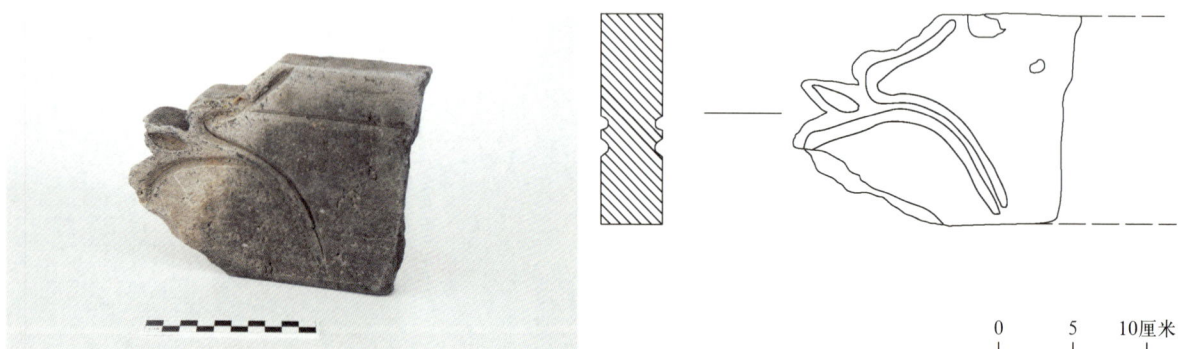

图五三　2018JNHS ：采 12

图五四　2018JNHS ：采 11

②素面砖

提取出水3件,主要采集于大殿外东北部,基本完整,形状相近,平面呈长方形,多为灰色,素面无纹,砖体内夹杂有大量小石英岩颗粒。

标本2018JNHS:采3,较厚,器表凹凸不平,制作较为粗糙。长35.3、宽19.2、厚4.7厘米(图五五)。标本2018JNHS:采9,较薄,器表较光滑、平整。长31、宽18.2、厚3.3厘米(图五六)。标本2018JNHS:采5,厚重,颜色斑驳不纯,以灰色、黑色为主,器表较平整。长35、宽14.5、厚5.8厘米(图五七)。

图五五　2018JNHS:采3

图五六　2018JNHS:采9

图五七　2018JNHS:采5

③板瓦

提取出水5件，主要发现于大殿外东北部，皆残破，多红色，或素面无纹，或装饰有圆圈纹、席纹、绳纹等。

标本2018JNHS：采4，残，红褐色，截面呈圆弧形，瓦面较光滑，未施釉，中部隐约可见席纹状印痕和多道斜向不连续的凸棱，靠近瓦头处的部分瓦面施有酱釉，瓦头与瓦面之间有一道凹槽，瓦头光滑、齐整，二侧面粗糙，背面无纹饰，较粗糙，红胎，夹杂有少量小石英岩颗粒。残长21、宽12、厚1厘米（图五八）。

标本2018JNHS：采13，残，红色，截面呈圆弧形，未施釉，瓦面中部有多道斜向不连续的凸棱，靠近瓦头处有一道凹槽，红胎，夹杂有少量小石英岩颗粒。残长17.5、宽17、厚0.8厘米（图五九）。

2018JNHS：采10，残，红褐色，截面呈圆弧形，瓦面饰酱釉，拍印有六组同心圆圈纹，每组同心圆的数量因瓦片断裂缺失不详，瓦头与瓦面之间有一道凹槽，背面无纹饰，相对粗糙，红胎，夹杂有少量小石英岩颗粒。残长22.4、宽20、厚1厘米（图六○）。

2018JNHS：采16，残，红褐色，截面呈圆弧形，瓦面饰酱釉，拍印有多组圆圈纹，每组的数量因瓦片断裂缺失不详，瓦头截面粗糙且内凹，背面无纹饰，相对粗糙，红胎，夹杂有少量小石英岩颗粒。残长9、宽16.5、厚1.2厘米（图六一）。

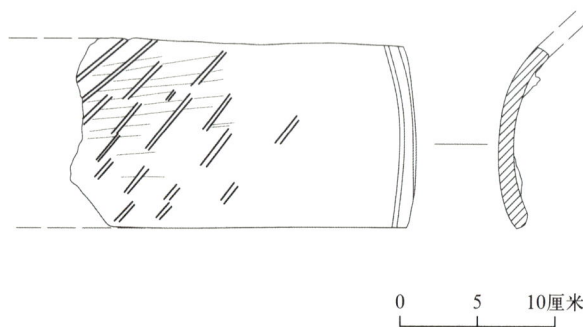

图五八　2018JNHS：采4

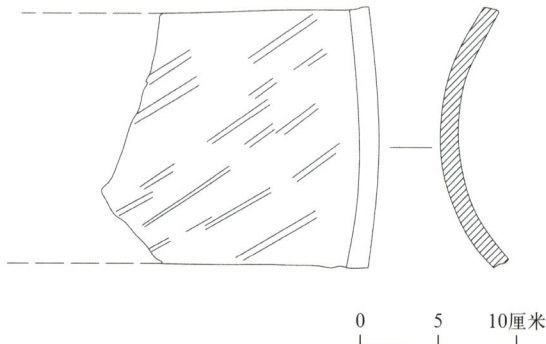

图五九　2018JNHS：采13

图六〇　2018JNHS：采 10

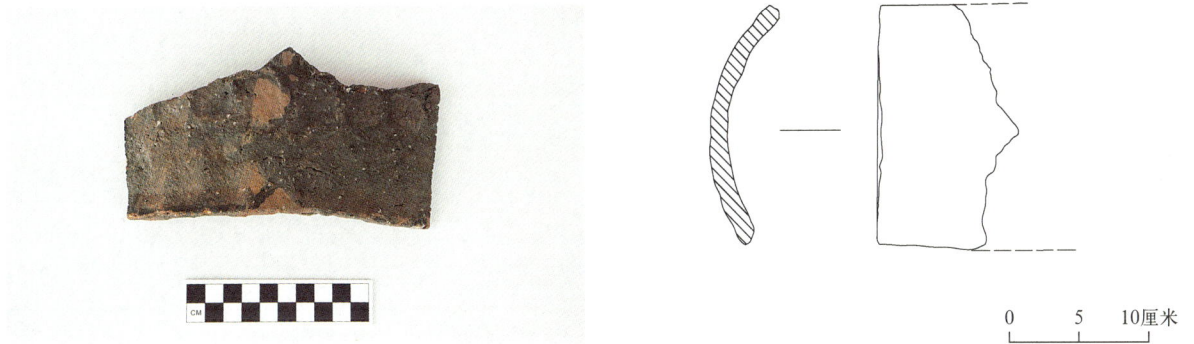

图六一　2018JNHS：采 16

2018JNHS：采 14，残，红色，截面呈圆弧形，未施釉，瓦面有多组拍印的绳纹，纹饰较浅，瓦头与瓦面之间有一道凹槽，背面无纹饰，相对粗糙，红胎，夹杂有少量小石英岩颗粒。残长14.5、宽 20.5、厚 0.8 厘米（图六二）。

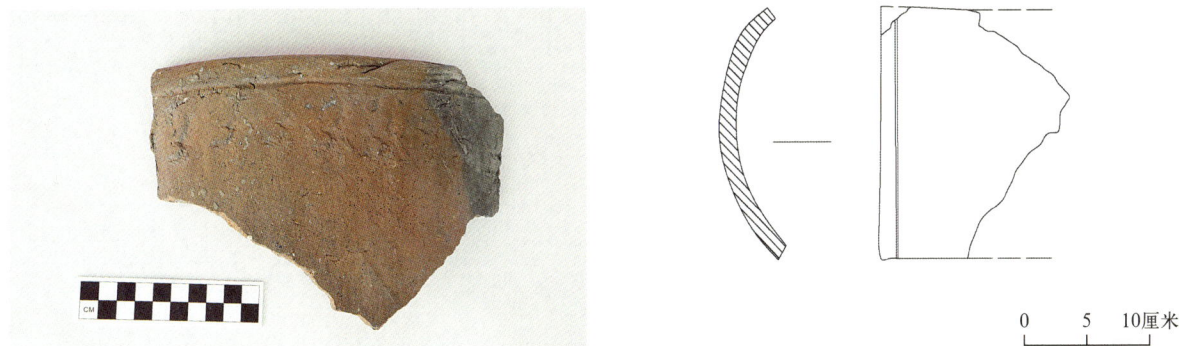

图六二　2018JNHS：采 14

④双拱瓦

提取出水 3 件，主要发现于大殿外东北部，形制相同，尺寸相近，皆为灰色，中间下凹，两边圆弧形起拱，截面呈双拱形，似翻开的书本或飞鸟状，素面无纹，器表较为粗糙，有较多孔隙，夹杂有大量的小石英岩颗粒。

标本 2018JNHS ：采 2，长 14、宽 14.2、高 3.5 厘米（图六三），标本 2018JNHS ：采 6，略残，残长 13.8、宽 15、高 3.9 厘米（图六四），标本 2018JNHS ：采 8，长 14、宽 15、高 4 厘米（图六五）。

图六三　2018JNHS ：采 2

图六四　2018JNHS ：采 6

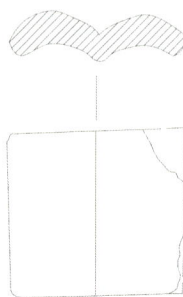

图六五　2018JNHS ：采 8

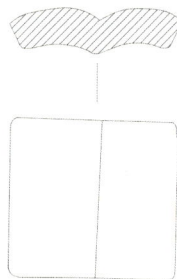

⑤刻字石板

仅发现 1 件，位于大殿东北角八字形遗存外。标本 2018JNHS：采 15，残存一半，红色砂岩制成，受水中浮泥等悬浮物沁染器表呈现灰黄色，平面为长方形，四角磨损严重呈圆弧形，残存的三个窄面较为齐整，正面打磨平整，阴刻有 9 列 39 字，每字大小在 4×5.5 厘米之间，刻字竖向排列，从右至左分别为：

本邑廿一都
信人陈日兴
三十九都信人
圣和
叶元夅　忠和
乐助宝库入
于　石佛殿
□□合家清吉
　　共

石板中部残断，有圆形十字镂空，背面有开凿加工留下的凿痕。残长 45、宽 53.5、厚 11.5 厘米（图六六）。

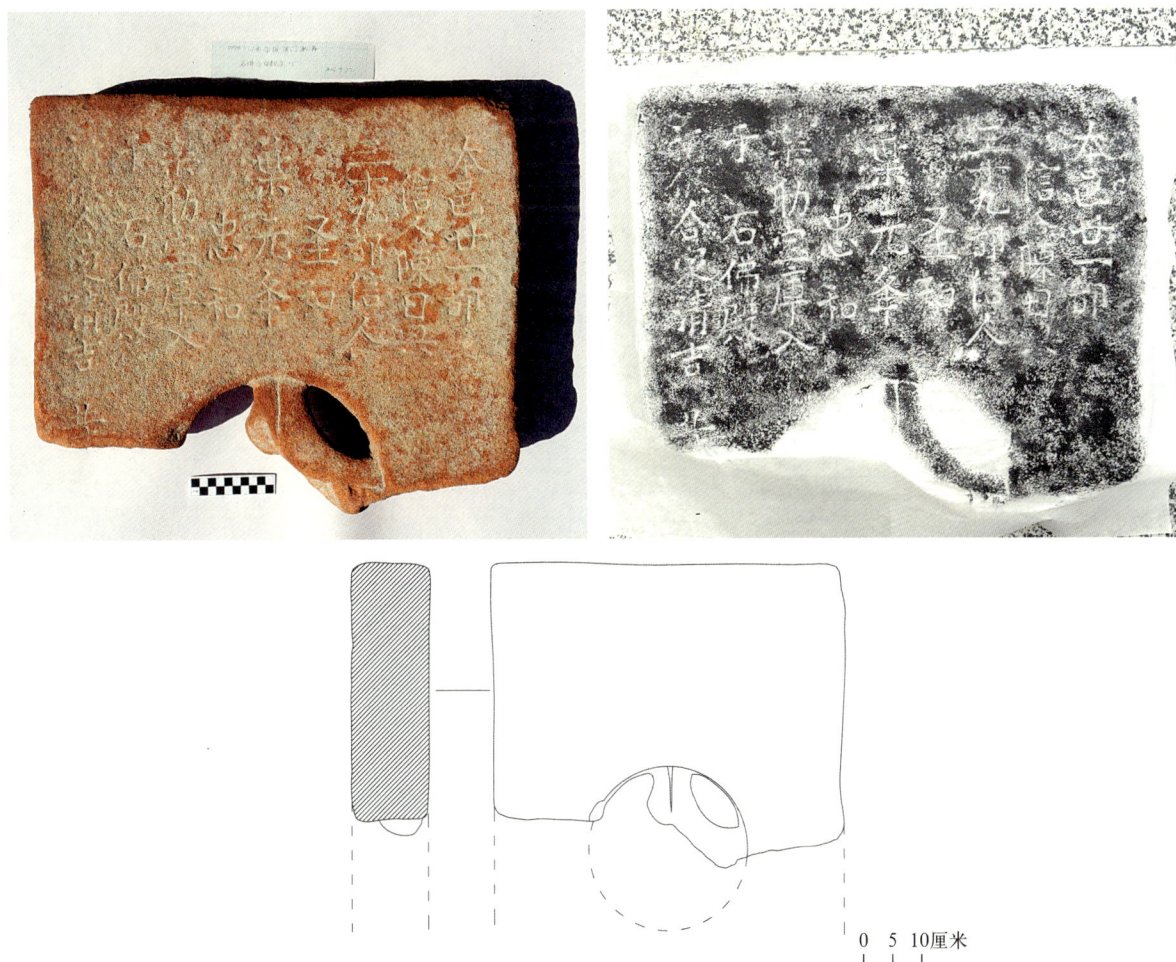

0　5　10厘米

图六六　2018JNHS：采 15

⑥石砚

仅发现 1 件，位于大殿内石柱础旁。标本 2018JNHS ：采 17，略残，青石制成，平面为长方形，宽扁，单墨池，占砚台三分之二，中部内凹较甚，呈圆窝状，较为光滑，为长期研墨所致，最深约 12 毫米，墨锭槽平面呈长方形，内凹，深约 8 毫米，下边框呈弧形。砚台正面上、左、右三处边缘刻有连通的凹槽，凹槽距砚台外框 4 毫米，下边缘平齐，墨池与墨锭槽之间有一小台相隔。墨锭槽槽内右上角阴刻有竖向"周文"二字，石砚背面刻划有多道竖向不规则的凹痕，阴刻有多个文字，不甚清晰，字文不可识，墨池下部有砸损和开裂痕迹，墨锭槽背面破损严重，有多道片状剥落痕迹。长 12、宽 8、厚 1.6 厘米（图六七 ）。

图六七　2018JNHS ：采 17

表一　石佛古庙遗址 2018 年出水遗物分类统计表

器类	类别	特征	编号	数量	小计	
建筑构件	砖	花砖	有花卉、鱼等纹样	采 1、采 7、采 11、采 12	4	7
		素面砖	素面，宽扁	采 3、采 5、采 9	3	
	瓦	板瓦	或素面，或装饰有圆圈纹、绳纹等图案	采 4、采 10、采 13、采 14、采 16	5	8
		双拱瓦	横截面呈双拱形	采 2、采 6、采 8	3	
	石	刻字石板	中部为圆形十字镂空，周围刻有文字	采 15	1	1
生活用具	石砚		长方形，单墨池，单墨锭槽	采 17	1	1
合计					17	

二、硝石镇遗址水下考古调查

硝石镇遗址位于洪门水库中部，东距石佛古庙遗址约4公里，遗址南部为洪门水库内一处主要的旅游景点——醉仙岩（见图一）。

由于硝石镇遗址全部没于水下，故采取了物探扫测和潜水探摸相结合的方式对其进行水下考古调查。首先使用多波束测深系统、侧扫声呐等设备对硝石镇遗址所在水域进行物探扫测，获取了水深、水温、水底地形地貌等信息，取得了遗址水下位置、分布范围等资料。鉴于遗址分布范围较广，在对探测数据和资料进行分析的基础上，选取了其中4处位于不同区域、保存较好的遗存作为对象，通过潜水调查对这4处遗存进行了水下搜索、测量、描述、绘图、拍照等记录，同时提取了少量文物标本（图六八）。

图六八　硝石镇遗址水下考古调查（由北向南）

根据物探扫测获取的图像，并结合走访调查的口述资料，流经石佛古庙遗址的资福河在硝石镇由东北流向西南，河面平均宽85米，最宽处150米，并在硝石镇西部汇入由东南流向西北的黎滩河（图六九）。硝石镇遗址以资福河为界，分为南、北二部分，其中北部为集商贸、居住于一体的硝石街和临街房屋建筑，紧邻资福河，根据地形地势沿着山体和河流呈西南—东北向分布，房屋鳞次栉比，非常集中，分布范围长约1.1公里，宽55米，面积约0.05平方公里，硝石街两侧的房屋建筑保存状况一般，建筑上部皆已不存，大多仅余墙基，部分残存有低矮的砖墙，残存高度多不足1米（图七〇）。南部有大量房屋建筑，位于一处较高的台地上，台地高出周围地表约1米，北部距资福河南岸约190米，南部临山，分布范围东西长520、南北宽300米，面积约1.5

平方公里，共计发现近 40 栋建筑。南岸的房屋建筑保存相对较好，建筑外轮廓清晰可辨，上部多已不存，墙体残存有一定高度，部分建筑还残留有门框等，单体建筑体量较大，多数建筑面积近 1000 平方米，并发现 7 栋面积超过 2000 平方米的大型建筑，部分建筑还发现有明显的改扩建痕迹（图七一）。南、北遗存之间在资福河北岸、南岸及北部江面上有三处疑似桥墩的遗存，可能是横跨资福河的桥梁所在，是北部街道与南部建筑群之间的重要过江通道（图七二）。

在物探调查的基础上，在资福河南北两岸各选取了二处保存相对较好、形制较为规整的单体建筑作为潜水调查对象，分别编号为硝石镇遗址 1、2、3、4 号点，其中 1、2 号点位于南岸，3、4 号点位于北岸（见图六九）。

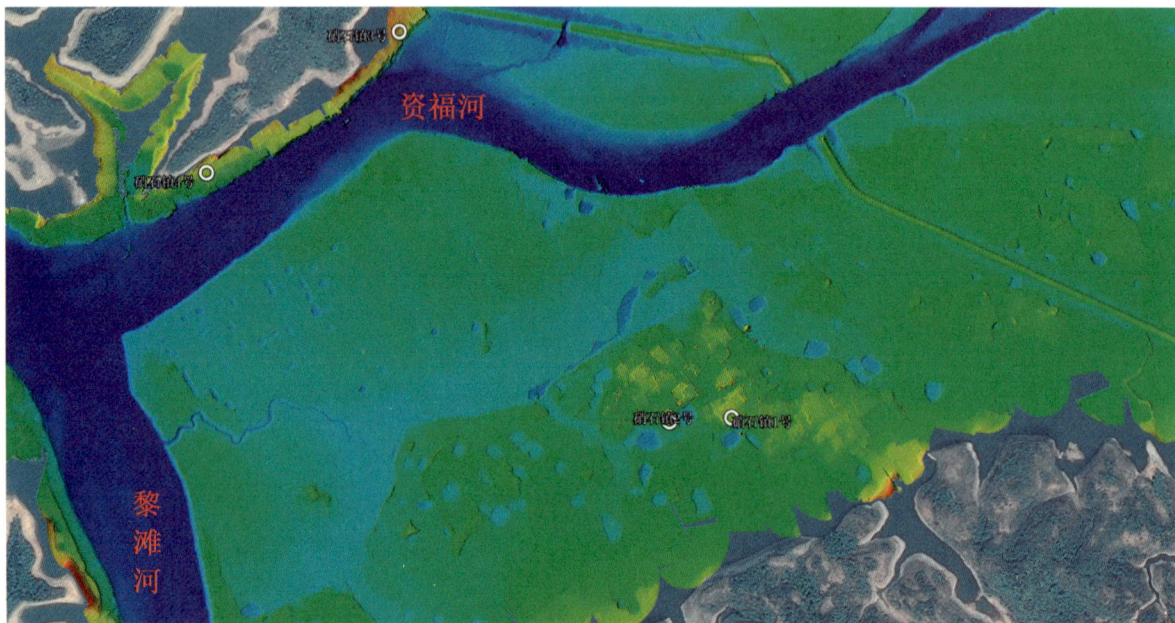

图六九　硝石镇遗址多波束探测图（南北向，上为北）

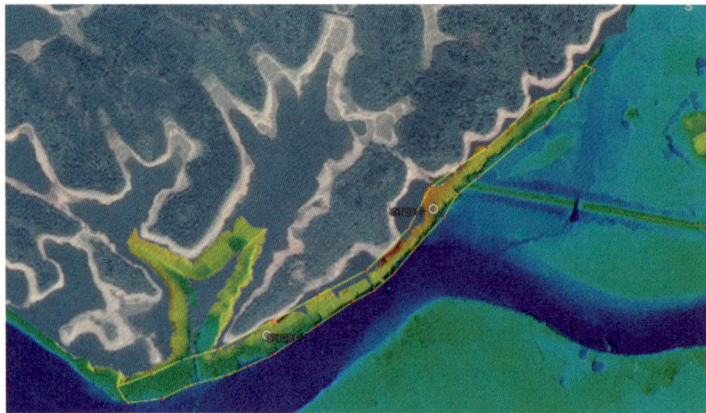

图七〇　资福河北岸硝石镇遗址探测图（南北向，上为北）

图七一　资福河南岸硝石镇遗址探测图（南北向，上为北）

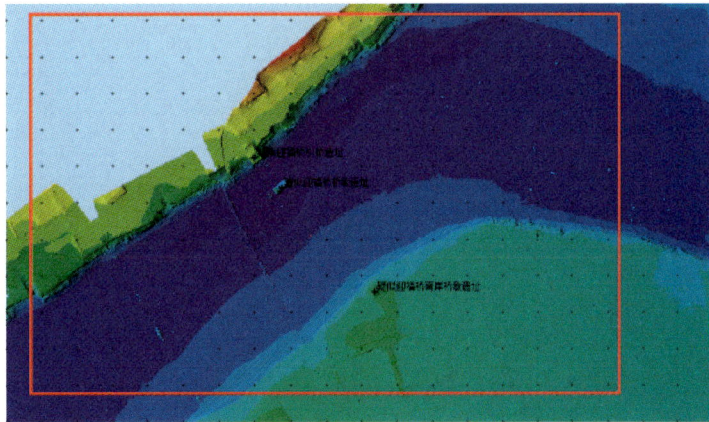

图七二　资福河上疑似桥梁探测图（南北向，上为北）

1. 硝石镇遗址 1 号点

位于资福河南岸建筑群的中部偏南，泥底，水底水温 16~18℃，水中悬浮物较多，近水底处能见度较好，约 1 米。为一处房屋建筑遗存，外轮廓较为清晰，平面呈曲尺形，西北—东南向，方向 325°，南北长 31、东西宽 29 米，建筑内最低处水深 13.8 米，建筑外墙东南部有一圆形水塘（图七三）。上部建筑不存，仅余部分石勒脚和砖墙（图七四），地表覆盖有一层淤积较厚的浮泥，其间散落有较多的砖、条石等建筑材料，内部有隔间，具体结构及布局不详，东墙保存较好，残存最高处高出地表约 1.5 米，墙体两侧散落有少量的砖和条石，堆积不厚，瓦片发现较少。东墙北部内侧紧贴墙体均匀立有三根石柱，高出地表约 1 米，红色砂岩制成，截面呈半圆形，直径约 0.35 米，弧边朝向室内，直边嵌入石勒脚条石上凿出的凹槽内，石柱下部未做清理，情况不明，上部高出现存石勒脚平面约 0.2 米，最北部的一根位于东北墙角处，石柱之间间隔约 2 米（图七五）。根据残存较高的东墙外立面观察，墙体建造方式为：首先用数层长方形砂岩条石错缝垒砌成石勒脚，多为 3 层，每块条石宽约 38~40、厚约 25~27 厘米，长度不一，条石长边与墙的方向一致（图七六）；石勒脚以上为砖墙，砖墙内外立面分别与石勒脚立面平齐，以宽面错缝平铺的方式在石勒脚上砌筑出高约 0.3 米的砖墙，多为 7 层，砖墙中间内空，填塞有碎砖或泥土，部分石勒脚的条石与砖墙之间垫有瓦片，以保证平整；最上部为空斗墙，用砖的侧面以"T"字形的方式交错砌筑而成，空斗墙立面外观显露出砖端与砖面交叉间隔，墙体内空，填塞有碎砖或泥土（图七七、七八）。

硝石镇遗址 1 号点发现 3 处房门，其中 2 处开在东墙，1 处开在南墙，西墙、北墙及南墙西部由于残损严重，有无房门不能确定。东墙北部的门距离东北墙角约 8 米，门洞宽约 1 米，残高 1.6 米，门二侧下部用长方形条石竖直垒砌，呈长方形，上部用弧形条石拼砌成圆弧形，顶部不存，从残存形状看应为拱形石门框，门扇不存，门外两侧各立有一根较细的木柱，高出地表约 1.85 米（图七九）。东墙南部的门仅余长方形门洞，结构不详，宽约 1.2 米，门外斜躺一长方形石柱，应为门仪石，长约 1.7 米。南墙的门仅存长方形门洞，宽约 1 米，门洞两侧各立有一块较为规整的长方形石板，应为门仪石，高 1.4 米（图八〇）。

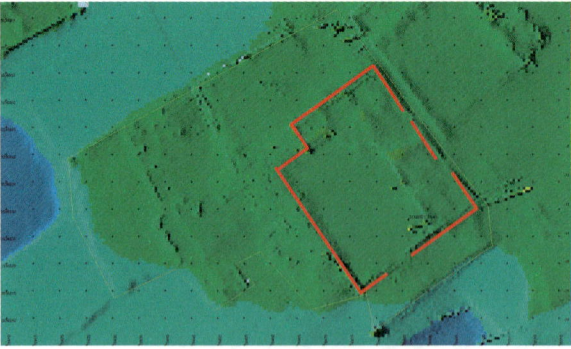

图七三　硝石镇遗址1号点探测图（南北向，上为北）

图七四　石勒脚和砖墙立面

图七五　硝石镇遗址1号点东北墙角石柱

图七六　石勒脚砌筑方式

图七七　砖墙俯视、立面

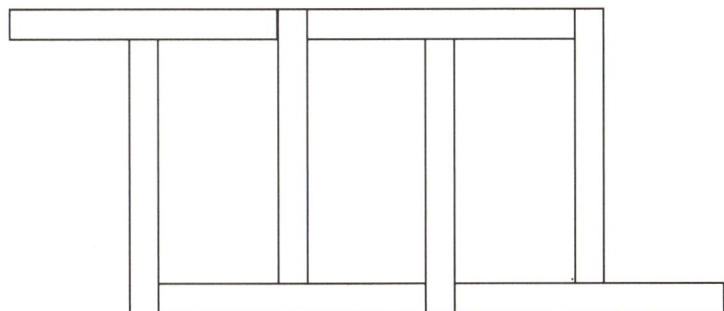

图七八 空斗墙砌筑方式示意图

0 5 10厘米

图七九 硝石镇遗址1号点东墙拱形石门框

图八〇 南门门仪石

水下考古调查中在硝石镇遗址1号点采集文物标本三件,皆为建筑材料。

陶排水槽,1件。标本2018JNHX1：采1[1],残断,红褐色,截面呈凹字形,凹槽深6.5、宽13.5厘米,壁厚1～1.5厘米不等,外壁较为平整,内壁较粗糙,红胎,夹杂有少量小石英岩颗粒。残长28.5、宽16.5、高9厘米(图八一)。

花砖,1件。标本2018JNHX1：采2,残断,青灰色,砖体下部平面呈长方形,素面无纹,中部浅刻出一凹槽,形成隔断,上部雕刻有半朵花卉和一方形边框,雕刻手法为向砖体内剔地浮雕,向内深约3厘米,花朵和方框与下部的砖体表面平齐,花朵有3瓣花瓣,直径约6厘米,雕刻出花瓣、花蕊等细部,花瓣上有浅刻槽,圆形花蕊,横、竖交叉刻划以表现蕊芯。花朵旁为一方框,上部残缺,向内剔地浮雕而成,边框突出,中间内凹,灰白胎,夹杂有少量小石英岩颗粒。残长21、残宽13、厚6.5厘米(图八二)。

素面砖,1件。标本2018JNHX1：采3,完整,青灰色,平面呈长方形,各砖面交接处棱角清晰,一宽面有明显切拉痕迹,另一宽面及其他窄面较为平整,灰白胎,夹杂有少量小石英岩颗粒。长32、宽19.5、厚3.5厘米(图八三)。

---

[1] 标本编号2018JNHX1中2018代表2018年,J为江西的拼音首字母,N为南城的拼音首字母,H为洪门水库的拼音首字母,X为硝石镇遗址的拼音首字母,1为遗存点编号。

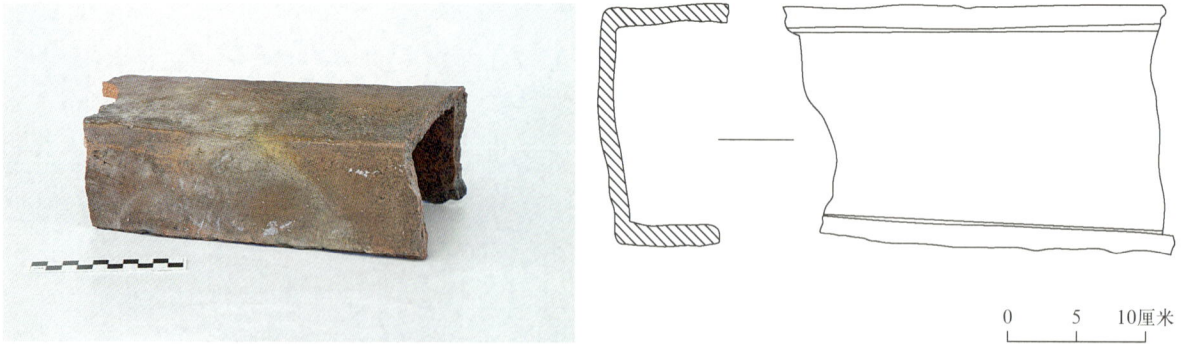

图八一　2018JNHX1：采1

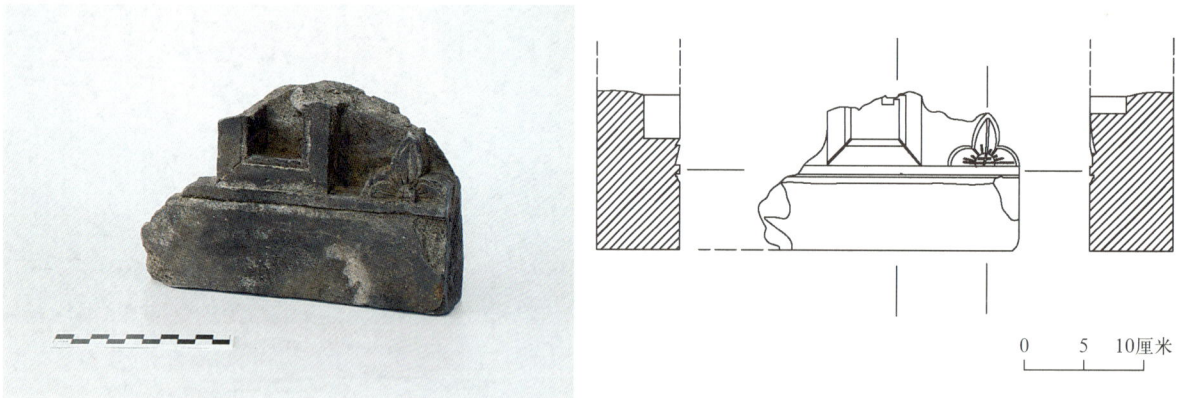

图八二　2018JNHX1：采2

图八三　2018JNHX1：采3

2. 硝石镇遗址 2 号点

位于硝石镇遗址 1 号点西北侧 80 余米，泥底，水底水温 16℃，水中悬浮物较多，近水底处能见度较好，约 1 米。为一处房屋建筑遗存，外轮廓清晰，平面呈长方形，西北—东南向，方向 320°，南北长 28、东西宽 20 米，建筑最低处水深 14.6 米，东部紧邻一个长方形水塘（图八四）。上部建筑不存，仅余部分石勒脚和砖墙，地表覆盖有一层浮泥，其间散落有较多的砖、条石等建筑材料，建筑内部结构及布局不详，西墙和南墙保存较好。从探测图像看，东墙北部有一段向外突出,因垮塌严重,结构不详,墙体建造方式与硝石镇遗址 1 号点相同。从外立面看,由地表向上分别为多层长方形砂岩条石错缝平砌的石勒脚、7 层平砌砖墙和空斗墙(图八五),西南角墙体残存最高,高度达 1.7 米,立面可见有 6 层条石和一定高度的砖墙,发现南、北二处房门,其中北门门洞平面为长方形,宽 0.8 米,已垮塌,门两侧各残存有一块长方形砂岩石板,应为门仪石,高 1.4 米(图八六)。南墙中部墙体曲折砌成,平面呈八字形,残存砖墙较矮,残高 0.5 米(图八七),上部结构不见,东西二边曲折形墙体之间有一段没有墙体,残宽 1.8 米,此处有可能为南门所在地。

图八四　硝石镇遗址 2 号点探测图(南北向,上为北)

图八五　硝石镇遗址 2 号点西墙局部外立面

图八六　硝石镇遗址 2 号点北门门仪石

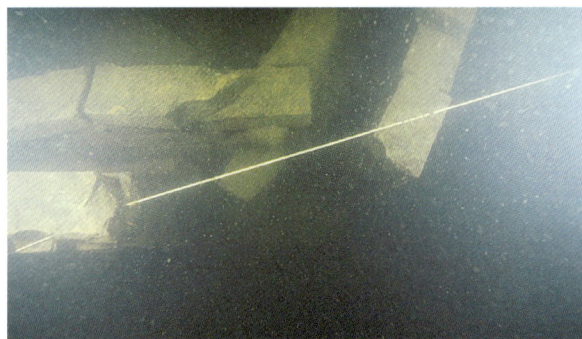

图八七　硝石镇遗址 2 号点南墙曲折形墙体

水下调查中，采集灰砖一块。编号 2018JNHX2：采 1，完整，青灰色，平面呈长方形，各砖面交接处棱角清晰，一宽面有明显切拉痕迹，还发现有制作过程中的手印痕迹，另一宽面及其他窄面较为平整，灰白胎，夹杂有少量小石英岩颗粒。长 32、宽 18.5、厚 4 厘米（图八八）。

0　　　5　　　10厘米

图八八　2018JNHX2：采 1

3. 硝石镇遗址 3 号点

位于资福河北岸硝石镇街道旁，西北紧邻山体，南部距离资福河北岸约 8.5 米，泥沙底，水深 10.8 米，水底水温 24℃，水中悬浮物较多，能见度较差，仅有 0.3 米。为一处平面近方形的建筑遗存，长约 9.6 米，西北—东南向，方向 315°（图八九）。上部建筑皆已不存，东、北、西三面残存有低矮的墙体，南部残破严重，屋内结构、布局不明，墙体建筑方式与硝石镇遗址 1 号点相同，由石勒脚和砖墙构成，保存较差，残存部分仅高出地表约 0.2 米，屋内地表覆盖有一层厚约 0.1 米的浮泥，其间散落有大量的砖、条石等建筑材料。

4. 硝石镇遗址 4 号点

位于资福河北岸硝石镇街道北侧，西北紧邻山体，南部距离资福河北岸约 30 米，泥沙底，最低处水深 13.3 米，水底水温 17℃，水中悬浮物较多，能见度较差，约 0.5 米。为一长方形建筑遗存，建筑与山体之间的护坡用卵石和条石加固，西北—东南向，方向 330°，由东、西二间房组成，共用一道墙，西侧房屋长 22、宽 17.6 米，残高 0.7 米，东侧房屋长 22、宽 16.3 米，残高 1.4 米。南墙中部开有一门，平面呈八字形，已垮塌，残宽 6 米，上部建筑皆已不存，屋内结构、布局不明，墙体建筑方式与硝石镇遗址 1 号点相同，由石勒脚和砖墙构成，建筑内地表覆盖有一层浮泥，厚度约 0.1 米，散落有较多的灰砖（图九〇）。

三、主要收获及初步认识

洪门水库水下考古调查是对内水水域水下文化遗产开展保护工作的一次重要实践，通过侧扫声纳、多波束测深系统等设备对石佛古庙、硝石镇二处遗址及周边水域进行物探扫测，获取了遗址所在水域的水文、地质等基础数据和信息以及水下遗存的探测图像。在此基础上对遗址进行潜水调查，开展摄影摄像、测绘和资料记录等工作，并提取出水文物标本。通过调查基本摸清

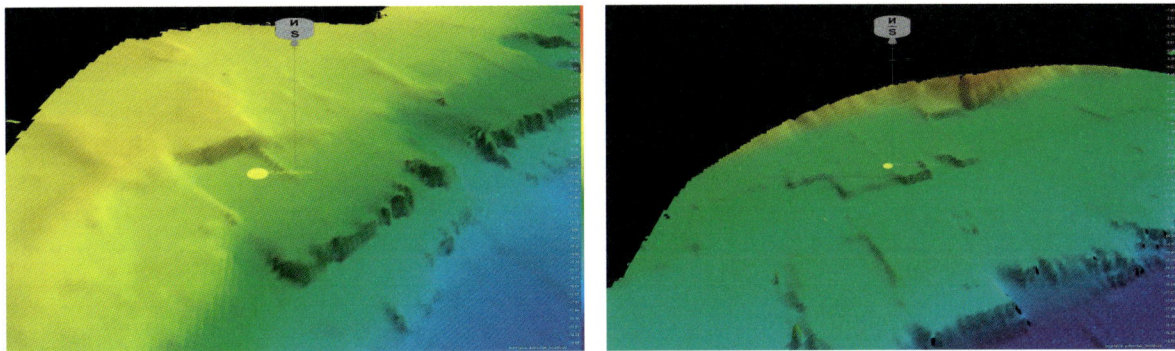

图八九　硝石镇遗址 3 号点探测图（南北向，上为北）　　图九○　硝石镇遗址 4 号点探测图（南北向，上为北）

了石佛古庙遗址和硝石镇遗址的现状、布局、建筑特征、构筑方式、性质等情况，为洪门水库水下文化遗产的保护提供了依据和参考。水下考古调查所获大量信息和数据，有助于逐步建立并完善洪门水库水下文化遗产的档案和信息管理，有助于挖掘洪门水库水下文物的历史文化内涵，为南城历史文化研究提供了充实的一手资料，并为今后进一步开展内陆水域水下文化遗产调查与保护工作提供了重要经验。

1. 石佛古庙遗址的内涵

石佛古庙遗址由摩崖造像、题刻、重檐屋脊、柱洞、寺庙建筑、采石场、古道等多种遗存构成，应是依托摩崖造像而建立的一处寺庙建筑。根据 2017、2018 年调查获得的水深及崖壁上遗存尺寸等数据分析，石佛古庙遗址寺庙建筑大殿西部正中为一供台，直接砌筑于地表以上，紧贴崖壁，高出地表约 1.16 米，供台上方的崖壁雕刻有一佛龛，佛龛内有佛像，佛龛底部距地表 0.9 米，顶部高出地表约 4.86 米，佛龛以上为 7 道重檐屋脊，最上方一道屋脊的顶部距地表约 8.42 米，佛龛以南崖壁上有上、下分布的 2 方题刻，下方题刻的下端距离地表约 2.91 米。

水下考古调查中在寺庙建筑大殿的东北墙外发现并提取了一件刻字石板（标本 2018JNHS：采 15），石板表面刻有文字，可见"石佛殿"等字样，清同治十二年刻本《南城县志》中有"石佛古庙"（图九一）"石佛渡"（图九二）等记载。根据物探扫测获取的图像分析，石佛古庙遗址所在的平台东部紧邻资福河，从东北流向西南的桐埠河在寺庙以东汇入资福河，与县志中"石佛古庙，四十七都双江口石佛渡西"记载的地理位置和环境相吻合[1]，结合石佛古庙遗址与南城县城的相对地理位置关系，可以确定石佛古庙遗址即为清同治十二年刻本《南城县志》中记载的石佛古庙所在。

资福河源于福建省光泽县，流经黎川、南城二县后进入洪门水库，自古以来资福河就是福建与江西之间商贸、物资及人员往来的重要通道，水上交通较为繁忙。受地形影响，桐埠河汇入资福河后，石佛古庙遗址所在高台及其西部的南北向山崖改变了河流的走向，使资福河在此急折向南流，二江合流处水势浩大，往来汹涌，水流较乱，行船较为危险，在此凿山为佛，兴建庙宇，也有祈祷行船安全、镇压水患，还两江静流、保一方平安之意（图九三）。

---

[1] （清）李人镜修，（清）梅体萱纂：《南城县志》，同治十二年刻本。

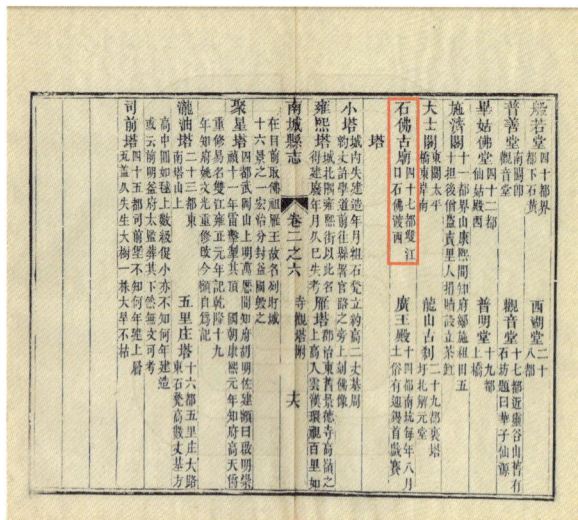

图九一　石佛古庙

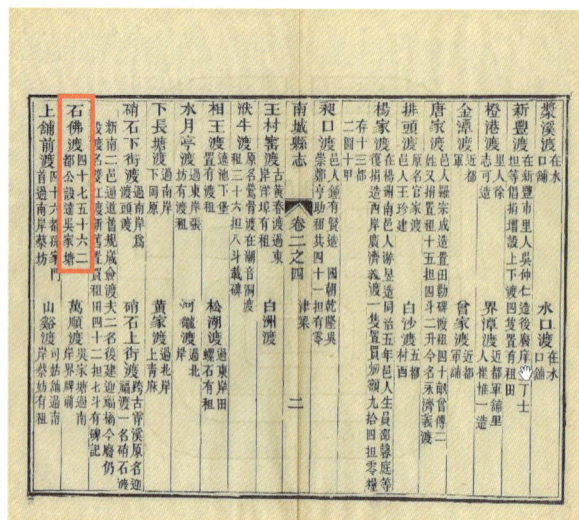

图九二　石佛渡

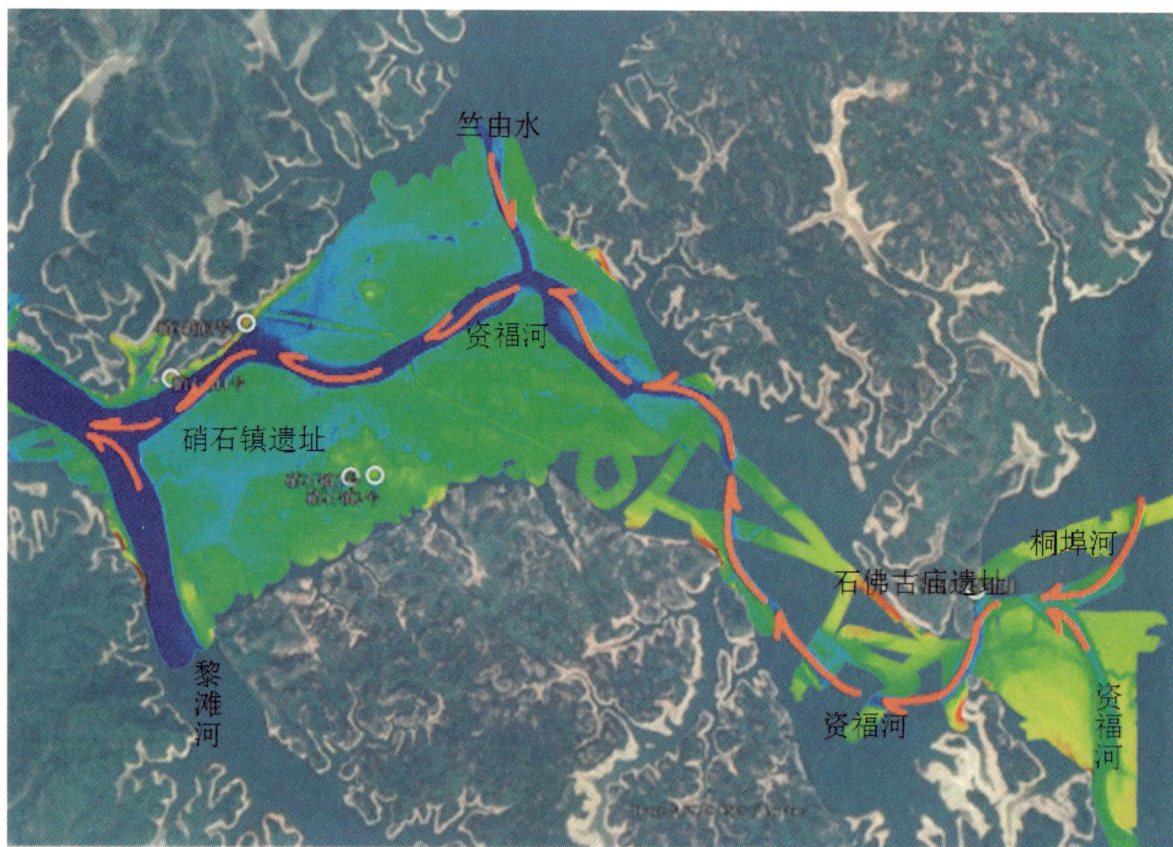

图九三　洪门水库水下遗存分布及河流走向图（南北向，上为北）

2. 石佛古庙遗址的年代

石佛古庙遗址的佛像没有肉髻,螺发颗粒小且细密,头顶宝珠,面庞圆润,身着广袖、双领下垂大衣,双腿结跏趺坐,施定印,整体造型及细部特征与重庆大足县三躯镇千佛村千佛岩摩崖龛像群第 4 号龛、第 9 号龛左数第 5 尊、第 11 号龛及大足县城南乡永岸村石佛寺摩崖龛像群 11 号龛左数第 5 尊以及江西抚州南城县岳口乡洑牛村潮音洞石龛窟等佛像的风格相近,上述千佛岩摩崖龛像群第 4、9、11 号龛、石佛寺摩崖龛像群 11 号龛[1]和潮音洞石龛窟佛像的开凿年代为明代早期,据此推断石佛古庙遗址佛像的开凿年代也应为明代早期。

摩崖造像佛龛所在的崖壁上分布有多个长方形或圆形的孔洞,这种孔洞有可能用于架设圆形木柱、方形木板等,作为寺庙建筑屋顶的梁架结构。寺庙主体建筑——大殿的上部结构已不存,残存的石砌墙基大部分较为完整,大殿东北角有一平面呈八字形的遗存,推测为大殿殿门所在,门外还散落有长方形石柱、石板等殿门构件。八字形门在江西明清时期的民居[2]、庙宇等建筑中较为常见,如江西抚州驿前镇石屋里清代民宅、棠阴镇通棠街清代罗家大院、东乡区黎圩镇浯溪村王廷垣明代官厅府[3]、南城县上唐镇上唐村李氏家族清代民居[4]等建筑中皆有发现。

另外水下考古调查中发现的部分遗物,如花砖、四角挑檐石构件、石柱础、刻字石板等,也为寺庙建筑的年代判定提供了依据。

花砖是江西明清时期的民居、寺庙、牌坊等建筑中较为常见的一种建筑材料,如江西抚州金溪县双塘镇竹桥村清代上门楼、东乡区黎圩镇浯溪村明代奕世甲科坊[5]、南城县上唐镇上唐村李氏家族清代民居[6]、南城县麻姑山碧涛庵(图九四)等皆有使用,通常见于屋檐、窗罩、门罩、门楼、门斗等区域瓦檐的下部[7],一方面可以达到托举、承重瓦檐的目的,另外一方面还具有一定的装饰作用。

四角挑檐石构件常用于建造石塔、石墓塔、石经幢的塔身或幢身,多见于庙宇、桥梁、园囿等建筑,如江西抚州崇仁县相山镇苔州村相山石塔[8]、福建泉州开元寺石经幢、山东济南长清灵岩寺墓塔[9]、福建泉州洛阳桥石塔[10]等,全部为石质的塔、墓塔、经幢多见于唐代以后,早期多为六角或八角形。

---

[1] 王玉:《重庆地区元明清佛教摩崖龛像》,《考古学报》2011 年第 3 期。

[2] 黄浩:《江西民居》,中国建筑工业出版社,2015 年,第 120~123 页。

[3] 罗建华:《抚州古建筑》,江西美术出版社,2011 年,第 45、56、63 页。

[4] 江文琳:《南城县上唐古村赣商宅居空间特征研究——以"十记十号"商宅为例》,武汉大学硕士学位论文,2018 年。

[5] 罗建华:《抚州古建筑》,江西美术出版社,2011 年,第 34、64 页。

[6] 江文琳:《南城县上唐古村赣商宅居空间特征研究——以"十记十号"商宅为例》,武汉大学硕士学位论文,2018 年。

[7] 黄浩:《江西民居》,中国建筑工业出版社,2015 年,第 120~125 页。

[8] 罗建华:《抚州古建筑》,江西美术出版社,2011 年,第 140 页。

[9] 张道一、唐家路:《中国古代建筑石雕》,江苏美术出版社,2006 年,第 98、116 页。

[10] 林建筑:《泉州桥文化》,中国画报出版社,2009 年,第 20~23 页。

石柱础下部为方形，中部八棱形，最上部为鼓形，与南城县上唐镇上唐村李氏家族清代民居的扁鼓八方柱型石柱础[1]形状相同。

中部圆形十字镂空的长方形刻字石板刻有"信人""石佛殿"等字样，应为信徒布施给寺庙的建筑构件，这种透雕石板常用于漏窗等部位（图九五），如江西抚州金溪县陈坊积乡陈坊村清代岐山大夫第的石雕窗花[2]、江西抚州广昌县甘竹镇罗家村甘竹清代世科第民居[3]、南城县上唐镇上唐村李氏家族清代民居的石质外窗等[4]。

综上所述，结合清同治十二年刻本《南城县志》中"石佛古庙"条的记载，石佛古庙遗址寺庙的建造年代应不晚于清同治十二年，或与佛像开凿时间即明代早期同时，或略晚于佛像开凿年代，具体始建时间不能确定，只能笼统的定为明清时期，建成后持续使用，直到1960年洪门水库蓄水后被淹没于水下。根据遗址现状和地面堆积情况看，蓄水前寺庙建筑曾被部分拆除。

图九四　碧涛庵屋檐结构　　　　　　　　　　图九五　碧涛庵石窗

3. 硝石镇遗址的年代

硝石，又称"峭石""落消石"，位于资福河、黎滩河二江交汇处的东部，从古至今一直是水陆之会，交通便利，地理位置非常重要，是南城、黎川、资溪三县乃至闽西的重要商贸集散地，位于赣东与闽西之间的交通要道上。据县志记载，硝石曾为南城县的县治所在地（图九六），南唐在此设税务（图九七），元代设驿站，明清时期设硝石镇，建有铺舍、驿站、税务、公馆、渡口等[5]，是南城最大的集镇、码头之一，1960年洪门水库蓄水后被淹没于水下。

[1]　江文琳：《南城县上唐古村赣商宅居空间特征研究——以"十记十号"商宅为例》，武汉大学硕士学位论文，2018年。
[2]　罗建华：《抚州古建筑》，江西美术出版社，2011年，第132~133页。
[3]　罗建华：《抚州古建筑》，江西美术出版社，2011年，第128页。
[4]　江文琳：《南城县上唐古村赣商宅居空间特征研究——以"十记十号"商宅为例》，武汉大学硕士学位论文，2018年。
[5]　（清）李人镜修，（清）梅体萱纂：《南城县志》，同治十二年刻本；（明）夏良胜：《（正德）建昌府志》，《天一阁藏明代方志选刊》第34册，上海古籍书店，1964年。

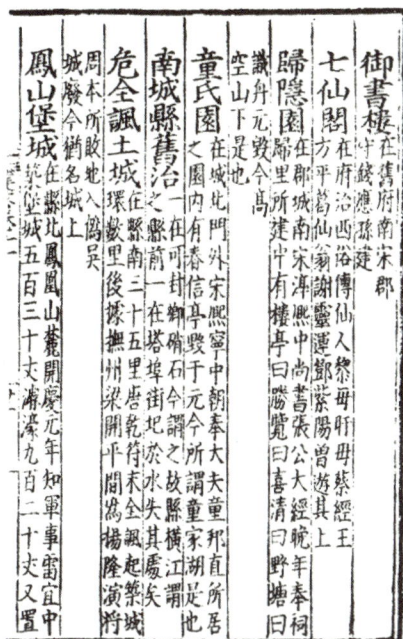

图九六　南城县旧治

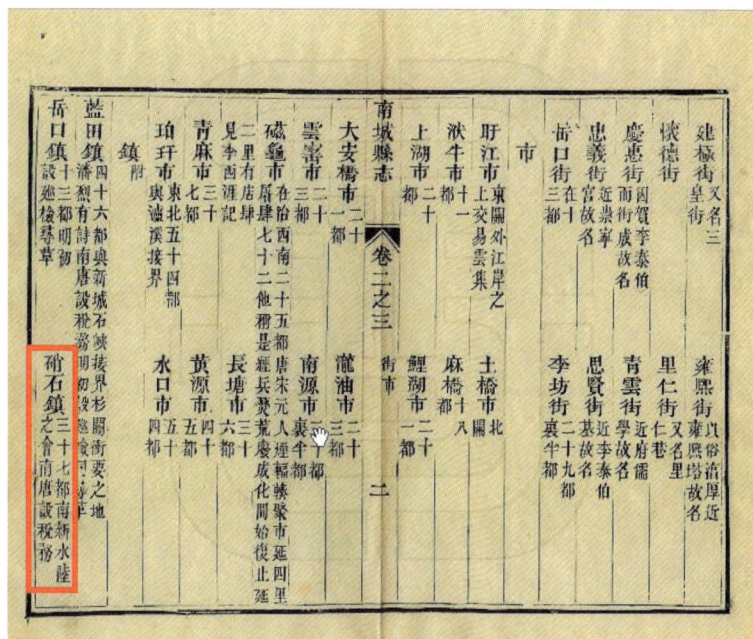

图九七　硝石镇—南唐税务

以资福河为界,硝石镇遗址分为南、北二部分。其中南部为大片建筑群,分布面积广,建筑单体规模大。通过走访调查原来居住在此的村民,该区域被淹没前为邓姓、官姓、江姓等族聚居区,北部为硝石镇街道、临街商铺和房屋建筑,受地形限制,主要分布在资福河与山坡之间的一块狭长地带内,建筑规模大多较小。

从硝石镇遗址的保存现状和地面堆积情况看,遗址内的房屋建筑在淹没前大多曾做过拆除,上部建筑皆已不存,仅余墙基、砖墙和门洞。从保存状况较好的硝石镇遗址1、2号点来看,房屋建筑外墙由砖、石混筑而成,首先使用本地盛产的红色砂岩条石砌筑勒脚,其上平砌灰砖,再往上使用灰砖砌成空斗墙,这种砌筑外墙的方式在江西清代民居中较为常见[1],如南城县上唐镇上唐村李氏家族清代民居等[2],另外圆拱形、长方形平顶、八字形等不同类型的建筑外门以及在门侧立门仪石的特点也多见于江西清代的民居[3]。硝石镇遗址3、4号点残存墙体及外门的建筑方式与硝石镇遗址1、2号点相同,因此硝石镇遗址1、2、3、4号点房屋建筑的年代皆为清代。

附记:江西南城洪门水库水下考古调查由国家文物局水下文化遗产保护中心和江西省文物考古研究院联合组织实施,南城县文化广电新闻出版旅游局和南城县博物馆大力协助。2017年

［1］　梁智尧:《砖墙之话语——试析砖墙对明清赣北民居演变的影响》,《建筑师》2016年第3期。

［2］　江文琳:《南城县上唐古村赣商宅居空间特征研究——以"十记十号"商宅为例》,武汉大学硕士学位论文,2018年。

［3］　黄浩:《江西民居》,中国建筑工业出版社,2015年,第117~119页;罗建华:《抚州古建筑》,江西美术出版社,2011年,第128页。

水下考古调查领队为李滨，参与调查的人员有邓启江、周春水、王霁、朱砚山、饶华松、朱滨、曾瑾、司久玉、金会林、张波、姜武威、甘慰元等。2018年水下考古调查项目领队为邓启江，参与调查的人员有王霁、朱砚山、饶华松、曾瑾、符洪洪、吕睿、韦军、任记国、李泽琛、王希、金会林、张波、甘慰元等。

摄　　影：曾瑾、王霁、李泽琛、符洪洪、张波；

绘　　图：王希、朱砚山、朱滨、任记国；

拓　　片：韦军、王霁、吕睿；

执笔人：邓启江、饶华松、王希、朱砚山、曾瑾、李滨。

Underwater Archaeological Survey of Hong Men Reservoir in Nancheng County Jiangxi Province

By

National Centre For Archaeology Jiangxi Provincial Institute of Relics and Archaeology Nancheng County Administration of Culture, Broadcast, Television, Press, Publication and Tourism Nancheng Country Museum

Abstract: In 2017 and 2018, National Center of Underwater Cultural Heritage and Jiangxi Institute of Cultural Relics and Archaeology formed a union team to conduct underwater archaeological investigation on the ancient temple of Buddhist Cliff site and the Xiaoshi town site. These 2 sites locate at the Hongmen Reservoir, Nancheng County, Jiangxi Province. The ancient temple site is composed of Buddhist Cliff and temple buildings. The date of carving the Buddhist Cliff could be the early Ming Dynasty. The site of Xiaoshi Town is the remains of the submerged Xiaoshi Town. There are a large number of architectural remains of Qing Dynasty dwellings in the site.

Keywords: The Ancient Temple of Buddhist Cliff Site, The Site of Xiaoshi Town, Underwater Archaeological Survey, Date, Character

中国水下考古发展的序章

——以《夏鼐日记》为线索

丁见祥*

摘　要：1987 年以来，中国水下考古的发展已有三十余年的历史。实际上，1987 年以前中国学术界对水下考古也并非一无所知，以夏鼐先生为代表的一批学者已经有过深入的思考，也付诸了相应的努力，这是中国水下考古发展史的重要篇章。本文基于对《夏鼐日记》的整理和分析，提出中国水下考古早期发展的两条线索：（一）1974 年，夏鼐先生已有发展水下考古的想法，未能如愿，后来经过俞伟超先生等人的努力，最终得以实现；（二）1983 年，航海、造船、中西交通史等领域的学者也倡议发展海洋考古，未获成功，却为后来的"水下考古工作协调小组"及有关合作奠定了基础。这两条线索呈现了 1987 年之前中国水下考古发展的基本状态。

关键词：水下考古　《夏鼐日记》　考古学史

　　1986 年 4~5 月，英国人米歇尔·哈彻（Michel Harcher）在南海附近大肆打捞中国沉船并在阿姆斯特丹拍卖获利的行为引起了中国考古学、博物馆学界的强烈不满，也引起中国政府的高度关注[1]。在政府各相关部门及来自科研机构和高等院校的老一辈考古学家的共同努力下，俞伟超先生于 1987 年 11 月主持筹建了中国第一个从事水下考古学研究的组织——中国历史博物馆水下考古学研究室，中国水下考古由此正式拉开大幕[2]。这是中国水下考古事业的开篇之笔，关于中国水下考古发展积年的计算以 1987 年为开端也是业界共识[3]。本文谈的主要是 1987 年

---

*　　丁见祥，上海大学文学院。

[1]　1983 年，米歇尔·哈彻就已开始在印度尼西亚廖内群岛（Riau Archipelago）海域寻找 18 世纪中期东印度公司的哥德马尔森沉船（Geldermalsen Shipwreck）。其间，首先找到的是另外一艘没有金银制品、载有所谓"过渡期"瓷器的 17 世纪中期沉船，有时被称为哈彻沉船（Hatcher Wreck）。1986 年，哈彻最终成功找到了哥德马尔森沉船，其打捞和拍卖活动引起了中国学界和政府的重视，在国外水下考古界也饱受争议、批评。参见：J.Green, *Maritime Archaeology: A Technical Handbook*（Second Edition）, Elsevier Academic Press, 2004, p.6; Colin Sheaf & Richard Kiburn, *The Hatcher Porcelain Cargoes: The Complete Record*, Phaidon, Christie's, 1988.

[2]　张威、李滨：《中国水下考古大事记》，《福建文博》1997 年第 2 期，第 88~89 页。

[3]　国家文物局水下文化遗产保护中心：《国家文物局水下文化遗产保护中心 2017 年年报暨中国水下考古 30 年工作大事记特刊》，2020 年。

之前的事情,故称为"序章"。

中国是一个海陆兼备的国家,拥有辽阔的海域和绵长的海岸线。自清朝末年尤其是梁启超先生发表《祖国大航海家郑和传》以来[1],海洋交通史的研究渐成显学,中国具有发展水下考古的思想基础和实际需求。那么,在缺乏1986年哈彻事件刺激的情况下,中国学术界是否考虑过发展水下考古事业呢?俞伟超先生曾指出:"在我国,准备建立自己的水下考古学的愿望,始于要了解沿海岛屿上的古文化遗存情况。70年代在西沙群岛上进行的考古调查,即为具体事例。因其时正值文化大革命,这种科学事业当然未能进行真正的筹划。"[2]对此,还有一种说法表达得更为明确:"文革时期,老一辈考古学家就了解到巴斯在地中海的沉船考古,加之西沙考古的重要性,曾试图发展海洋考古技术,夏鼐曾找当时的海军司令肖劲光协商西沙水下文物的调查,但最终未获成功。"[3]目前,这两种说法都可追溯到1990年初,俞先生在题为"考古学是什么"的访谈录中说:"……水下考古学自40年代走上科学的道路以后,中国迟至70年代中期才开始了解这门新的学科。已故考古学家夏鼐先生在'文革'期间曾找到海军肖劲光司令员,希望能在海军的帮助下建立我国的水下考古学……"[4]也就是说,1970年代的中国考古学界已经出现了"建立自己的水下考古学的愿望",而这一努力与夏鼐先生有关系。

夏鼐先生是新中国考古工作的主要指导者和考古学的奠基人,又精通中西交通史和科技史研究,还十分注重中外学术交流,这些条件决定了夏鼐先生具有其他同辈学者难以具备的学术视野[5]。实际上,水下考古学及其相关研究领域(如航海、造船、文化交流、外销瓷等)也是夏鼐先生宽广学术视野中很重要的一个组成部分。本文拟以《夏鼐日记》中的人物、事件为线索,对与水下考古有关的内容进行编排,稍做说明和总结,以初步呈现1987年之前中国水下考古的基本状态。

一、夏鼐先生对中国水下考古学的贡献

1985年以前,夏鼐先生参与、指导和推动了许许多多的重要考古工作,西沙群岛考古调查就是其中之一。1974年3~5月及1975年3~4月,广东省博物馆和海南行政区文化局等单位在西

[1] 梁启超:《祖国大航海家郑和传》,《新民丛报》1904年第21号。
[2] 俞伟超:《十年来中国水下考古学的主要成果》,《福建文博》1997年第2期,第6页。
[3] 吴春明、张威:《海洋考古学:西方兴起与学术东渐》,《中国海洋大学学报(社会科学版)》2003年第3期,第42页;吴春明等:《海洋考古学》,科学出版社,2007年,第66页。
[4] 张爱冰:《考古学是什么——俞伟超先生访谈录》,《东南文化》1990年第3期,第72~73页。俞伟超先生这段访谈录涉及的内容很多,是重要的学术史资料,我们过去有所忽视。
[5] 王世民:《夏鼐与新中国考古学——纪念夏鼐先生一百一十周年诞辰》,《考古学报》2020年第1期,第1~4页;王仲殊:《夏鼐先生传略》,《考古学报》1985年第4期,第410~411页。

沙群岛的主要岛礁开展了两次文物调查，取得重要收获[1]。《夏鼐日记》中关于此事的记载有如下几条：

> 1974 年 5 月 16 日：上午赴外交部，谈关于参加考察西沙群岛……
>
> 1974 年 5 月 24 日：上午所中骨干小组商谈所事……（3）西沙群岛考古事……
>
> 1974 年 8 月 6 日：……下午广东省文物队参加西沙群岛考古的何纪生、吴振华、徐恒彬三同志来谈……
>
> 1974 年 11 月 15 日：……下午广东一位参加西沙群岛发掘工作的同志来所谈这项工作……[2]

这些记录集中在 1974 年，有其特殊的背景和需求。新中国成立后，南越政权屡次侵犯我国西沙群岛和南沙群岛，1974 年 1 月 15 至 19 日其再次出动海、空军侵犯西沙群岛，中越双方爆发了"西沙海战"，我国军民坚决捍卫了西沙主权[3]。在这一背景下，组织力量开展综合考察，进一步了解西沙、南沙诸岛的方方面面就是非常重要的举措了。自 1974 年开始，我国科研院所、高等院校对西沙、南沙诸岛区域集中开展了海洋生物、生态、地质、海岛动植物分布及南海诸岛历史地理和主权归属等一系列的调查研究工作，标志着中国对南海诸岛的认识进入新的阶段，西沙群岛考古调查也是其中的组成部分[4]。遗憾的是，前文提及的夏鼐先生与海军司令肖劲光商谈西沙水下文物调查并发展水下考古技术一事，《夏鼐日记》中没有明确记录。但据 1974 年 5 月 16、24 日两天的日记判断，夏鼐先生很有可能是在赴外交部商谈"参加考察西沙群岛"的事情时，涉及了与水下文物调查、水下考古技术相关的话题，至于他与肖劲光司令的商谈是就在当天，还是另有场合，现在还无从得知。5 月 24 日属于单位内部的会议情况传达和具体工作商谈、安排，应与此事无关。8 月 6 日、11 月 15 日两条日记，说明夏鼐先生一直很关心西沙群岛考古调查一事，跟工作队成员进行过多次交流，徐恒彬后来还成为中日南海沉船调查发掘学术委员（1990 年）下设"中日事务局"的成员[5]。总之，此为中国发展水下考古最早的一次努力，限于条件和能力，其结果正如俞伟超先生所说"未能进行真正的筹划"，前述西沙群岛两个年度的工作并没有直接涉及水下考古的内容。

在同一时期，泉州海外交通史博物馆主持的泉州后渚港宋代沉船发掘是另外一项非常重要的工作。《夏鼐日记》中有"黄展岳交来泉州交通博物馆同志来信，谈海船发掘工作事"（1973

---

[1]　广东省博物馆：《西沙文物》，文物出版社，1975 年，第 1 页；广东省博物馆：《广东省西沙群岛文物调查简报》，《文物》1974 年第 10 期；广东省博物馆、广东省海南行政区文化局：《广东省西沙群岛第二次文物调查简报》，《文物》1976 年第 9 期。

[2]　夏鼐：《夏鼐日记》卷七，华东师范大学出版社，2011 年，第 426、428、440、456 页。

[3]　李新建：《中越南海博弈的动态过程分析——以中越西沙和南沙两次海战为例》，华东师范大学硕士学位论文，2012 年，第 19~27 页。

[4]　赵焕庭：《西沙群岛考察史》，《地理研究》1996 年第 4 期，第 61 页。

[5]　张威、李滨：《中国水下考古大事记》，《福建文博》1997 年第 2 期，第 91 页。

年12月20日）与"福建博物院派苏垂昌同志等四人来京,为晋江后渚古船（海船）发掘事"（1974年4月8日）两条记录[1]。泉州海外交通史博物馆于1974年3月制定了《泉州湾古船发掘、保护计划》,经省文化局和国家文物局批准后,于6月9日开始发掘[2]。据此,夏鼐先生对后渚沉船的关注贯穿始终。后渚沉船及后来泉州一系列海交史迹调查成果引起了航海、造船、中西交通、中外关系史学界的广泛关注,并与中国发展水下考古的另外一次努力很有关系（详见后文）。

夏鼐先生晚年以主编身份与王仲殊先生合作撰写的《中国大百科全书·考古学卷》"考古学"总条的部分内容,体现了其对水下考古学的广泛了解和深入思考,也是对中国水下考古学的重要贡献。两位先生将"水底考古学"与"航空考古学"一起纳入了与田野考古学、史前考古学、历史考古学相并列的特殊考古学范畴,并高度概括了水下考古学（水底考古学）的主要内涵、学科性质和发展简史:

> 水底考古学的萌芽可上溯到16世纪意大利人在海底探寻沉船。到了20世纪初期,水底的考古调查在世界各地进行,最有名的是在墨西哥奇琴伊察玛雅文化遗址的"圣池"中寻找牺牲人和祭品,在突尼斯马赫迪耶港的海上探索满载古希腊美术品的罗马沉船。但由于潜水条件的限制,调查时不能做精细的操作和记录。1943年发明了潜水肺,第二次世界大战后又改进了各方面的设备和条件,这才使真正的水底考古学得以成立。从60年代起,先是法国人在马赛附近海底发掘沉船,接着美国考古队在土耳其附近海底发掘希腊罗马时代和青铜时代晚期的沉船,不仅获得船中许多古物,而且还为研究古代造船术、航海术、海上交通和贸易提供了重要的新资料。水底考古学的对象从沉没物、沉船扩大到淹没于湖底、海中的都市和港市等的遗址,而勘察、发掘及摄影记录等的手段和方法也大为改善,使水底考古学以显著的速度不断取得成果。可以认为,水底考古学是田野考古学在水域的延伸。[3]

从"开始为《中国大百科全书》写作《考古学》一条"始（1983年1月2日）,到"和王仲殊同志商酌《大百科》考古学卷总条的修改稿,加以定稿"止（1985年5月23日）,在近两年半的时间里,《夏鼐日记》还有11条记录与"考古学"总条的撰写有关,现将比较关键的数条罗列如下:

> 1983年11月6日:今天以一整天的工夫,将《大百科》《考古学》条第一节"考古学的定义"修改誊抄出来……
>
> 1984年12月23日:……开始写《大百科》考古学卷中"考古学简史"一节。
>
> 1985年3月24日:……晚间写《大百科》总条"考古学史"部分,已决定将这总条的

[1]   夏鼐:《夏鼐日记》卷七,华东师范大学出版社,2011年,第405、421页。
[2]   福建省泉州海外交通史博物馆:《泉州湾宋代海船发掘与研究》,海洋出版社,1987年,"引言"部分。
[3]   夏鼐、王仲殊:《考古学》,《中国大百科全书·考古学》,中国大百科全书出版社,1992年,第18~19页。

下半让王仲殊来写。

　　1985 年 4 月 5 日：本来想上午赴所，结果睡到 11 时始起来……我午饭后又睡午觉，起来时已近 3 时。王仲殊、王廷芳二同志来，仲殊并送来他写好的《大百科》总条稿子……

　　1985 年 5 月 6 日：上午赴所，将《大百科》考古学卷总条前半交王仲殊同志，以便打印，并商谈下星期在西山开会《大百科》定稿会议事……

　　1985 年 5 月 22 日：……下午在家，修改《大百科》考古学卷总条，作为定稿……

　　1985 年 5 月 23 日：上午赴所，原有院部召开的整党总结会议……我请假未去，和王仲殊同志商酌《大百科》考古学卷总条的修改稿，加以定稿……[1]

　　上述日记清晰展示了"夏鼐本人没能亲自完成该特长词条地全部文稿，前半部系王仲殊根据他的初稿整理，后半部则由王仲殊根据他的提纲撰写，但全稿仍然经过他最后审定"的过程。"考古学"总条的撰写之所以耗时两年半，一方面与夏鼐先生 1983~1984 两年的工作安排有关，另一方面也与其反复查阅多种百科全书及研究论著，对考古学的语源、变化及编写提纲进行反复斟酌有关[2]。提纲确定后，王仲殊先生起草的词条后半部分用时仅十天。1985 年 6 月 19 日，夏鼐先生不幸逝世，"考古学"总条定稿之时，留给他的时间已不足一月，他还对"水底考古学"进行了认真的讨论；2003 年 11 月 10 日，俞伟超先生用颤抖的笔迹写下《商船战舰　东西辉映》这篇文字[3]，在生命的最后一个月，也把目光投向了南海 I 号、投向了他亲手奠基的中国水下考古事业。这虽是巧合，却恰恰表现出两代考古学人的奉献与情怀，将永为师表。

二、《夏鼐日记》中有关水下考古的人和事

　　自 1962 年夏鼐先生继任考古研究所所长起，尤其是 1970 年 10 月自河南息县"五七干校"返京后，外事活动成为夏鼐先生工作的重要组成部分。通过出国考察、接待外宾、学术交流等不同形式，夏鼐先生与国外学术界保持着密切的交往，有些内容与水下考古存在直接或间接的关系。

　　以日本为例，与夏鼐先生有过交流且记录在案的人员近二百人[4]，有些交流还很频繁，其中有不少学者算得上是 1987 年后中国水下考古的参与者和见证人。我们知道，南海 I 号是贯穿中国水下考古三十多年发展史的重要工作，其工作步入正规的标志是 1990 年 2 月中日南海沉船调查发掘学术委员会的成立。该委员会中，"苏秉琦、江上波夫分别担任主任、副主任委员；宿

———————————

[1]　夏鼐：《夏鼐日记》卷九，华东师范大学出版社，2011 年，205、298、421、455、464、468 页。

[2]　王世民：《夏鼐与新中国考古学——纪念夏鼐先生一百一十周年诞辰》，《考古学报》2020 年第 1 期，第 4、16~17 页。

[3]　国家文物局水下文化遗产保护中心、中国国家博物馆、广东省文物考古研究所、阳江市博物馆：《南海 I 号沉船考古报告之一——1989~2004 年调查（上）》，文物出版社，2017 年，第 2~4 页。

[4]　据《夏鼐日记》卷十"交往人物索引"统计，该书第 55~222 页。

白、徐苹芳、黄景略、俞伟超、坪井清足、长谷部乐尔、田边昭三任委员"[1]，皆为一时之选，此等规格的学术委员会充分显示了中日双方对南海沉船调查、发掘工作的高度重视。除了中国老一辈考古学家，夏鼐先生与委员会中的日本学者也都相熟已久。例如，1982 年 9 月 18 日夏鼐先生曾题词给田边昭三："《须惠器大成》一书辉煌巨著，犹如须弥山之高出群峰，实集其大成，嘉惠学林不浅也。欣闻东瀛将为田边昭三先生大作之刊行举行盛会祝贺，敬书数语，遥伸贺忱。辛酉中秋后二日。"[2] 又如，在 1985 年 6 月 17 日生前最后的那条日记中，夏鼐先生写道："上午坪井清足来所讲演，谈《日本的考古学》，由王仲殊同志主持，听众约……"戛然而止。坪井清足先生时为日本奈良国立文化财研究所所长，是 1985 年 6 月访华日本考古代表团团长，早在 1966 年夏鼐先生就接待过他的妹妹坪井明日春率领的日本工艺美术代表团[3]，算是老朋友了。此外，《夏鼐日记》中的三上次男（1987 年去世，曾带领长谷部乐尔等人于 1964 年调查埃及福斯塔特遗址，后提出"陶瓷之路"）、弓场纪知、大庭脩、樱井清彦、山本达郎等的研究领域涉及陶瓷贸易、造船技术、文化交流、东亚海域研究，也都是对水下考古及周边领域非常熟悉的学者。

其中，与中国水下考古的关系最为密切的要数田边昭三先生。田边昭三先生时任日本水中考古学研究所所长，曾在日本及叙利亚沿海开展水下考古工作，1987 年底应邀来华讲授水下考古学，1989 年又应邀来华协商合作开展广东南海沉船（即南海 I 号）调查发掘事宜并签订协议书。同年 11 月，中日联合南海沉船调查队开展了近十天的水下考古调查，俞伟超与田边昭三先生为正、副队长，正是通过这次调查，俞先生提出"南海 I 号"的命名，沿用至今[4]。《夏鼐日记》还提到了一位日本学者菅谷文则。菅谷文则先生后来在其采访录中对田边昭三先生的上述活动有所补充，他说："……南海水下考古项目的开展，也是在俞先生督促下，由我协调日本方面的田边昭三先生最终实现的。这件事也可以说是我留学北京大学的成果之一。"[5] 看来，中日合作的这次南海 I 号调查，菅谷文则先生有居间协调之功，他本人对此也颇为满意。

夏鼐先生是学贯中西的学问大家，他对航海史、造船史、外销瓷、港口考古、水下考古这些颇有关联的领域一直富有兴趣。例如，在 20 世纪 80 年代初，夏鼐先生一度对太平洋两岸早期文化交流颇感兴趣，多篇日记留有记录。1982 年 4 月 20 日条写道"阅最近一期的 *Archaeology*（《考古学》），其中有 Frost（弗罗斯特）所写的旧金山附近发现的石锚问题，谓乃中国侨民的渔船所遗者"[6]。此 Frost 即 Honor Frost（1917~2010），是一位塞浦路斯籍的女海洋考古学家。自 1957 年开始，Honor Frost 开始在黎巴嫩开展水下考古工作，是黎巴嫩、叙利亚海洋考古学的先驱，其学术兴趣主要集中在海岸景观、港口考古、沉船考古等方面。1968 年，Honor Frost 曾受邀

[1] 张威、李滨：《中国水下考古大事记》，《福建文博》1997 年第 2 期，第 91 页。

[2] 夏鼐：《夏鼐日记》卷九，华东师范大学出版社，2011 年，第 71 页。

[3] 夏鼐：《夏鼐日记》，华东师范大学出版社，2011 年，卷七第 220 页、卷九第 476 页。

[4] 张威、李滨：《中国水下考古大事记》，《福建文博》1997 年第 2 期，第 91 页；[日]田边昭三讲授，王军整理：《水下考古学讲座》，《水下考古通讯》第 2、3 期，第 22~30、15~17 页。

[5] 李水城采访，李浩北翻译，秦晓丽校对：《菅谷文则先生访谈录》，《南方文物》2019 年第 1 期，第 47 页。

[6] 夏鼐：《夏鼐日记》卷九，华东师范大学出版社，2011 年，第 128 页。

指导了著名的埃及亚历山大法洛斯灯塔（Pharos Lighthouse）的水下考古工作[1]。她去世后还利用其遗产成立了 Honor Frost 基金，用来发展黎巴嫩、叙利亚和塞浦路斯等地中海东部区域的海洋考古学[2]。又如，1982 年 5 月 24 日条写道 "阅《考古学》34 卷第 6 期（1981 年）中 Koseir 发掘等篇，埃及 Koseir 海港，当年（1939 年）格兰维尔教授曾有意发掘……曾约我参加，据云其处多中国瓷片，后以欧战爆发而作罢，匆匆 40 年。此次美国人发掘……颇有收获"[3]，港口考古对于中西交通史、水下考古等的研究具有特殊的重要性，未能参加埃及 Koseir 港口考古工作，夏鼐先生想来有些遗憾吧。再如，夏鼐先生 1983 年 7 月 15 日在瑞士访问时，"赴 Murten（穆尔腾）湖北岸 St.Blaise（圣布莱斯）附近的 Chiam Reverres 遗址，现下所掘者为铜器时代晚期（约 900BC）的湖居遗址，已在湖中筑墙抽水发掘，岸上尚有新石器时代（约 3000BC）的湖居遗址，又无意中发掘到（约是万年前）旧石器晚期物"[4]，则具体记录了 "筑墙抽水" 发掘法，即围堰发掘法。此方法是处理水深不大、能见度较差的水下遗址常用的手段，可以通过降低水位或人工干预水的能见度为考古工作的正常开展创造条件。例如：考古学家在 1958 ~ 1962 年间发掘丹麦 11 世纪时的斯库尔德勒夫维京船（Skuldelev Ship）[5]，1978 ~ 1988 年发掘美国独立战争时的约克镇沉船（Yorktown Shipwreck）[6]，1984 ~ 1986 年发掘荷兰东印度公司时期的阿姆斯特丹沉船（Amsterdam Shipwreck）[7]，1995 年发掘法国殖民北美时的拉·贝尔沉船（La Belle Shipwreck）时也都出色运用了围堰发掘法[8]；而日本学者早在 1930 年代便已通过筑堤成陆的方法发掘曾根湖湖边遗存，1967 年通过围堰造堤的方法发掘浜名湖湖底遗存，1981 年田边昭三先生为提高琵琶湖的水下能见度，在进行水下遗迹调查记录方法实验的研究时也灵活使用了 "围

[1]　Emad Khalil and Mohamed Mustafa, *Underwater Archaeology in Egypt*, *International Handbook of Underwater Archaeology*, by Carol V. Ruppé and Janet F. Barstad, Kluwer Academic/Plenum Publishers, 2002, P.520.

[2]　Lucy Semaan, Maritime Archaeology in the Developing World: The Case of Lebanon, *Journal of Eastern Mediterranean Archaeology and Heritage Studies*, Vol.6, No.1 - 2, 2018, pp.79 - 98; Matthew Harpster, Maritime Archaeology in the Eastern Mediterranean: Approaches, Perspectives and Histories, *Journal of Eastern Mediterranean Archaeology and Heritage Studies*, Vol.6, No.1 - 2, 2018, pp. 59 - 61.

[3]　夏鼐：《夏鼐日记》卷九，华东师范大学出版社，2011 年，第 137 页。

[4]　夏鼐：《夏鼐日记》卷九，华东师范大学出版社，2011 年，第 264 页。

[5]　George F.Bass, History Beneath the Sea, *Archaeology*, Vol.51, No.6, 1998, p.52; Fred Hocker, Nautical Archaeology in Northern Europe, *INA Newsletter*, Vol.17, No. 1, Spring 1990, pp.12 - 13;［英］格林·丹尼尔著，黄其煦译，安志敏校：《考古学一百五十年》，文物出版社，2009 年，第 369 页。11 世纪晚期，丹麦人为保卫首都罗斯基勒，自沉五艘船只于罗斯基勒海湾以阻挡挪威人的进攻，斯库尔德勒夫是附近小镇的名字。

[6]　John D. Broadwater, Shipwreck in a Swimming Pool: An Assessment of the Methodology and Technology Utilized on the Yorktown Shipwreck Archaeology Project, *Historical Archaeology*, Vol.26, No.4, 1992, pp.38 - 42.

[7]　Jerzy Gawronski, East Indiaman Amsterdam research 1984 - 1986, *Antiquity*, Vol. 64, No. 243, 1990, pp. 363 - 375.

[8]　Michael S. Nassaney, La Belle: The Archaeology of a Seventeenth-Century Ship of New World Colonization, by James E.Bruseth et al, *Journal of Southern History*, Vol.84, No.3, 2018, pp.701 - 703.

堰"理念[1]。当然,水环境下直接发掘湖居遗址在水下考古技术发展史上更是划时代的事件,1854 年 8 月 24 日地理学家阿道夫·封·莫尔洛(Adolphe von Morlot, 1820~1867)在瑞士冉弗希湖的湖居遗址进行水下发掘,已载入史册[2]。凡此种种,显然都是夏鼐先生认识"水底考古学"的基础。

三、由《夏鼐日记》展开的另一条线索

1979 年 6 月 26 日,夏鼐先生访问京都大学当天的日记提及 "……松田询问中国研究海船及中西海运交通史的专家,特别询及周世德、田汝康在何机关工作" [3]。周、田两位先生是中外交通史、造船史领域的专家。《夏鼐日记》还有四处提及周世德先生(1973 至 1982 年间),内容涉及审查周氏论文《衡制考》、交流中国沙船问题等[4]。周世德先生(1921~2012)在中国科学院自然科学史研究所任职,是著名的技术史家(后文还将提及他的一个学生戴开元)。1983 年的日记中,夏鼐先生还提到了邱克,即 "上午山东大学邱克同志携刘敦愿同志的信来访" (2 月 21 日)、"上午赴所……又写信给山东大学研究生邱克同志" (4 月 7 日)两条[5]。邱克先生时为山东大学张维华教授的硕士研究生,主修中西交通史,后赴暨南大学随朱杰勤教授攻读博士学位并留校任教。

下文将围绕周世德、邱克、戴开元三位先生,梳理 1987 年中国水下考古事业正式开始之前的另外一条线索。

1983 年,周世德先生发表《海外交通史的研究与海洋考古》(后文还将提及)[6];1983 至 1984 年间,年轻的邱克先生也撰写了《海洋考古学与海交史研究》《浅谈海洋考古学》两篇论文[7]。现在看来,这三篇文章是 1987 年之前中国学术界对水下考古(或海洋考古)的基本认知,比夏鼐先生在百科全书"考古学"总条中的相关认识还要早,具有学术史价值。其中,邱克《海洋考古学与海交史研究》《浅谈海洋考古学》两文广泛利用外文资料,简要介绍了欧美和日本海洋考古学的发展情况,并对海洋考古学的定义、方法、研究范围等问题进行了详细讨论。

---

[1] [日]小江庆雄著,王军译,信立祥校:《水下考古学入门》,文物出版社,1996 年,第 98、103~104 页。田边昭三人工干预水下能见度的做法是 "在调查水域内设置了 5 米见方和 20 米见方的双重尼龙围障,围障下部固定在湖底,上部露出水面。围障内外的水相互不能混杂。内重围障注入清水,再加入沉淀化学药品,围障内的水在此双重作用下逐步成为清水,在此基础上再进行遗址的调查与记录工作。这次试验的结果,使原来只有 20 厘米的透明度在不到 1 小时的时间内一下子达到了 3 米左右"。这一方法思路清晰、效果明显,若以今天的观点看待,则需进行必要的环境评估。

[2] [英]保罗·G·巴恩主编,郭小凌、王晓秦译:《剑桥插图考古史》,山东画报出版社,2000 年,第 5 页。

[3] 夏鼐:《夏鼐日记》卷八,华东师范大学出版社,2011 年,第 324 页。

[4] 夏鼐:《夏鼐日记》,华东师范大学出版社,2011 年,卷七第 406 页、卷八第 440 页、卷九第 159 页。

[5] 夏鼐:《夏鼐日记》卷九,华东师范大学出版社,2011 年,第 217、230 页。

[6] 周世德:《海外交通史的研究与海洋考古》,《海交史研究动态》1983 年总第 15 期。

[7] 邱克:《海洋考古学与海交史研究》(油印本),山东大学历史系中西交通史教研室,1983 年;邱克:《浅谈海洋考古学》,《海交史研究》1984 年总第 6 期。

可以看出,邱克的讨论主要是依据英国水下考古学家基思·马克尔瑞(Keith Muckelroy)于 1978 年出版的《海洋考古学》一书[1]。进而,最晚至 1989 年 8 月[2],邱克与戴开元将此书翻译成中文,并于 1992 年由海洋出版社出版。基思·马克尔瑞是一位天才的考古学家,也是英国水下考古的先驱之一,1980 年在水下考古调查时的一次潜水事故中不幸罹难,时年 29 岁。他毕业于剑桥大学,先后任职于圣安德鲁斯大学和格林威治航海博物馆,学生时代深受大卫·克拉克(David Clarke)《分析考古学》的影响,具有"新考古学"倾向[3]。基于丰富的水下考古实践经验,马克尔瑞首次系统思考了沉船遗址的形成过程问题,并提出了沉船遗址形成及海底遗物分布的具体模式和研究方法[4],为提升水下考古资料获取手段的科学性做出了重要贡献,四十多年来关于水下遗址(尤其是沉船遗址)堆积物研究的讨论都要从他的开创性工作讲起[5]。马克尔瑞还明确指出"水下考古学拥有学术上的合理性,而绝不只是神秘详细的航海故事和航海技术"[6],其"研究的首要对象是人,而不是研究者直接接触的船只、货物、设备或仪器"[7]。因此,尽管考古学家乔治·巴斯(George F. Bass)早在 1960 年便穿上潜水服,亲自指导了土耳其格里多亚角(Cape Gelidonya)沉船遗址的发掘,并于 1966 年出版了《水下考古学》这一重要著作,但 1978 年马克尔瑞《海洋考古学》的出版才首次将水下考古学(或海洋考古学)提升至理论高度[8]。

　　夏鼐与邱克两人的具体通信内容我们无从得知,但从他们此时共同关心的问题看,也许会涉及水下考古(或海洋考古)和中西交通史等内容。不过,夏鼐先生将"水底考古学"视为考古学的有机组成部分,邱克先生则重视"海洋考古学"对中西交通史研究的重要作用,其出发点并不完全一致。随后不久,邱克赴江西九江参加了中国航海学会(及其下属中国航海史研究会)组织的"纪念郑和学术讨论会"(1983 年 5 月 20~26 日)。在这次会议上,为推动郑和航海史的研究,部分专家提出了发展海洋考古的"四条建议"。为清楚起见,现将其主要部分引述如下:

[1]　Keith Muckelroy, *Maritime Archaeology*, Cambridge University Press, 1978.

[2]　汪笑砾:《〈海洋考古学〉即将出版》,《水下考古通讯》1989 年第 3 期,第 23~24 页。

[3]　Colin Martin, Wreck-site Formation Processes, by Alexis Catsambis, Ben Ford and Donny L.Hamilton, *The Oxford Handbook of Maritime Archaeology*, Oxford University Press, 2011, pp.52-53.

[4]　Keith Muckelroy, A Systematic Approach to the Investigation of Scattered Wreck Sites, *IJNA*, Vol.4, No.2, 1975, pp.173-190; Keith Muckelroy, The Integration of Historical and Archaeological Data concerning an Historic Wreck Site: The Kennemerland, *World Archaeology*, Vol.7, No.3, 1976, pp.280-290;[英]基思·马克尔瑞著,戴开元、邱克译:《海洋考古学》,海洋出版社,1992 年,第 162~229 页。

[5]　I.A.K.Ward&P.Larcombe, A New Process-based Model for Wreck Site Formation, *Journal of Archaeology Science*, No.26, 1999, pp.561-570; Martin Gibbs, Cultural site Formation Processes in Maritime Archaeology: Disaster Response, Salvage and Muckelroy 30 Years on, *IJNA*, Vol.35, No.1, 2006, pp.4-19; Matthew E.Keith, *Site Formation Processes of Submerged Shipwrecks*, University Press of Florida, 2016, pp.1-11.

[6]　[英]理查德·A·古尔德主编,张威、王芳、王东英译:《考古学与船舶社会史》,山东画报出版社,2011 年,"致谢"部分。

[7]　[英]基思·马克尔瑞著,戴开元、邱克译:《海洋考古学》,海洋出版社,1992 年,第 3 页。

[8]　Kieran Hosty&Iain Stuart, Maritime Archaeology Over The Last Twenty Years, *Austrilian Archaeology*, No.39, 1994, p.16.

……及早发起和开展我国尚属空白的海洋考古工作（包括海底、江底沉船及物件，陆上与航海有关地遗迹等）和海洋考古学的研究，建立起国家级的航海博物馆（包括航海史、造船史、海港史、海外交通史、通过航海的中外关系史）。为了切实有效地筹建和领导这些工作，建议由交通部、文化部、国家海洋局、海军司令部、农牧渔业部、中国科学院、中国社会科学院及有关学会，在国家科委地领导下，联合组成国家海洋考古、博物工作领导小组，确定调查研究探察、打捞地计划和实施方案，文物地收集、保护措施；同时组织以下工作：（一）设立海洋考古研究所，专门从事海洋考古的调查研究，拟定计划以及文物的研究鉴定、收集保护工作，同时从事海洋考古学的学术研究工作；（二）建立海洋考古探察打捞工作的领导系统，可在交通部及海军的现有航道、测量、救捞机构中，确立考古探察和打捞的任务，与海洋考古研究所共同拟定计划及实施方案，在领导小组审批后统一行动；（三）建立国家航海博物馆，负责收集、鉴定、保护、陈列航海有关的文物，包括各时代、各地区不同船型的图片、史籍记载以及制作模型，已出土的船舶、属具实物，国内外有关郑和航海史籍的碑刻或复制品，有关航海的各种文献资料；（四）组织古代航海和船舶的科学实验工作，在学术界的研究比较一致的基础上，仿造唐代海舶，进行中西"海上丝绸、瓷器之路"的实验航行，以验证我国古代文明和航海成就……我们作为航海史研究人员，热忱向国家有关部门提出上述呼吁和建议，让中华民族在航海史上的伟大成就，放出应有的光彩。[1]

我们还不清楚周世德先生是否参加了上述会议。不过，同年6月7~11日，周世德先生参加了中国海外交通史研究会组织的"扬州港海外交通史学术讨论会"（江苏·扬州）。周先生就是在这次会议上发表了《海外交通史的研究与海洋考古》一文，他阐述了海洋考古对海外交通史研究的重要作用，认为"对研究海外交通史来说，海洋考古虽然不是唯一的条件，但却是十分必要的条件。海洋考古主要是指水下考古"。发言的最后，周世德先生"呼吁有关方面注意和重视海洋考古。由于工作的需要和事业的需要……无论是搞海外交通史，还是造船史、航海史，离开海洋考古是不行的"[2]。会议结束时，会议领导组对代表们也提出了"关于开展海洋考古，关于在连云港、长岛当地召开海交史学术会议等的建议和倡议，表示负责向有关方面反映，并协商决定进行"[3]。由此可见，1983年的中国航海、造船、中西交通史学界发展"海洋考古"的愿望是普遍而迫切的。

上文虽以《夏鼐日记》中的相关人物为线索，并不是说这些事情与夏鼐先生直接相关。继夏鼐先生之后的这两次建议和呼吁，另有背景。1978年后，中国科学技术的发展迎来了一个好局面，河海运输、海洋勘察、渔业捕捞、海上救助与打捞、海军建设、航海科技等都迈入了新的轨道。1974年泉州后渚海船、1982年泉州法石海船的发掘及海交史迹调查也引起航海、造船及中西交通史学界的高度重视。在这个背景下，中国航海史学会（1979年，挂靠交通运输部）、中国

[1] 丁正华：《记九江纪念郑和学术讨论会》，《中外关系史学会通讯》1983年总第4期，第17页。
[2] 周世德：《海外交通史的研究与海洋考古》，《海交史研究动态》1983年总第15期，第11~14页。
[3] 佚名：《扬州港海外交通史学术讨论会完满闭幕》，《海交史研究动态》1983年总第15期，第2页。

海外交通史研究会（1979 年，挂靠泉州海交史博物馆）、中国中外关系史学会（1981 年）、中国造船工程学会船史研究会（1984 年）先后成立，学术界日益认识到水下考古（或海洋考古）对航海史、造船史乃至中西交通史研究的重要价值。1983 年，上述两次会议和有关专家的建议是否提交有关部门，是否得到明确反馈意见还无从得知。通过比较 1983 年建议成立的"国家海洋考古、博物工作领导小组"与 1987 年正式成立的"国家水下考古工作协调小组"的信息，我们可以对此稍做推测。表一可见，国家科委的重视、涉海部门的配合、学术部门的参与都是两个小组的共同点，区别是：前者从排序看是计划由交通部牵头，有学会组织参加；后者是由文化部文物局牵头，有博物馆、考古所、高校参加[1]。正如夏鼐先生所言"水底考古学是田野考古学在水域的延伸"，水下考古（或海洋考古）显然难以归入交通系统，从业务归口看，"四条建议"渠道有些不畅。再者，促使有关部门下定决心的哈彻式盗捞事件还未引起高度重视，来自航海、造船和中西交通史学界的主动发展海洋考古的愿望也没能实现。不过，上述工作思路、工作机制在很大程度上得以延续、强化，典型表现是 1987 年"水下考古工作协调小组"的成立。

表一　"领导小组"与"协调小组"信息比较表

1983 年：国家海洋考古、博物工作领导小组	成员构成：由交通部、文化部、国家海洋局、海军司令部、农牧渔业部、中国科学院、中国社会科学院及有关学会组成	明确表示"在国家科委的领导下"开展工作
1987 年：水下考古工作协调小组	成员构成：文化部文物局主持，国家科委科技促进发展研究中心、中国人民解放军海军作战部、总参作战部（因事未到会）、国家海洋局海洋管理司、科技司、交通部救捞局、水上安全监督局、外交部条法司、中国历史博物馆、中国社会科学院考古研究所、北京大学	引起政府重视的《我国陶瓷专家建议重视水下考古工作》（1986 年 6 月 10 日）一文，批复给国家科委处理

余　　论

综合上述，1987 年之前中国学术界确实存在发展水下考古的想法，并做出过相应的努力，可以归结为两条线索。

线索一：1974 年，夏鼐先生这一代人"建立自己的水下考古学的愿望"未能如愿，经过俞伟超先生一代学人的卓越努力，最终得以实现。众所周知，夏鼐先生与俞伟超先生对考古学某些问题的看法存在差异，如"中国学派"与"新考古学"。以对"新考古学"的看法为例：夏鼐先生直言"他们叫嚣了二十多年，'新考古学'变老了，但是他们仍然没有拿出一条大家公认的新规律来"[2]；20 世纪 90 年代前后，俞伟超先生则对"新考古学"可能为中国考古学带来的

［1］　张威、李滨：《中国水下考古大事记》，《福建文博》1997 年第 2 期，第 88~89 页；宋建忠：《一封鲜为人知的信件——当年北京大学考古系为何没有开设水下考古课程》，《中国文物报》2020 年 6 月 9 日第 3 版；丁正华：《记九江纪念郑和学术讨论会》，《中外关系史学会通讯》1983 年总第 4 期，第 17 页。

［2］　夏鼐：《什么是考古学》，《考古》1984 年第 10 期，第 933 页。

变革寄予了厚望,甚至还发展出著名的"班村"精神[1]。直到今天,学术界也还在反思、回顾这些问题。有意思的是,当暂时搁置这一差异后,两位先生的学术视野(或学术贡献)却表现出了延续性,他们对于中国水下考古的共同关注便是其中一例。此外,夏鼐先生不但精通科技史,也有"科技梦",1950 年刚到单位报到他就与苏秉琦先生商讨相机购置的事情,并一口气买下 5 台莱卡相机[2],这也表现在他对航空考古学的持续关注上[3]。1983 年 7 月 7 日,夏鼐先生访德期间来到巴伐利亚州专门考察航空考古,由 Becker(贝克)博士陪同,在 Landshut 小镇见到了著名的航空摄影考古学家 Offo Braasch(布哈什),本拟一起驾机航测古迹,无奈天气突变未能如愿[4]。十年后的 1994 年 6 月 23 日,俞伟超、孟宪民(国家文物局)、郭佶滨(地矿部遥感中心)三位先生又来到了 Landshut(兰次胡特)小镇,接待他们的依然是 Becker、Offo Braasch,天公作美,这一次他们成功了[5]!中国的航空考古学随后也在俞伟超先生的领导下不断发展。也许在面对某些问题和目标时,所谓的新与旧是相对的,是相通的。据介绍,1985 年张忠培先生在高校考古"七·五"发展规划咨询意见中也曾希望厦门大学借地利之便,做好水下考古的组织工作,填补我国考古学的这一缺门,此事限于当时条件也未能成功[6]。五年后,在俞伟超先生的具体建议下,厦门大学开始设置水下考古课程,逐步成为中国水下考古学教育的早期重镇[7]。总之,夏鼐先生认真思考并为之努力过的水下考古学、航空考古学最终在俞伟超先生这一代学人的精心培育下都开枝散叶、发扬光大了。

线索二:1983 年航海、造船、中西交通史等领域学者发起的"海洋考古"倡议当时虽未落实,后在"水下考古工作协调小组"的框架下,他们为中国水下考古事业的发展做出了重要贡献。1987 年后中国水下考古之所以能够获得较快的发展,是与"水下考古工作协调小组"这一工作机制分不开的。从起步阶段的南海Ⅰ号、三道岗沉船,到近年的致远舰、经远舰、定远舰水下考古,基本都是在交通、海洋、航海、造船等部门和机构的协同合作、大力支持下完成的,像南海Ⅰ号宋代沉船的整体打捞这类工作,如无交通救捞系统的参与更是无法想象的。如前所述,20 世纪 90 年代航海、造船、中西交通史学界的学者迻译马克尔瑞的《海洋考古学》本是极为重要的

[1] 裴安平:《怀念俞伟超,呼唤"班村"精神》,《俞伟超先生纪念文集(怀念卷)》,文物出版社,2009 年,第 56~60 页。

[2] 胡文怡:《认识夏鼐:以〈夏鼐日记〉为中心》,上海古籍出版社,2016 年,第 216~217 页。

[3] 裴世东:《〈夏鼐日记〉所见"空中摄影"考古学》,《中国文物报》2019 年 5 月 5 日第 7 版。

[4] 夏鼐:《夏鼐日记》卷九,华东师范大学出版社,2011 年,第 259 页。

[5] 2007 年 5 月 8 日,中国文物研究所(现中国文化遗产研究院)时任党委书记孟宪民先生曾惠示访德报告手稿鼓励笔者关注航空考古学,经他允许我当时留存了扫描件。在此,特别向孟宪民先生致谢。

[6] 吴春明:《厦门大学开展海洋考古学教学、研究的回顾和近期设想》,《水下考古学通讯》第 4 期,第 21 页;吴春明等:《海洋考古学》,科学出版社,2007 年,第 66 页。

[7] 吴春明等:《海洋考古学》,科学出版社,2007 年,第 204~205 页。

工作，由于种种原因，我们对这一翻译成果的重视还不够充分[1]。三十多年来，随着水下考古工作的深入开展，中国的水下考古工作者也开始考虑如何提高资源调查、数据获取的科学性和系统性等基础问题，逐步开展了水下考古区域调查、探测技术研究、埋藏环境研究等探索工作，也取得了阶段性成果[2]。中国水下考古的此类探讨刚刚起步，成果也有待进一步深化，但与20世纪80年代前后海洋科学、航海交通等领域学者所关注的问题存在一定的契合点[3]。对水下考古学来说，努力拓展这一富有潜力的基础研究领域应是深化多方合作的新基础、新任务。

　　附记：此文为纪念夏鼐先生而作，2020年6月19日刊登于"社科院考古所中国考古网"公众号，后又进行了修订和增补。

[1]　若以学术史的视角理解马克尔瑞的学术成果，其重要性会更为明确。概括来说，自1960年以来，国外水下考古学的发展大体经历了三次变化：（1）1960~1966年，考古学家乔治·巴斯以其亲历水下的考古工作和《水下考古学》（*Archaeology Under Water*）一书宣告了科学意义上水下考古学的诞生，基本属于传统考古学范畴。（2）1974~1978年，考古学家基思·马克尔瑞以其创造性开展的水下考古工作和《海洋考古学》（*Maritime Archaeology*）一书将水下考古学提升到理论高度，受到较多过程考古学的影响；1981~1983年，人类学家理查德·A·古尔德通过组织学术讨论会并主编《沉船人类学》（*Shipwreck Anthropology*）一书，开始将沉船作为人类学现象来研究，带有美洲人类学色彩。（3）1990年前后，考古学家开始强调船体结构、生活用品等物质遗存的象征意义，注重海洋文化景观研究，受到后过程主义考古学的影响。上述变化是水下考古学自身发展的重要表现，但不能完全视作不同的发展阶段，目前三者均有丰富的工作实践和研究成果。这种状态与以路易斯·宾福德（Binford, L.R.）、大卫·克拉克、迈克尔·希弗（Schiffer, M.B.）、伊恩·霍德（Ian Hodder）等人所表征的田野考古学的发展变化若合符节。

[2]　如：丁见祥：《考古学视野下的海坛海峡——兼谈水下考古的区域调查法》，《新技术·新方法·新思路——首届"水下考古·宁波论坛"文集》，科学出版社，2015年，第200~201页；胡毅、丁见祥、房旭东等：《区域调查与海洋地球物理方法》，《科学》2016年第6期，第32~35页；胡毅、丁见祥、房旭东等：《基于水下文物控制实验的海洋地球物理声学研究进展》，《地球科学进展》2019年第10期，第1081~1089页；覃谭、赵永辉、林国聪等：《探地雷达在上林湖越窑遗址水下考古中的应用》，《物探与化探》2018年第3期，第624~630页；金涛、阮啸、陈家旺：《宁波"小白礁Ⅰ号"遗址水下埋藏环境对沉船影响研究》，《中国文物科学研究》2016年第1期，第59~62页；金涛：《海洋条件下的水下文物埋藏环境概述》，《文物保护与考古科学》2017年第1期，第98~105页；王元林、肖达顺：《"南海Ⅰ号"宋代沉船2014年的发掘》，《考古》2016年第12期，第59页；聂政：《沉船考古——水下考古学理论的一点思考》，参见本书。

[3]　林禾杰：《泉州湾宋代海船沉没环境的研究》，《海交史研究》1982年总第4期；以及周世德、邱克、戴开元等先生围绕基思·马克尔瑞开展的一些讨论。

The Prelude of the Development of Underwater Archaeology in China
—Centered on *the Xia Nai Diary*

By

Ding Jianxiang

Abstract: Underwater archaeology in China has been developing for more than 30 years since 1987. In fact, Chinese academic society were not ignorant of underwater archaeology before 1987. A group of scholars represented by Mr. Xia Nai had already made in-depth consideration and made corresponding efforts, which is an important chapter in the history of underwater archaeology in China. Based on the collation and analysis of *the Xia Nai Diary*, this article proposes two clues about the early development of underwater archaeology in China. (1) In 1974, Mr. Xia Nai had an idea to develop underwater archaeology, but failed. It was finally accomplished through the efforts of Mr. Yu Weichao and others.(2) In 1983, scholars in the fields of navigation, shipbuilding and the history of Sino-Western transportation also had the initiatives to develop maritime archaeology. This effort was also unsuccessful, but laid the foundation for the "Underwater Archaeology Coordination Group" and related cooperation. These two clues show the basic state of underwater archaeology in China before 1987.

Keywords: Underwater Archaeology, *Xia Nai Diary*, Archaeology History

1826 ～ 1840 年帕里斯环球
舟船调查与舟船民族志的诞生

谭玉华 *

摘 要: 1826～1840 年,法国海军军官帕里斯(François-Edmond Pâris)完成了三次环球航行,搜罗了关于非洲、大洋洲、亚洲、美洲海洋土著民族的大量舟船资料。以这些资料为基础,帕里斯出版了《欧洲之外造船志》。该书确立的舟船民族志"区域—类型"的研究范式,关注船舶横向亲缘关系和纵向演进关系的研究旨趣,深刻影响了此后法国学者的舟船民族志调查与研究,直至 20 世纪后期,这一范式才被"过程—关系"的新范式所突破。
关键词: 帕里斯 田野调查 舟船民族志 类型学

1826～1840 年,法国海军军官帕里斯完成了三次环球航行,搜罗了关于非洲、大洋洲、亚洲、美洲海洋土著民族的大量舟船资料,并以这些资料为基础,出版了其名著《欧洲之外造船志》[1]。此书体例严谨,图文并茂,图像准确精美,语言科学规范,被视为海洋民族志的代表作,也因之为帕里斯赢得了海洋民族学之父的美誉。作为舟船民族志的创立者,帕里斯及其著作理应受到重视,然而受制于舟船主题的专业性和语言障碍,帕里斯及其《欧洲之外造船志》一书进入中国学者视野比较晚,且对其文本本身的研究极少[2]。而法国学者对帕里斯及其著作的关注,长期局限于帕里斯本人生平介绍和《欧洲之外造船志》的内容考证,鲜有对帕里斯舟船调查与研究在海洋民族学、舟船民族志的学术脉络中的地位与特性的分析研究。直到 20 世纪后期,法国舟船民族志作为民族学的学术分支逐渐衰落,研究发生转型,帕里斯著作在学术史和科技史上的价值日益凸显,法国学者才开始重新认识帕里斯及其著作的理论价值与方法论意义。继承帕里斯学术衣钵的利德(Eric Rieth),利用其在法国国家航海博物馆工作便利,倡导依据帕里斯

* 谭玉华,中山大学。

[1] François-Edmond Pâris, *Essai sur la construction navale des peuples extra-européens ou collection des navires et pirogues construits par les habitants de l'Asie, de la Malaisie, du Grand océan et de l'Amérique dessinés et mesurés pendant les voyages autour du monde de l'Astrolabe, La Favorite et l'Artémise*, Arthus Bertrand Libraire, Editeur des Nouvelles Annales des Voyages, 1843.

[2] 许路:《十六世纪至十九世纪上半叶:西方人画笔下的中国帆船》,《郑和与海洋文化》2008～2009 年第 5 期,第 224～234 页;邱丹丹:《法国民族志中的中国帆船》,《海洋遗产与考古(第 2 辑)》,科学出版社,2015 年,第 388～412 页。

著作的船图进行模型制造,举办有关展览和会议,宣扬帕里斯的学术贡献[1]。2015 年,巴黎第七大学巴隆－福尔耶(Géraldine Barron-Fortier)的博士论文《传统与创新:航海家艾蒙－帕里斯的轨迹》以人物志的形式对帕里斯生平、学术活动进行了细致梳理,对帕里斯相关手稿和著作进行了整理,这为我们认识帕里斯及其《欧洲之外造船志》奠定了坚实的基础[2]。帕里斯的舟船调查及其成果,确立了法国舟船民族志的方法论基础与研究旨趣,是理解 19 世纪以来法国舟船民族志这一学术分支的关键。

一、三次环球航行中的舟船调查

1806 年 3 月 2 日,帕里斯出生于法国巴黎一个典型的资产阶级家庭,父亲是一名拥有法律和金融背景的政府土地登记员,母亲一方则是布列斯特从事葡萄酒贸易、金融保险和船运的大家族。1810 年初,他随家庭由巴黎迁徙至法国新占领的东欧飞地伊利里亚省(现今巴尔干半岛斯洛文尼亚和克罗地亚一带建立的行政单位)。两年以后,为躲避战争,全家又从伊利里亚行省迁至法国大西洋沿岸的海港城市布列斯特。1820 年,帕里斯加入法国海军,进入昂古莱姆皇家海军学校学习。经过两年对航海知识的学习,1822 年 5 月,帕里斯第一次登船实习,先后在地中海、大西洋驾驶不同船舶进行航海实践,迅速成长为一名合格的海军军官,也流露出对船舶的专业兴趣。

1826 年,作为高级船员,帕里斯参加了海军部组织,杜尔维尔(Dumont d'Urville)领导的"星盘"号(l'Astrolabe)南太平洋的远洋航行。当时,南太平洋上主要岛屿几乎已经全部被标记,此次环球航行的主要目的是调查澳大利亚、新西兰、新几内亚周边的水文地理情况,完善有关地图。1826 年 4 月 22 日,"星盘"号由法国南部地中海港口城市土伦出发,穿越直布罗陀海峡、西班牙特内里费岛,经澳大利亚、新西兰、汤加塔布、斐济、新赫布里底、洛亚蒂群岛、新布列塔尼、新爱尔兰、新圭亚那、新几内亚、塔斯马尼亚等,于 1829 年 2 月 25 日完成任务返回马赛。正是在此次环球航行中,帕里斯被提升为海军少尉,负责制图工作,先后 80 多次乘坐船上小艇及土著船只进行海岸调查测绘。与此同时,作为杜尔维尔太平洋人种学研究的一部分,帕里斯还负责土著舟船测绘记录工作[3]。帕里斯绘制的这批船图,经整理形成了 86 页文字、58 张图版的

[1] Rieth Éric, « Observer, dessiner, décrire, comparer, analyser: une nouvelle méthode d'étude de l'architecture navale selon l'amiral Pâris (1806－1893) », in *Techniques et sociétés en Méditerranée*, *Maisonneuve et Larose*, *2001*, *pp. 663674*; *Éric Rieth*, *Voiliers et pirogues du monde au début du XIXe siècle*, Éditions du Layeur, 2012.

[2] Géraldine Barron-Fortier, *Entre tradition et innovation: itinéraire d'un marin*, *Edmond Pâris (1806－1893)*, Université Paris Diderot-Paris 7, Soutenue le 8 avril 2015.

[3] 作为时代潮流,早在 1822 年,"贝壳"号(la Coquille)进行太平洋考察的过程中,杜尔维尔就已委派专人进行太平洋土著民族语言、商业与手工业、生活习俗的记录,其中土著民族舟船的画像和文字记录是其中必不可少的一部分。

《 "星盘" 号航经各地舟船记录》手稿[1]。

1829 年，帕里斯又被征选为拉普拉斯（Cyrill Laplace）领导的 "宠姬" 号（la Favorite）上的高级船员，进行新一轮的环球航行。当年 12 月 30 日， "宠姬" 号从土伦港出海，先后停靠塞内加尔达喀尔的戈雷岛、塞内加尔、留尼旺的波本岛、毛里求斯、马达加斯加、印度本地治里、科罗曼德尔海岸、雅隆等。1830 年 8 月， "宠姬" 号航行停靠新加坡、菲律宾马尼拉、中国澳门、越南岘港，航经印度尼西亚群岛、大洋洲、美洲。1832 年 4 月 21 日，从巴西里约热内卢返航法国土伦。 "宠姬" 号环球航行期间，帕里斯又绘制了 115 张各地土著舟船图（缺第 13 张和第 75 张），大部分图版配有文字说明。1992 年，利德把这些图版整理出版[2]。与上次环球航行所获舟船资料主要为南太平洋的各种原始形态的舟船不同，此次帕里斯重点调查了印度西海岸卡利卡特、中国广东珠江口、菲律宾、越南岘港、马六甲等海域的舟船。这些地区海洋文明发达，历史悠久，船舶技术成熟而复杂。这使得帕里斯的工作从单纯的民族志调查，兼具了船舶技术学习目的的调查。

帕里斯返回巴黎后，在海军部的地图和图纸特藏室短暂供职，并相继被任命为不同战舰的舰长，指挥领导了多次短途的海运航行。1836 年底，帕里斯再一次被拉普拉斯征调进行环球航行，承担此次航行任务的是 "阿特米斯" 号（l'Artémise）。1837 年 1 月 20 日， "阿特米斯" 号从土伦港出发，从西向东先后航经南非、印度、阿拉伯、东南亚、大洋洲、北美、南美，1840 年 4 月 15 日返回法国洛里昂。此次环球航行中，帕里斯又重点补充了阿拉伯海岸、科罗曼德尔海岸、珠江口地区的舟船资料。

1840 年结束环球航行后，帕里斯受船长拉普拉斯邀请，到巴黎协助其编写《 "阿特米斯" 号环球航海记》。利用这一时机，帕里斯把绘制搜集到的各地舟船情况汇报给了前海军部长杜比涅（Jean Marguerite Tupinier），后者不但是法国海军事业最强力的支持者和推动者，而且与拉普拉斯家族、帕里斯的母舅家族关系密切。杜比涅对帕里斯的工作十分感兴趣，写信给海军部长，建议把帕里斯的船舶资料与 "阿特米斯" 号的航海记同时资助出版。1841 年 7 月，海军部与专门出版航海游记的阿尔蒂斯·贝特朗（Arthus Bertrand）出版社签署了为期三年的出版合同，拨专款用于帕里斯船舶资料的出版。最终，帕里斯的船舶资料汇编以《欧洲之外造船志》命名，于 1843 年初正式出版，总印数 200 册。

二、《欧洲之外造船志》的结构与内容

（一）标题

《欧洲之外造船志》开本 550 毫米 ×360 毫米，内里图版 385 毫米 ×255 毫米，比通常的图

---

[1]　 « Notes sur les pirogue employées dans les diverses contrées reconnues par la corvette l'Astrolabe »，该手稿中有 22 张图版用于杜尔维尔的《 "星盘" 号航海游记》，30 张图版用于《欧洲之外造船志》。

[2]　 Éric Rieth, *Le voyage de la Favorite: collection de bateaux dessinés d'après nature, 1830, 1831, 1832*, Anthèse, 1992.

书开本要大很多。封面标题有两个：主标题为《欧洲之外造船志》，副标题为《"星盘"号、"宠姬"号、"阿特米斯"号环球航行期间，帕里斯少校测绘之亚洲、马来、大洋洲、美洲居民所造舟船集成》（图一）。主副标题都强调研究对象从属于特定族群，主标题强调"造船"工艺，副标题则强调域外船舶的"搜集"，标题体现出该著作明确的民族学和博物学特点。此书出版之际，正值法国七月王朝时期（1830～1848 年），波旁家族的分支奥尔良家族的路易 - 菲利普获得王位，成为新国王——路易 - 菲利普一世，因此副标题下标明"经国王授权"，下列出版资助者海军部长（实际推动《欧洲之外造船志》出版的是杜比涅）。最下面为巴黎阿蒂斯·贝特朗出版社名称，主要出版业务、地址等信息。最后一行为该书印制者和印制年代 1841 年（实际印制年份为 1843 年）。

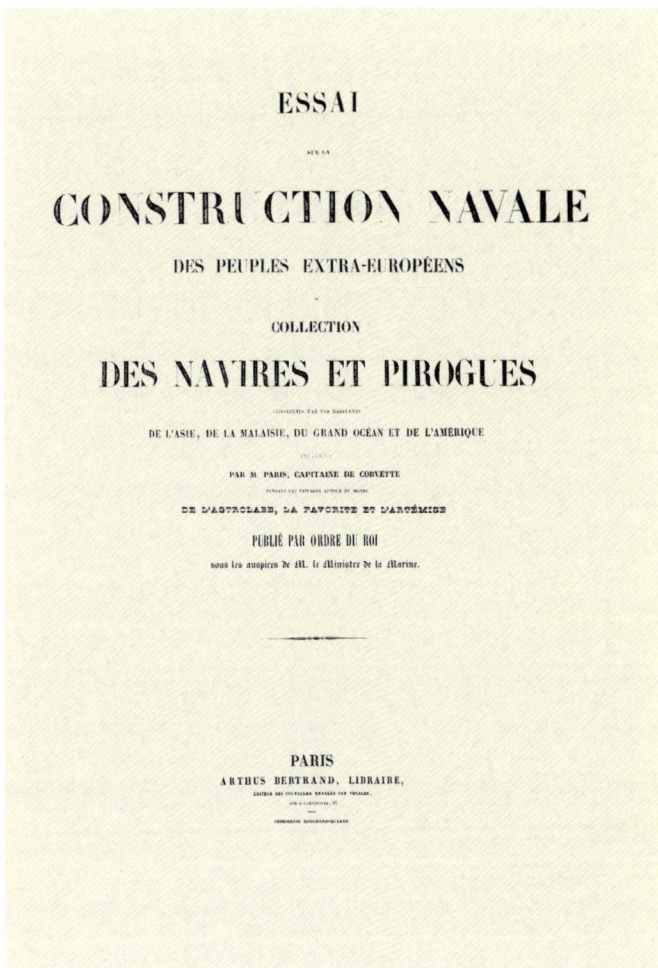

图一　《欧洲之外造船志》封面

该书共两卷，上卷为文字部分，内容依次为前言、序语、正文 156 页、目录 2 页；下卷为图版（Atlas），共 133 张。

（二）文字

1. 前言部分

帕里斯首先明确了舟船调查研究的历史机遇，以及编纂此书的主要目的——当时正值蒸汽船创制时期，试图基于对传统船舶的技术特征的记录和展示，激发和刺激欧洲的船舶设计，为方兴未艾的蒸汽船舶设计提供灵感。显然，这种实用主义目的并没有实现，而此书民族学上的光辉却让作者始料未及。

2. 序语部分

帕里斯概括了书中所涉及的重要船舶样本，指明图书的编纂顺序，展示了帕里斯挽救"海洋文化遗产"的意识。

3. 正文部分

对船舶的记录按照地点依次为：非洲 3 种、阿拉伯 8 种、印度西南马拉巴尔海岸 14 种、印度东南科罗曼德尔海岸与斯里兰卡共有的 3 种、斯里兰卡 5 种、科罗曼德尔海岸 6 种、孟加拉 11 种、缅甸海岸 2 种、暹罗海岸 1 种、交趾支那 5 种、中国 17 种、菲律宾 7 种、马来西亚 40 种、新几内亚 3 种、卡罗林群岛 4 种、新荷兰（澳大利亚旧名）1 种、新西兰 2 种、圣克鲁兹群岛 3 种、新爱尔兰 2 种、新赫布里底群岛 1 种、新洛亚蒂群岛 1 种、新喀里多尼 1 种、维提群岛 1 种、汤加群岛 4 种、塔希提群岛 6 种、帕摩图（法属波利尼西亚）1 种、努库希瓦岛（法属波利尼西亚）1 种、夏威夷群岛 3 种、堪察加半岛 1 种、阿留申群岛 1 种、西北美海岸 2 种、南美 6 种、格陵兰 2 种。以上地理位置从西向东排序，大体与帕里斯后两次环球航行的顺序相合。这种以地为纲的安排，提纲挈领，脉络清晰，使用时不必从头到尾按次序阅读，可以作为工具书，按照相应地理位置和船舶种类翻查使用，一定程度上弥补了该书作为一本技术专著，内容繁复和可读性差的缺陷。帕里斯在序言中申明，其著作既非环球游记，亦非蛮族历史，而是定位为一本技术专著或船舶目录，自认著作内容枯燥而单调，妨碍读者认识人群的生活与历史。

4. 区域船舶记录

每个地区提列一种至数种船舶不等，其船舶调查的文字记录往往追求面面俱到，混杂了许多与船舶关系相对比较疏离的人种、风俗、环境、贸易、军事的内容，文字内容并不单纯，遮盖了船舶技术特征的内容，使得后者在书中的部分章节略显单薄。在比较大的地名之下，往往会有概括性文字，用以介绍该地区的人群历史、体质特征、语言、水上交通、经济贸易，甚至法国英国殖民情况，其一般使用野蛮、文明、开化、好战、粗鲁等主观色彩明显的词汇进行总括，同时，会特别概括出地区船舶的一般特征。

5. 每种船舶的介绍

往往由若干段构成，对应船舶的若干特征。这些特征及其记述顺序并不遵循一定的逻辑，往往根据作者的兴趣、观察记录情况来进行安排。但这些船舶特征，从内在逻辑上大体由两部分构成：一部分是直接观察的结果记录，包括船舶建造、操控、水手、形态、属具各方面的直观特点；另一部分是工具测量的结果记录，即利用直尺、圆规、仪表、探针等测算出的船舶各部分的尺度、角度等。帕里斯对每种船舶的记录内容详细而略显繁琐。同时，由于帕里斯在环球航行中的主要工作是水文地理调查，水文地理调查方法和记录方法，对船舶的文字记录影响很大，帕里斯倾向于使用比较准确的技术语言，关注船舶细节，造成帕里斯的文字记录阅读难度很大。这就是该书经多次改编、节编出版，但却从未完整再版的原因。

6. 文字来源多样

《欧洲之外造船志》的大部分内容直接来自田野调查，帕里斯借助乘小船海岸测绘的机会，观察、测绘土著人群的船舶，与当地人进行访谈交流。在印度刻赤，帕里斯研究了一位英国居民宅前的特拉凡哥尔苏丹船；在卡利卡特，帕里斯与英国东印度公司造船工程师瑟平（William Seppings）和海军工程师罗格（Roger）探讨拉普拉塔河（Rio de la Plata）捕鲸船的船图，探讨棕索的强度问题；在孟买，帕里斯与英国造船工程师一同参观造船工厂，了解当地船舶特性；在澳大利亚（新荷兰）杰维斯海湾（Baie Jervis），帕里斯从当地人口中了解独木舟由原木火烧剖挖而成。除亲身的田野调查、测绘、访谈，帕里斯还查阅有关文献，引用 18 世纪以来的十几种各类航海游记、船舶调查用于验证、补充其观察所得。其中，在记述大洋洲群岛的各类船舶时，单单引述库克（James Cook）的环球游记就有20多页。这些详细的文字记录与丰富的图像信息，构成了帕里斯《欧洲之外舟船志》的内容。

（三）图版

船图共有两类133版（planche）（编号132版，其中第25版标注两次），即单体图（plan）57版和情境图（dessin）76版。

所谓单体图，是经测量的船舶整体的平面图（或俯视图）、剖面图（包含纵剖面和横剖面）、侧视图及局部或属具分解图。《欧洲之外造船志》57版单体图，每版都包含若干组以上单体图或分解图（图二）。单体图绘制准确，有固定的绘制比例，一般为1:100，极个别为1:50或1:300。单体图的运用可能受到了早期环球航行游记中插图的影响，早在18世纪英国的库克和安森（George Anson）进行环球航行游记就采用了这种绘制方式（图三）[1]，至帕里斯时代单体图已经成为船舶的绘制规范。此外，法国军舰建造的标准化——同种舰船采用相同的尺度，反映在制图上，就是设计图纸也采用统一标准的1:48比例尺，这也影响到了帕里斯的船舶单体图制作。最后，这种强调准确性单体图绘图记录方式也是一种典型的博物学记录方式，他能起到单纯文字记录达不到效果。这种单体图没有海水、天空、河岸、人物等环境参照，仅从多个侧面准确反映

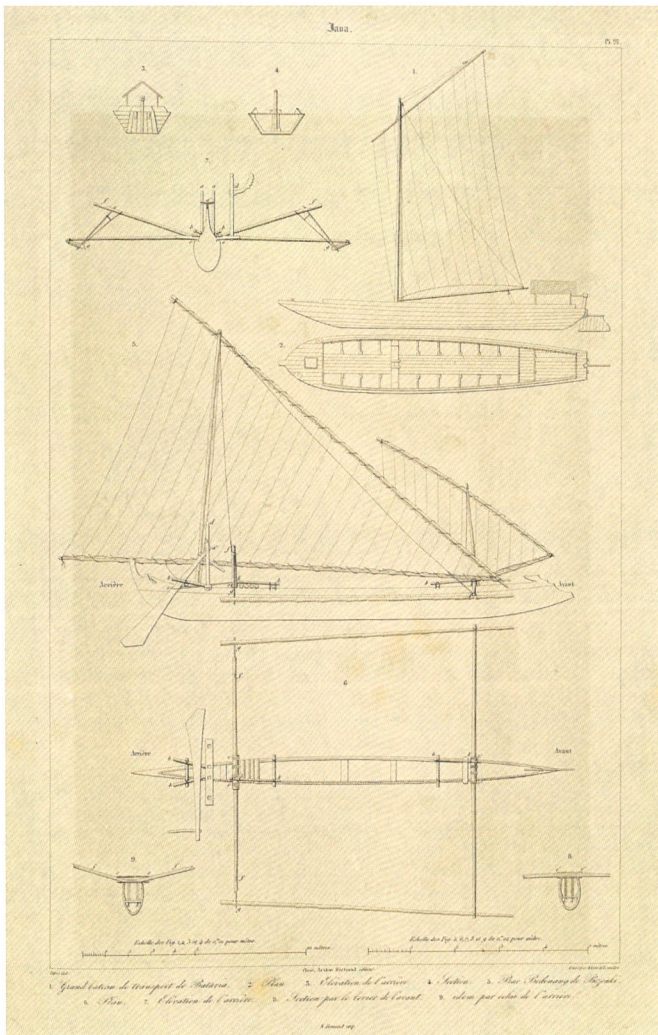

图二　《欧洲之外造船志》单体图

---

[1]　James Cook, *A voyage towards the South Pole, and round the world. Performed in His Majesty's ships the Resolution and Adventure, in the years, 1772, 1773, 1774, and 1775*, Vol. I, London：Printed for W. Strahan & T. Cadell, 1777. N.15, p. 344. George Anson, tradu. in francais par Richard Walter, *Voyage autour du monde*, Arkstle & Merkus, 1749, pp.270－271.

船舶尺度等基础数据,保留船舶的结构特征,据此可以建造船舶模型。

所谓情境图,即置于特定情境之中的船舶图像。帕里斯书中的船舶情境图底版为彩色水粉画,出版时采用技术成熟的黑白石印,未采用当时流行的彩印技术。后者在处理天空、海水等背景环境时,不及利用黑白线条的强弱粗细所表现出来的立体效果理想。这些情境图,每版仅包括一张水粉画,其构图特点十分醒目——以海水、天空、海岸、山峦、房屋、水手等作为环境参照,用以表现船舶的操控、功能、状态等更加丰富的信息。情境图没有特定的比例,往往在船上安排人物,以人物身高为参照,用以反映船舶的尺度大小、操控技术等特征。不过,帕里斯本人也曾反思情境图不使用比例尺,而以人物身高为参照表现船舶尺度的方式。当时,深受进化论和种族主义思想浸淫的帕里斯,显然已经意识到不同种族土著居民在身高上的巨大差异,以人体身高为参照表现船舶尺寸的做法,会造成对船舶尺寸的误解。

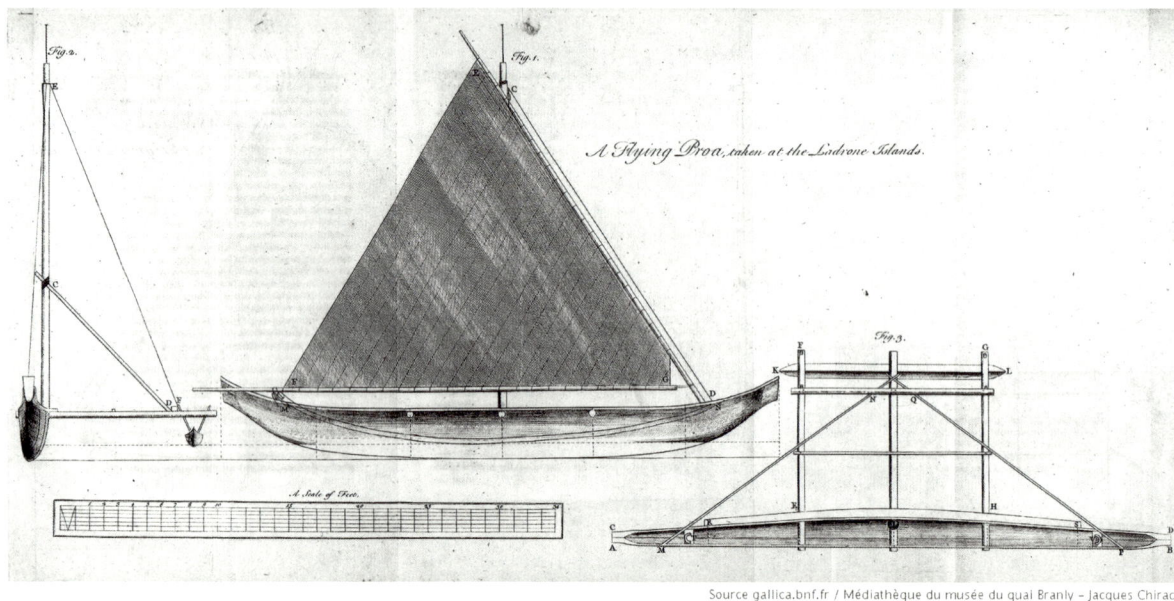

Source gallica.bnf.fr / Médiathèque du musée du quai Branly - Jacques Chirac

图三　安森《环游世界》单体图

为了从不同角度展示船舶特性,同一张情境图上往往同时画有船身侧面视图、船头船尾视图、船舶航行扬帆图、船舶锚泊落帆图、船舶冲滩或泊岸图等,用以表现船舶帆装、属具、船底、船壳等不同部分的技术特征(图四)。这种在同一画面从不同角度刻画某一特定船舶的构图设计,同样也在安森的游记中出现过(图五)[1]。情境图弥补了单体图信息的不足,也使图书内容更加丰富,形式更加美观。

单体图和情境图在表现船舶特征方面,互为补充,满足了船舶科学性和艺术性的双重表现需求。帕里斯对同一船舶标本,既可以进行单体图的绘制,也可以进行情境图的绘制。但是,单体图的绘制需要近距离的亲自测量,而情景图的绘制则不必亲自测量,远距离的观察即可。因

---

[1] George Anson, tradu. in francais par Richard Walter, *Voyage autour du monde*, Arkstle & Merkus, 1749, pp.328－329.

图四　《欧洲之外造船志》情境图

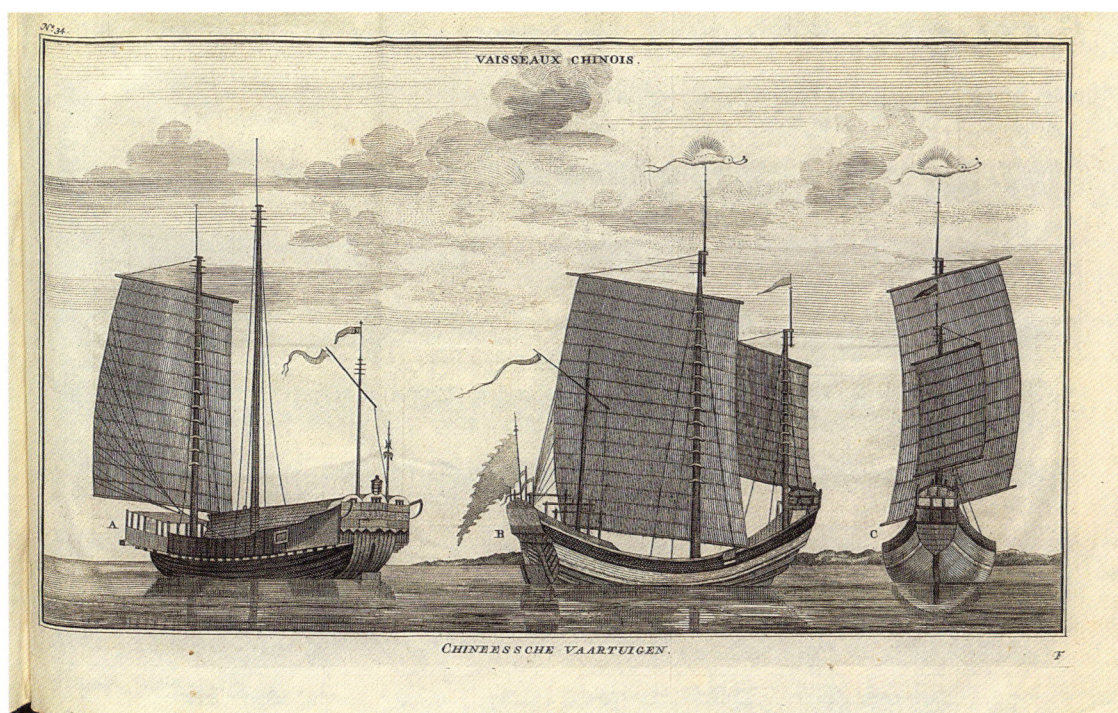

图五　安森《环游世界》情境图

此，能进行单体图绘制的船舶标本，肯定也能使用情境图表现，而使用情境图表现的船舶标本，可能由于客观条件的制约，不能进行船舶单体的绘制。例如，图版 51 的澳门船，帕里斯亲自乘坐该船从澳门航行至广州（画中持画夹于棚顶作画者，极可能就是帕里斯本人）（图六）。显然，帕里斯对这艘澳门船能够采用单体图绘制的，但作者使用的却是情境图表现。

在总数 133 张图版中，由"星盘"号环球航行获得的图片 30 张，借由"宠姬"号环球航行获得的图片 118 张，而"阿特米斯"号环球航行获得图片 94 张，借用此前不同环球航行游记中的船舶图片 30 张。这些图片中东南亚、印度、大洋洲的船舶图片约占 90%，而非洲、美洲、阿拉伯地区占 10%。

图六　澳门船

（四）影响

19 世纪是一个学术变迁的世纪，就学术谱系脉络而言，传统的博物学不断分蘖，衍生出不同的学科，学科又派生出不同的方向。以帕里斯《欧洲之外造船志》为代表的舟船民族志，正是借由博物学发展繁荣而演变出来的崭新学科分支，它从形式上实现了从多元的博物志书写向一元的舟船民族志书写的转型，即从类目驳杂、无所不及的大百科全书式的博物志中，把船舶的内容单列出来，实现了专门化的记录。

帕里斯之前，欧洲人的域外船舶知识，主要来自各类博物学色彩的游记之中。单就帕里斯著作引用 18～19 世纪的舟船记录而言，就包括英国库克船长的环球游记[1]，法国船长迪佩雷（Louis Isidore Duperrey）的环球游记[2]，俄国探险家科策布（Otto von Kotzebue）的环球游记[3]，英国出使格陵兰使团的葛兰兹（David Crantz）的《格陵兰史》[4]，法国航海家帕什（François Pagès）的环球游记[5]，英国海军军官安森的环球游记，英国赴缅甸使团希麦斯（Michel Symes）的缅甸阿瓦王国游记[6]，英国在印度的造船厂主艾迪（John Edye）发表在《亚洲学会学报》的印度海岸造船的论文[7]，法国海军军官黎斯嘉里耶（Daniel Lescallier）关于船舶索具的专著[8]，法国海军军官马尔尚（Étienne Marchand）的环球游记[9]，英国探险家丹皮尔（William Dampier）的环球游记[10]，英国海军军官和探险家卡特瑞特（Philip Carteret）的环球游记[11]，俄国探险家克拉舍宁尼科夫（Stepan Kracheninnikov）的游记[12]。以上著述中各类船舶的文字表述、图片形式、记述逻辑与《欧洲之外造船志》十分接近，极大地丰富了后者的内容，影响了后者的结构。但涉及船舶的地域广度、数量、详细程度、准确程度、图文配合等等方面，则与后者所记相去甚远，在形式上仍属于"自发的、随意的和业余的记录"。

《欧洲之外造船志》并非凭空出现，它是大航海和地理大发现以来欧洲人对域外船舶知识持续探索积累的结果。该书第一次实现了世界范围内船舶的系统调查记录，涉及地域广泛，

---

[1] James Cook, *A voyage towards the South Pole, and round the world. Performed in His Majesty's ships the Resolution and Adventure, in the years, 1772, 1773, 1774, and 1775*, Vol. I, Printed for W. Strahan & T. Cadell, 1777.

[2] Louis-Isidore Duperrey, *Voyage autour du monde executé par ordre du Roi sur la corvette de sa Majesté « la Coquille » pendant les années 1822, 1823, 1824, 1825*, A. Bertrand, 1826.

[3] Otto von Kotzebue, *Entdeckungs-Reise in die Süd-See und nach der Berings-Strasse zur Erforschung einer nordöstlichen Durchfahrt, unternommen in den Jahren 1815, 1816, 1817 und 1818, auf Kosten... des... Grafen Rumanzoff, auf dem Schiffe « Rurick », unter dem Befehle des Lieutenants... Otto von Kotzebue... [Mit Beiträgen von Krusenstern, J. C. Horner, F. Eschscholtz, A. von Chamisso und M. von Engelhardt.]*, Gebrüder Hoffmann, 1821.

[4] David Crantz, *The history of Greenland: including an account of the mission carried on by the United Brethren in that country*, Longman, Hurst, Rees, Orme, and Brown, 1820.

[5] François Pagès, *Voyages autour du monde et vers les deux pôles par terre et par mer, pendant les années 1767, 1768, 1769, 1770, 1771, 1773, 1774 et 1776*, Moutard, 1782.

[6] Michel Symes, *Atlas de la relation de l'ambassade anglaise envoyée en 1795 dans le royaume d'Ava...*, Buisson, 1800.

[7] John Edye, Description of the various classes of vessels constructed and employed by the natives of the coasts of Coromandel, Malabar, and the Island of Ceylon, for their coasting navigation. *Journal of the Royal Asiatic Society*, 1834, Vol.I, pp. 1 - 14.

[8] Daniel Lescallier, *Traité pratique du gréement des vaisseaux et autres batimens de mer*, Clousier Firmin Didot, 1791.

[9] Comte Charles Pierre Claret de Fleurieu, *Voyage autour du monde pendant les années 1790, 1791 et 1792 par Etienne Marchand*, De l'Imprimerie de la République, 1798.

[10] 未明确何书。

[11] 未明确何书。

[12] 未明确何书。

船舶种类众多，体量巨大，体例规范，成为船舶调查和研究的一座高峰。35 岁的帕里斯因此书名声大噪，成为船舶领域当之无愧的学术权威。帕里斯将之赠送法国科学院（Academie des Sciences），其学术地位也为主流学界所接受。也因此书，帕里斯与 1830 年成立的卢浮宫航海博物馆建立起良好的关系，为他本人 1871 年退役后担任卢浮宫航海博物馆馆长埋下了伏笔。早在 1853 年，卢浮宫航海博物馆就根据《欧洲之外造船志》建造了 11 个 6 ∶ 100 的模型船。《欧洲之外造船志》也为后来的法国国家航海博物馆业务发展起了支撑作用，法国国家航海博物馆一直依据帕里斯书中保留的船舶单体图制造船舶模型，举办世界船舶主题展览，出版图书画册。

在《欧洲之外造船志》基础上，法国国家航海博物馆相关研究人员进行资料扩充，收录了欧洲、日本、地中海等地区的船舶，编纂了四卷本的《航海往事》，完成了对全世界船舶的系统记录。在资料选择上，集中在大型海船，摒弃小众船型；在记述方式上，摒弃景观图，采用单体图，删减文字，采用表格记录船舶的基础数据，内容更加简明单纯[1]。

三、"区域—类型"范式的确立

《欧洲之外造船志》对船舶的记录在形式上实现了一个重要转变，从"自发性的、随意性的和业余的"记录，转变为遵循特定的形式逻辑，使用科学的技术手段，采用标准的记录体例的记录。帕里斯《欧洲之外造船志》在材料组织和研究上所仰赖的记录方式，可以概括为"区域—类型"范式。正是因为这种强调标准化和科学化的范式的自觉运用，《欧洲之外造船志》的价值超越了舟船材料本身，在逻辑和方法论意义上产生了深远的影响。

（一）"区域—类型"范式的操作

"天底下没有两片一模一样的树叶"，面对千姿百态的诸多船舶，帕里斯在《欧洲之外造船志》中只能采取类型化的方法，按照大致相同的外部特征或功能标准进行分类，进而形成类型体系。其具体操作的关键是选取分类的维度及指标。

对于"化外之地"的大洋洲岛屿区、美洲、马来世界——仍处于人类社会的原始时期，舟船形态十分粗朴简单，船舶之间没有清晰的功能划分。对此，帕里斯选取这些舟船的外在技术特征——边架，将以上舟船分为四种类型：Ⅰ无边架船舶，又名西兰类型；Ⅱ单边架船舶，又名波利尼西亚类型；Ⅲ单边架船舶对应另一侧有迎风平板，又名加洛林类型；Ⅳ双边架船舶，又名马来类型。这四种船舶类型是对抗赤道热带海域风浪的产物，其名称一定程度上代表了其分布海域，大体对应马来世界和大洋洲的四个海域：第一种分布在新西兰和洛亚蒂群岛；第二种分布在波利尼西亚的汤加塔布岛、斐济、新爱尔兰、新几内亚、所罗门、马里亚纳等岛；第三种分布在瓦尼科

[1]　　Edmond Paris, *Souvenirs de marine: collection de plans ou dessins de navires et de bateaux anciens ou modernes, existans ou disparus: avec les éléments numériques nécessaires à leur construction. Première partie*, Gauthier-Villars, 1882.

罗岛和加洛林群岛；第四种分布在新几内亚、摩鹿加群岛、布鲁群岛和苏拉威西岛等地。帕里斯的马来世界与大洋洲船舶的类型划分方案，也在一定程度上契合了"星盘"号船长杜尔维尔关于大洋洲人种和语言的三分方案。

对于"异域文明"的亚洲、北非、阿拉伯、印度的船舶，其船舶形态大小不同，结构复杂多样，有着相对明确的功能划分。因此，帕里斯对这些舟船从功能维度进行分类。通过单一功能船舶样本的剖析，实现对具有共同功能船舶的概括，进而实现对特定区域所有船舶的类型化。例如，在珠江口，帕里斯面对成千上万的各式船舶，抽象出 17 种：大战船（大米艇）、单桅战船（中米艇）、双桅快船（快蟹）、海关缉私船、盐船、引水船、渔船、茶船、货船、渔船、客运西瓜扁船（与前述渔船共用一张图）、北方货船、花船、木马船、疍家艇（与前述木马船共用一张图）、澳门小客船、鸭艇。根据功能，选取代表性样本，即可完成一类船舶的概括，进而完成对不同种类船舶的概括，最终实现对一个地区所有船舶的认识。

（二）"区域—类型"范式的功能

"区域—类型"范式，是受当时风行的生物分类方法和形态学理论影响的结果。"区域—类型"范式实现了对错综复杂的船舶有序化、结构化、理性化，便于揭示船舶多层面、多角度的关系，对认识舟船起到化繁为简的作用。"区域—类型"范式，可以实现特定区域船舶特征的概括，进而实现不同区域船舶特征的比较，这种区域比较甚至可以扩大到全球范围。帕里斯根据船舶技术的发展程度，将全球的舟船资料划分为两大区域：其一，作为"化外之地"的大洋洲岛屿区、美洲，这里仍处于原始社会时期，舟船形态也十分原始，可以类比欧洲的古罗马、古希腊文明时期。其二，作为"异域文明"的亚洲、北非、阿拉伯、印度的船舶，其船舶形态和技术特征是适应地区海洋环境和社会经济的结果，其舟船发展水平与欧洲的船舶相较而言，比较传统。受当时流行的进化论思潮影响，帕里斯将欧洲之外这两个区域的船舶看成了当时欧洲船舶的祖型和中间过渡类型，进而构建起了一个相对完整的船舶进化过程，即原始形态的大洋洲船舶，中间过渡类型的亚洲、印度、阿拉伯船舶，最后阶段的欧洲现代船舶类型。

亦如当时的博物学著作关注动植物分类，研究不同动植物的亲缘和演变关系，"区域—类型"范式亦致力于建立舟船类型谱系，关注不同船舶的横向亲缘关系和纵向演进关系。例如，在未见日本船实物的情况下，帕里斯仅通过一幅日本船舶的简笔画，就把中国船与日本船视作同一系统；阿拉伯马斯喀特（Mascate）的货运三角帆船（baggala）的可移动遮阳设施，可类比中国船的遮阳设施；望加锡（Macassar）船的船尾短桅，也被视作中国船的特征。

需要说明的是，由于客观条件的制约，帕里斯并没有把"区域—类型"范式贯彻到底。帕里斯的船舶分类，缺乏层次性，没有类似生物学分类的阶元系统，诸如界、门、纲、目、科、属、种等等。理论上，前述按照功能维度划分船舶类型的操作，不同功能船舶，向上仍有必要按照航域——内河船和外海船先行分类，向下也应按照单一技术特征再进行细分，珠江口的战船、渔船、官船、货船都应该再进行细分，特别是货船，按照运输商品的类别再进行划分，才能反映船舶的丰富内涵。而帕里斯 17 种船舶类型划分标准并不统一，而是把基于航域、功能、形态划分的船舶类型混合在了一起。同时，帕里斯对本属同一类别的船舶，却不恰当地进行区分，如暹罗湾的船舶，实际是中国闽粤两省的红头船，并不是当地的土著船舶，不能代表当地的船舶类型。这些反映了帕里斯所实践的"区域—类型"范式的幼稚。

（三）"区域—类型"范式的影响

《欧洲之外造船志》问世之后，作为舟船民族志的开山之作，很快就成为舟船民族志书写的范本，其舟船"区域—类型"的研究范式，关注船舶亲缘关系和演进关系的研究旨趣，为后人所争相模仿，影响了此后欧美各国舟船民族志的调查与研究。帕里斯之后，有计划、有兴趣、有条件对世界范围内的船舶进行调查已经不可复现。而随着英法殖民运动的发展，出现了基于稳定的殖民统治而带来的特定区域的船舶民族志调查，这种调查以船舶的类型研究为核心，以船舶的亲缘关系和演进关系为目标，深化了帕里斯开创的舟船民族志研究，可视作《欧洲之外造船志》的续作。与此同时，"区域—类型"范式在这些后续的调查中得以全方位地应用，既可以直接微观地，也可以抽象宏观地概括船舶不同层次、不同角度的特征。

1875 年，张永记神父（Father Pétrus Truong Vinh Ky）发表了关于越南船舶多样性的两页笔记，以简洁的笔触描绘了海船、内河船、军船、官船等 12 种船舶，几乎囊括了当时他能见到的所有船舶种类，每种船舶的调查内容涉及船舶木材种类、产地、使用和载重等[1]。

法国海军军官亨尼克（Arthur Hennique），1881 年参加征服突尼斯的军事行动，1882 年调查了当时突尼斯沿海水域的各类船舶，出版《突尼斯海岸渔船与货船》[2]。该书为典型的区域船舶调查报告，按照来源地将突尼斯沿海水域船舶分为突尼斯船舶、马耳他船舶、希腊船舶、意大利船舶四组，每组提列若干代表船型，前文后图，图文并茂。文字部分涉及船舶功能、分布、属地等概况，及特定的船舶样本的基础数据、建造工艺、帆装舵具等；图片部分多为航行或锚泊于水面的船舶情境图，另有少量船舶属具、渔具的单体图。

1884 年 8 月～1886 年，1900 年 11 月～1902 年 10 月，1909 年 12 月～1910 年 5 月，法国海军军官奥德玛（Louis Audemard）对中国长江流域的船舶进行了系统调查，退休后编写了《中国舟船志》[3]。奥德玛在航行经历、船舶建造方面的背景与帕里斯相近，但他对中国船舶的田野调查时间更长，调查内容更丰富，其写作时间也较帕里斯宽裕。《中国舟船志》追溯中国船舶的历史源流（第一卷），概括中国船舶的结构和装饰方面的技术特征（第二、三卷），分述中国船舶的地域类别（第四至第十卷）。

---

[1]　Father Pétrus Truong Vinh Ky, « Notes sur les diverses espèces de bateaux Annamites », *Bulletin du Comité agricole et industriel de la Cochinchine*, 2nd series IV, 1875, pp. 223 - 226.

[2]　Arthur Hennique, *Caboteurs et pêcheurs de la côte de Tunisie en 1882*, Paris: Berger-Levrault, 1884; Arthur Hennique, *Une page d'archéologie navale. Les caboteurs et pêcheurs de la côte de Tunisie*, *pêche des éponges*, Gauthier-Villars et fils, 1888.

[3]　Louis Audemard, *Les jonques chinoises*, Rotterdam: Museum voor Land-en volkenkunde, Vol.1, 1957, pp.9 - 10.

另外，二战前后，法国航运公司上海总代理的席高特（Étienne Sigaut）与作为内河监督的英国人夏士德（G.R.G.Worcester）共同从事中国传统船舶的调查，保留了 55 册中国沿海（北到江苏南到香港）船舶的图像和笔记手稿，每册手稿稿纸若干，每张稿纸两次对折成四页。一册手稿包含一种船舶，内容包括图像和文字。席高特手稿是对夏士德以内河船为主的《长江的帆船与舢板》一书的补充。席高特的中国船舶调查资料也被用于船舶模型的制作[1]。

另外一个帕里斯的继承者蒲佳德（Jean Poujade），并无海军或造船等经历，一生辗转于法国本土和海外从事行政和法务工作。在印度支那和非洲，他进行了系列的海洋民族学调研——主要是关于船舶建造、船舶操控的调研。1940 年，他完成了第一本船舶民族志专著《印度支那的船舶》[2]；1946 年，他又出版了《印度航路与航船》一书，受当时盛行的文化传播论影响，创立和发展了印度洋船舶发展的比较和扩散理论[3]；1946～1948 年，蒲佳德利用与法国人类学博物馆的紧密联系，编写出版了一套六册船舶民族学调查资料汇编，除总述一册外，其余五册都是地域船舶的调查[4]。

1949 年，西贡渔业监督皮特里（Jean-Baptiste Piétri）出版《印度支那帆船》[5]，采取分区的形式详细描述了 25 种帆船，配有 70 幅高质量的手绘画。该书把印度支那从南到北划分为柬埔寨、交趾支那、安南、东京、中国（包括湛江、海南、广东）五区，每区提列若干种地域特色的船舶。其对船舶的描述是全方位的，涉及环境、名称、起源、捕鱼方式或运载方式、排水吨位、一般形状（船型、结构与制造细节）以及帆装系统、紧固和操舵设备，而且特别关注适航性和每种船的航行潜力。

1976 年，奈特（Jean Neyret）出版的大洋洲船舶调查，亦采用了类似的框架结构[6]。全书分为美拉尼西亚、波利尼西亚、密克罗尼西亚、印度尼西亚、印度、其他大洲等部分进行船舶的分区描述。船图数量众多，几乎全为单体图。

以上奥德玛、席高特、蒲佳德等人的工作，虽然比帕里斯晚几十年，田野调查手段也多有改进，并且参考了各种前人的文献资料，图文并茂，但在编纂体例上直接继承自帕里斯，其研究的关注点也始终围绕船舶类型和技术两个角度展开。《欧洲之外造船志》所确立的"区域—类型"

[1] Éric Rieth, « Les cahiers manuscrits d'Étienne Sigaut: jonques et sampans chinois », Techniques & Culture, N.35 - 36, 2001, pp. 141 - 174.

[2] Jean Poujade, Bateaux en Indochine, Imprimerie J.Testelin, 1940.

[3] Jean Poujade, La Route des Indes et ses naivres, Payot, 1946.

[4] Jean Poujade, Fascicule 1. Les Jonques des Chinois du Siam; Fascicule 2. Pirogues et Ca-vom de l'ouest Cochin-Chinois; Fascicule 3. Les barques de mer de Rachgia; Fascicule 4. La Machoua de Versova; Fascicule 5. Les barques du Moyen-Niger; Fascicule introductif. Exposant les idées générales de cette collection et contenant la fiche signalétique et le questionnaire ethnographique du bateau, la réédition des planches … et la table générale des souvenirs de marine conservés de l'amiral Paris. Collection de documents d'ethnographie navale, d'archéologie navale, d'ethnographie terrestre, d'archéologie terrestre, Publ. du centre de recherche culturelle de la route des Indes, Gauthier-Villars, 1946 - 1948.

[5] Jean-Baptiste Piétri, Voiliers d'Indochine, S.I.L.I., 1949.

[6] Jean Neyret, Pirogues océaniennes, Association des amis des musées de la marine, 1976.

范式，成为舟船民族志研究的核心范式，引导研究者探讨船舶的起源、演变、亲缘关系，影响持续了一百多年。

（四）　"区域—类型"范式的扬弃

"区域—类型"研究范式本质上属于一种"发现"范式，在面对不同区域的崭新的船舶资料时，能够快速建立起认知框架，探讨船舶之间的各种关系。但当面对已经发现的众多经过类型化后的材料时，这种强调分类的研究范式就显得无能为力，必然呼唤新的研究范式。19世纪60年代帕里斯确立的延续百年的舟船民族志"区域—类型"研究范式，受到了前所未有的挑战。

第一，不同地区都出现了若干部反映地区船舶类型的调查专著。最具代表性的是19世纪60年代，中国机械工业部组织了对中国海洋渔船的调查，成果为《中国海洋渔船图集》；美国中央情报局组织了对越南船舶的调查，成果为《越南船舶蓝皮书》。这些调查专著以经济调查、情报收集的名义进行，几乎没有民族志色彩，借助国家机构的力量，采用科学准确的绘图和测量技术，现代摄影摄像技术，收录资料全面而准确，使得探讨船舶区域类型问题变得不再具有特别的挑战性，原有范式下的舟船民族志调查研究变得不那么重要。

第二，20世纪下半叶以来，英法殖民体系瓦解，英法等国的学术机构和学术力量加速从世界各地撤回；加之蒸汽轮船的勃兴和普及，造船业的现代化和同质化，世界范围内多样驳杂的传统船舶被加速淘汰，舟船民族志研究的基础材料越来越少，大范围的传统船舶调查往往收获甚微。以上两项相互叠加，使得更加讨巧的微观个案研究发展起来，出现了对某些特种船型、某个造船工厂、某种造船材料和工艺的专题研究；更具人类学色彩的过程研究发展起来，出现了对造船过程、驶船过程中的人与船、人与人互动进行专题记录，超越"区域—类型"范式的"个案—过程"研究新范式应运而生。舟船民族志从船舶类型学研究过渡到与船舶相关的人文研究。与此同时，现代学术生产的职业化，学术交流的期刊化，学术研究的理论化，客观上也促进了舟船民族志研究范式的转移，强化了"短平快"的"个案—过程"研究的新范式。

结　　语

16世纪以来的欧洲大航海带来的地理大发现，影响、带动了欧洲博物学的繁荣，而繁荣的重要表征就是综合性的博物学逐渐分化出不同学科，不同学科又细分出不同的专业方向。帕里斯《欧洲之外造船志》为代表的一系列舟船民族志作品，正是这一历史过程的重要见证。

到20世纪晚期，传统舟船资料的减少，在加速舟船民族志研究范式转型的同时，也大大削弱了舟船民族志得以建立的社会基础，民族学逐渐把传统船舶研究交棒给考古学和历史学。传统船舶的性质从"当代、活的"民族志材料转换为"过去、死的"考古学材料；传统船舶的研究，从一个民族学问题转变为一个考古学和历史学问题；研究传统船舶的主力，从军人、传教士、殖民者、海员转向有着丰富专业知识的考古和历史研究人员。考古学和历史学相对民族学，在传统船舶研究上，更多地依赖残缺不全、不成体系、多样化的船舶材料——图像、文献、实物、模型，不像舟船民族志单纯依赖单一的、当世的、实物形态的田野调查材料。考古学和历史学代替民族学，依赖更加多样舟船资料支撑起传统船舶的系统认知，推动构建传统船舶的类型谱系。

其实，考古学（其前身为古物学）和历史学对传统船舶的研究起步很早，《欧洲之外造船志》出版前三年的 1840 年，同一家出版社出版了贾尔（Augustin Jal）的两卷本《海洋考古》一书[1]。贾尔本人虽然也出身于布列斯特的海军学院，但终身从事文职，大部分时间在专业性的地图与图纸特藏室的历史组工作。该书虽名为"海洋考古"，但其研究对象却是中世纪地中海船舶。该书大量运用了意大利调查获得的档案、图书、图像材料，田野调查的实物资料极少，属于典型的史学著作。全书 1160 页，由系列论文汇编而成，即便放到今天亦属鸿篇巨制。此书与帕里斯《欧洲之外造船志》研究方法和学术目的大异其趣——借由文献、图像材料而至历史上船舶技术的交流和影响，成为传统船舶研究的重要传统。从 19 世纪中期至 20 世纪中期，以田野调查获得资料为研究基础的民族学成为学术潮流，大大遮蔽了贾尔《海洋考古》所代表的多种材料互参互证以研究历史船舶的传统。不过，这种船舶研究传统从未中断，属于此种研究传统的还有佛兰（Léopold de Folin）的《船史》，赛尔（Paul Serre）和芬卡迪（Luigi Fincati）的《海军史》，苏（Eugène Sue）的《海军史》[2]，法国远东学院帕里斯（Pierre Paris）的关于古代中国船舶、高棉船舶、印度支那船舶的论著[3]。这些论著在性质上属于典型的文献史著，汇集了文献、考古、图像和民族志材料，还原和梳理历史上传统船舶的不同样态。只是在当时舟船民族志研究传统的光芒之下，考古学和历史学研究船舶的传统略显暗淡。

20 世纪晚期，随着舟船民族志的衰落，被遮蔽的贾尔《海洋考古》所代表的考古学和历史学研究船舶的旧传统，又重新获得了生机，实现了复兴。以法兰西学院芒甘（Pierre Yves Manguin）为代表的专业船舶研究者，摒弃了民族志研究主要依赖田野调查资料的特点，注重文献、考古、科技手段的综合运用，同样注重类型谱系构建，强化理论创新或围绕具体历史事件进行具体研究，重续了多学科船舶研究传统。

---

[1] Augustin Jal, *Archéologie navale*, 2 vols., Paris: Arthus Bertrand, Editeur libraire de la société de géographie et de la société royale des antiquaires du nord, 1839, 1840.

[2] Léopold de Folin, *Bateaux et navires: progrès de la construction navale à tous les âges et dans tous les pays*, J. B. Baillière et fils, 1892. Paul Serre et Luigi Fincati, *Les marines de guerre de l'Antiquité et du Moyen-Age*, Baudoin, 1885. Eugène Sue, *Histoire de la marine militaire de tous les peuples depuis l'antiquité jusqu'à nos jours*. Paris: H. Delloye, 1841.

[3] Pierre Paris, «Les bateaux des bas-reliefs khmers», *Bulletin de l'École française d'Extrême-Orient*, Vol.41, 1941, pp. 335－364. Pierre Paris, «Quelques dates pour une histoire de la jonque chinoise», *Bulletin de l'École française d'Extrême-Orient*, Vol.46, 1952, pp. 267－278. Pierre Paris, *Esquisse d'une ethnographie navale des peuples annamites*, Museum Voor Land en Volkenkunde en het Maritime Museum, 1955. Pierre Paris, «Recherche de parentés à quatre embarcations», *Bulletin de l'Institut Indochinois pour l'Etude de l'Homme*, Tome III, 1940, pp. 7－16.

François-Edmond Pâris's Global Survey of Naval Construction from 1826 to 1840 and the Dawn of Naval Ethnography

By

Tan Yuhua

Abstract: From 1826 to 1840, French naval captain François-Edmond Pâris accomplished his three voyages around the world, collected a lot of local materials about the naval construction in Africa, Ocean, Asia, American. Based on these materials, Pâris published his book *Essai sur la construction navale des peuples extra-européens*, which established the "zone-type" basic pattern for the French naval ethnography and focused on the context (the horizontal genealogy and the vertical evolution), deeply influenced the following research and study of French naval ethnography until the late period 20th century. Subsequently the "zone-type" basic pattern was replaced by "process-relationship" basic pattern.

Keyword: François-Edmond Pâris, Fieldwork, Naval Ethnography, Typology

唐初伊斯兰教先贤沿海上丝绸之路来华之再考

赵哲昊 *

摘　要：长期以来，有关伊斯兰教早期传教士初次来华的时间和事件，学术界说法不一，其中不乏"四贤来华"等具有传奇色彩的民间版本，引人入胜。但由于缺少历史记载、考古证据不足，学界一直难有定论。最近，广州清真先贤古墓和泉州伊斯兰教圣墓等伊斯兰教文化遗产和"海上丝绸之路"世界遗产申报建立起了紧密的联系，先贤来华再次成为热点话题。本文以近期国内外中国伊斯兰教历史研究为基础，简要回顾中国和阿拉伯地区的古代交流，并对伊斯兰教先贤身份和来华时间进行再次考辨，初步判断 628 年，先贤宛葛素很有可能沿海上丝绸之路抵达过中国。

关键字：四贤来华　海上丝绸之路　伊斯兰教研究　宛葛素

　　海上丝绸之路是古代东西方海上贸易生命线，这张庞大复杂的海上路网体系，和丝绸之路一起，很大程度上成就了今天世界人种、文化和宗教的多元交织。长期活跃于这条生命线上的形形色色的人群，为区域贸易持续注入活力。比如，从 8 世纪起，波斯、阿拉伯穆斯林商人开始成为海上贸易转运的中间商，并且在很长一段时间里，肩负着东西方海上贸易的中转枢纽任务。这些商人很多旅居海上丝绸之路沿线港口，生息繁衍，伊斯兰教逐渐拥有了相当数量的信众。在中国，唐朝已可见伊斯兰教徒进入中国的明确记载。11 世纪中后期，大批穆斯林商人通过马六甲海峡，到泉州贸易经商，清真寺数量快速增长。到 12 世纪末，穆斯林商人对南海海上贸易已近乎实现垄断[1]。

　　如此规模的穆斯林群体，对古代东西海上贸易，特别是中国和波斯、阿拉伯地区的商贸活动和文化交流起到了重要的串联作用。因此研究伊斯兰教在中国的起源和发展，对综合研究以海上丝绸之路为媒介的文化传播具有十分重要的意义。

　　然而一直以来，学界对伊斯兰教何时传入中国，及广为流传的相关历史事件"四贤来华"的探讨，争论颇多。自民国起，伊斯兰教来华时间各版本的说法已逾十种，时间跨度从隋开皇七年直到唐至德年间。来华标志性事件"四贤来华"是否确有其事，以及"四贤"究竟是何人，也缺少明确定论。本文以近期国内外中国伊斯兰教历史研究为基础，简要回顾中国和波斯、阿拉伯地

* 　　赵哲昊，国家文物局考古研究中心。

[1] 　　金宜久：《伊斯兰教史》，江苏人民出版社，2006 年。

区的古代交流，并将刘有延教授 2013 年研究推算的 628 年[1]假定为伊斯兰教初入中国时间，对"四贤"的身份进行再考辨，以期达成对海上丝绸之路文化传播体系的有益补充。

中国和阿拉伯半岛的早期古代海上交流

我国对阿拉伯的认知由来已久，《竹书记年》卷上载："帝尧陶唐氏二十九年春，僬侥氏来朝，贡没羽。"这里说的没羽就是没药（萃取自沙漠耐旱有刺植物没药树的药材），虽然地理信息难以考证，但推测可知僬侥氏位于阿拉伯半岛或周边，或至少与其有某种联系[2]。到两汉时，张骞、甘英先后出使，通过丝绸之路对西域进行探索，和中东、西亚地区初步建立起了联系。唐时政书《通典》有云，"条支，汉时通焉"[3]，这里的条支在唐时泛指两河流域。

早期中阿往来与海路相关的证据更多，广州西汉南越王墓考古发掘出土的波斯银盒是早期中国—阿拉伯贸易往来的有力实物见证[4]。《汉书·地理志》明确记载了从中国出发经东南亚前往印度洋的海上贸易航线，进入红海后分支，经麦加转到巴勒斯坦、叙利亚、埃及等地。成书于 500 年的《宋书》更明确记载："若夫大秦、天竺……泛海陵波，因风远至……故舟舶继路，商使交属……"阿拉伯历史学家马斯欧迪（Al-Masudi）的《黄金草原与珠矶宝藏》记载，6 世纪时，中国的商船就已经频繁出现在波斯湾，并从波斯湾进入幼发拉底河，泊于希拉（Al-Hilah，伊拉克中部城市），与当地的阿拉伯人进行贸易。更早的阿拉伯史料提到，早在 360 年，中国商品就已经出现在幼发拉底河巴塔尼亚的集市上。英国人赫德森（F·Hudson）在《欧洲与中国》一书中也谈到，阿拉伯人的船只在 1 世纪后，可能就已经航行到了中国[5]。到唐初，有明确记载的到过阿拉伯半岛的人士，已有高宗上元年间（674～676 年）的唐州刺史达奚弘通，和玄宗天宝年间（742～756 年）的杜环[6]。贞元初年（785 年）沿海路出访黑衣大食的杨良瑶，则是已知最早有碑文明确记载的官方出访阿拉伯地区的人士，东西海路文化交流路线自此全面贯通[7]。

[1]　刘有延：《伊斯兰教入华隋开皇说溯源及其正确评价》，《回族研究》2013 年第 3 期，第 8～24 页。

[2]　张星烺著，朱杰勤校订：《中西交通史资料汇编（第一卷）》，中华书局，2003 年。

[3]　杜佑：《通典》，中华书局，1988 年，第 5237 页。"条支"条载："条支，汉时通焉，去阳关二万二千一百里，在葱岭之西。"

[4]　Lukas Nickel, The Nanyue Silver Box, *Arts of Asia*, 42(3), 2012, pp. 98－197.

[5]　G. F. Hudson, *Europe and China-A Survey of Their Relations from the Earliest Times to 1800*, Edward Arnold & Co, 1931.

[6]　张广达：《海舶来天方，丝路通大食——中国与阿拉伯世界的历史联系的回顾》，《西域史地丛稿初编》，上海古籍出版社，1995 年，第 417 页。

[7]　荣新江：《唐朝与黑衣大食关系史新证——记贞元初年杨良瑶的聘使大食》，《文史》2012 年第 3 期，第 231～243 页．

伊斯兰教的兴起和传播

610 年，伊斯兰教于阿拉伯半岛的希贾兹地区逐渐兴起。最初的 150 年并未主动向外传播，而是随着阿拉伯人的军事征服和民族扩张运动实现扩散，且主要是沿陆路展开。8 世纪起，伊斯兰教开始沿海路主动传播，宗教信仰范围逐渐扩大。10 世纪繁忙的穆斯林海上航线更是将中国南海、东南亚地区和波斯湾、阿拉伯半岛沿岸的重要港口密切相连，以穆斯林商人为核心商贸主体之一的海上丝绸之路贸易体系更加完善[1]。到 11 世纪中后期，随着泉州取代广州成为区域海洋贸易中心，经东南亚中转抵达中国泉州的穆斯林商人可谓比比皆是。这些商人从中国出发，将陶瓷、丝绸等货物由海路运出带到世界各地。到 12 世纪末，整个南海贸易网络主要被穆斯林商贩垄断[2]。13 世纪时，从泉州出发向西经东南亚和印度洋沿岸做转口贸易的穆斯林商人，和从古吉拉特（Gujarat）做东向贸易的穆斯林商人共同作用[3]，极大地推动了东南亚各大港口城市的发展。从泉州经文莱连接南洋诸岛的实物遗存也并非无迹可寻，文莱发现的泉州蒲氏宋墓（约 1264 年）就是很好的佐证。它不仅是东南亚发现的最早的汉语墓志铭，也是该区域最早的穆斯林墓葬之一[4]。至此，伊斯兰教在东方的传播达到了高峰。

时至今日，伊斯兰教在我国已有一定规模，很多地方都能看到清真寺和相当数量的穆斯林人口。西北、中原有大量穆斯林人口分布，而广东、福建、浙江等沿海省份，则保有为数众多的伊斯兰教历史遗存。其中既有广州清真先贤古墓、泉州伊斯兰教圣墓、扬州普哈丁墓这样的穆斯林先贤墓葬；也有广州怀圣寺、泉州清净寺、扬州仙鹤寺、杭州凤凰寺这样的清真礼拜寺。这些伊斯兰教遗存在国际范围享有盛誉，时常有海外穆斯林前来朝觐。它们是伊斯兰教初入中国的见证，更是海上丝绸之路文化交流的直接产物。这些遗址都分布在沿海，因为从波斯、阿拉伯、印度等地沿海经东南亚最早抵达中国传教的穆斯林正是沿着海上丝绸之路在广东、福建各地落脚的。

伊斯兰教初次来华时间

上面提到，伊斯兰教传播不仅是宗教的传播，更是文化的交流互鉴。从唐朝起，穆斯林文化已明确与中国文化接触了。因此，厘清伊斯兰教文化与中国古代官方确切首次来往的时间和具体事件相当重要。

---

[1] Geoff Wade, An Early Age of Commerce in Southeast Asia, 900 – 1300 CE, *Journal of Southeast Asian Studies*, 40, 2009.6, pp. 221 – 265.

[2] 金宜久：《伊斯兰教史》，江苏人民出版社，2006 年，第 2 页。

[3] Craig A. Lockard, *Southeast Asia in World History*. 2007.5. Retrieved 2017.4.18, from World Heritage Connected: http://worldhistoryconnected.press.illinois.edu/5.1/lockard.html#_edn1.

[4] Andrew Wink, *AI-Hind: The Making of the Indo-Islamic World*, Leiden, Brill, Vol I, p.65; 2, p.1, 1991、2004.

　　首先关注传入时间，近现代研究基本确定把"唐永徽二年"（651 年）作为明确可考的首次来华时间点[1]。根据《旧唐书·大食传》记载，"永徽二年，始遣使朝贡。其王姓大食氏，名嘁密莫末腻……"。也就是说，据正史记载，至少在 651 年，即伊斯兰教历 31 年，已有伊斯兰教徒正式进入中国。

　　那么有没有更早来华的可能呢？其实，从民国开始，有关伊斯兰教来华时间各种版本的说法已逾十种，时间跨度从隋开皇七年说（即 587 年），直到唐至德年间（756 年左右），前后时间相差将近 170 年。近期研究中，刘有延教授 2013 年的专题论文详细讨论了来华时间的种种情况，尤其是对"隋开皇"说的产生和流行做了深入分析[2]。他发散讨论了由陈垣先生最早提出的汉、回历法差异问题，根据最早记述伊斯兰教来华的《清净寺记》[3]的著录时间为参考（即 1350 年、希吉拉历 769 年），倒推得出《清净寺记》中所记的"隋开皇七年（587 年）"实为缺少伊斯兰教历法知识的误算，矫正结果应为贞观二年（628 年）。

　　刘先生将元代至民国时期，有关伊斯兰来华的 31 块碑刻做了对比。其中，西安化觉巷清真寺现存的，王鉷撰《创建清真寺碑记》虽成碑于唐天宝元年（即 742 年），但包括陈垣、翦伯赞、白寿彝和桑原骘藏等诸多史学家均将其判定为明仿或伪作。另有题篆大元至正八年（1348 年）的河北定州清真寺《重建礼拜寺记》碑，也被学者判定为明代作品[4]。因此最早的较为可信的碑文，应为元至正十年吴鉴所作的《清净寺记》。明正德二年（1507 年），因"旧碑年久朽敝无征"（原碑损坏），掌教夏彦高依据旧碑重刻石碑，名为《重立清净寺碑记》，其上记载："……隋开皇七年，有撒哈八撒阿的斡葛思（即宛葛素）者，自大实（食）航海至广方（东），建礼拜寺于广州，赐号怀圣……"[5]后世伊斯兰教文献和清真寺内的碑刻记载大多与此相似，可以说是以这块碑为基础的。这 31 块碑刻中，还有一部分记载的来华时间是唐代，源自同样成碑于 1350 年的广州《重立怀圣寺记》碑："……世传自李唐迄今……至者乃弟子撒哈八，以师命来东。教兴，岁计殆八百，制塔三，此其一尔……"[6]由此可见，绝大部分有关伊斯兰教来华的记载都源自这两块 1350 年成碑的碑文。

　　当然，也有特例。明代文献记载中来华时间唯一不是隋开皇说的，是明天启年间的一篇文

［1］　陈垣：《回回教入中国史略》，《中国伊斯兰史存稿》，宁夏人民出版社，1983 年。

［2］　刘有延：《伊斯兰教入华隋开皇说溯源及其正确评价》，《回族研究》2013 年第 3 期，第 2 页。

［3］　《清净寺记》是元至正十年，希吉拉历 769 年（1350 年）福州人吴鉴为清净寺所作碑记，原碑已佚，1507 年重立，名为《重立清净寺碑记》，现存于福建省泉州市清净寺内。碑记："隋开皇七年，有撒哈八撒阿的斡葛思者，自大实航海至广方，建礼拜寺于广州，赐号怀圣。"这是关于伊斯兰教来华时间在所有类型文献中最早的记录，同时也是回族文献中最早提及先贤斡葛思（宛葛素）的文字。

［4］　姚大力：《"回回祖国"与回族认同的历史变迁》，《中国学术》2004 年第 17 期，第 90～135 页；杨晓春：《河北定州清真寺〈重建礼拜寺记〉撰写年代详考》，《中国文化研究》2007 年秋，第 127～134 页；杨晓春：《元明时期汉文伊斯兰教文献研究》，中华书局，2012 年。

［5］　福建省泉州市图书馆：《重立清净寺碑》，泉州文史资料全文库，2016 年。http://www.mnwhstq.com/szzy/qzwszlqwk/201608/t20160816_101699.htm

［6］　马明达：《元刻广州〈重建怀圣寺记〉续跋——为纪念白寿彝先生、马寿千先生而作》，《回族研究》2011 年第 4 期，第 76～83 页。

献。福建晋江史学家何乔远所撰《闽书》卷七《方域志》"灵山条"载:"……回回家言,默德那国有吗喊叭德圣人(先知默罕默德),生隋开皇元年……门徒有大贤四人,唐武德中来朝,遂传教中国,一贤传教广州,二贤传教扬州,三贤、四贤传教泉州,卒葬此山。"这一记载中的很多说法比其他版本更加生动、详细,显然不是源于元至正十年的碑文,却成为了最被广为传颂的版本,也就是最开始提到的"四贤来华"。

综上所述,经过正确的汉、回历法换算,成碑于1350年的《清净寺记》记载了比《旧唐书·大食传》官方记录的651年更早的伊斯兰教来华时间,时间为628年。巧合的是,1998年出版的《中国伊斯兰教史》[1]指出,628年是伊斯兰教的"传道之年",政权稳定下来之后先知曾派使者四处传教布道。此外,成书于1920年的《世界史纲》也提到,先知曾于628年派遣阿拉伯人传教[2]。这两篇文献并未就628年这一年份的由来做详细阐释,但竟与时间纠错后的元碑记载不谋而合。

伊斯兰教来华事件

以《清净寺记》为根据的推算,或能使伊斯兰教进入中国的时间从史书有记载的651提前到628年,然而诸多记载对这一历史事件的记述却详略不一,历代研究也莫衷一是。尽管如此,仍然有一些信息值得我们注意。广州、泉州的两块元碑碑文,明代何乔远的记述虽然时间都不一样,但首位来华的使者均指向撒哈八(即先知的伴侣,先贤/Sahaba)赛义德·伊本·艾比·宛葛素(Sa`d ibn Abi Waqqas,594~674年)。根据明清以后的汉、回碑文、史料以及民间说法,先贤宛葛素在唐朝来华传教似乎是全中国穆斯林的共识,历代也不乏海外穆斯林到广州的清真先贤古墓拜谒。

宛葛素是真实存在的历史人物,在伊斯兰教享有极高的地位,对伊斯兰教早期的发展和传播有过重大贡献。宛葛素是先知默罕默德的表舅,辈分大年纪小,大约在17岁成为首批穆斯林。他在拜德尔、吾侯德和卡迪西亚等一系列战役中屡立战功[3]。逊尼派穆斯林将宛葛素奉为被先知以天堂许诺的十大弟子之一[4]。第一次希吉拉时(希吉拉是穆斯林为逃避麦加大封建主的迫害而被迫迁徙的重要时间),宛葛素作为首批寻求庇护的穆斯林于615年抵达阿比尼西亚即(Abyssinia,即今天的埃塞俄比亚),同往的伊斯兰教先贤还有贾法尔·塔利卜(Ja'far ibn Abi Talib)和扎什·里亚布(Jahsh ibn Riyab)等人[5]。这两个名字后面还会提到。宛葛素于

[1] 李兴华、秦惠彬、冯今源、沙秋真:《中国伊斯兰教史》,中国社会科学出版社,1998年。
[2] 赫·乔·韦尔斯著,吴文藻等译:《世界史纲》,广西师范大学出版社,2001年。
[3] Book 30, Hadith Number 6159, http://www.allahsword.com/free_islamic_books_companions.html.
[4] Vol. 1, Book 46, Hadith 3747.
[5] Alfred Guillaume, *The Life of Muhammad: A Translation of Ishaq's Sirat Rasul Allah*, Oxford University Press, 2002.

674 年左右去世，是十大弟子中最晚去世的，死后葬在麦地那[1]。上述有关宛葛素的描述，除了先贤的埋葬处有争议外，其余均是国际公认。在印度学界还有一个细节，认为宛葛素在抵达阿比尼亚的第二年，即 616 年，奉命东游传教。他沿海上丝绸之路，通过现位于孟加拉国的吉大港（Chittagong）进入印度曼尼普尔邦（Manipur），后与其他先贤一起从云南进入中国[2]。

　　西方学界普遍认为宛葛素葬在麦地那，这和中国民间共识并在广州事实存在的宛葛素墓完全相悖。那广州桂花岗清真先贤古墓的真实性如何呢？基于元碑记述了宛葛素与怀圣寺光塔的联系，所以需要将古墓和光塔结合起来看。北宋诗人郭祥正在元祐年间的诗中描写了"蕃坊翠塔"，南宋《南海百咏》提到过广州城西有数千座蕃人家和怀圣塔[3]。这大概是早于两块元碑的为数不多的对于这段历史的非正式记载。清代以来，对蕃人墓和怀圣寺及光塔的记述不胜枚举。从文献和建筑形制将怀圣寺光塔判定为唐朝建筑的研究有很多[4]，且有研究指出怀圣寺光塔的建筑地面低于现代地面两米，正是考古所探明的唐代地面所处的位置[5]。

　　20 世纪 80 年代以来，桂花岗出土了若干阿拉伯文墓碑，最早的是 1281 年（希历 727 年）的"嘎西木"墓碑。和宛葛素有关的是乾隆十六年（1751 年）土耳其人汗志·马罕默德的墓碑，碑文提到此人专程前来瞻仰先贤宛葛素并如愿以偿，还清楚地注明了先贤于贞观三年（629 年）教历十二月二十七日辞世，但对哈里发的错误记述令其史料价值大打折扣[6]。1815 年的汉文碑刻"重修先贤赛尔德墓寺记"则完整记载了宛葛素等四贤于隋开皇七年到广州传教，墓葬建于贞观三年的故事[7]。概括可知，先贤墓在两宋就有模糊的民间记载，但到清初才明确成为了宛葛素的墓葬。比起元代就有的先贤来华记载，宛葛素墓对于该事件只起到了有限的线索补充作用。

　　看似无人不晓的历史事件，却只存在与事发时间相隔甚远的官方记载，争议由此产生。的确，中、阿早期史书皆未有明确的宛葛素来华史料，相关史料均来自后期的穆斯林记载。因此不乏国内外学者对宛葛素其人究竟有没有到过中国持怀疑态度。国内很多研究伊斯兰教历史的专著，或规避或否认了宛葛素来华，或将时代推到很后[8]。

[1]　Marshall Broomhall, *Islam in China: A Neglected Problem*, China Inland Mission, 1910.

[2]　Mohammed Khamouch, *Jewel of Chinese Muslim's Heritage*, Manchester, FSTC Limited, 2005; Farooque Ahmed, *Manipuri Muslims: Historical Perspectives 615 - 2000CE*, Pharos Media & Books, 2011.

[3]　廖大珂：《广州怀圣塔建筑问题初探》，《宁夏社会科学》1992 年第 1 期，第 53 ~ 60 页。

[4]　廖大珂：《广州怀圣塔建筑问题初探》，《宁夏社会科学》1992 年第 1 期，第 6 页。

[5]　曾昭璇：《广州怀圣寺光塔兴建时代考》，《广州伊斯兰古迹研究》，宁夏人民出版社，1989 年，第 346 页；龙庆忠：《中国建筑与中华民族》，华南理工大学出版社，1990 年；陈泽泓：《广州怀圣寺光塔建造年代考》，《岭南文史》2002 年第 4 期，第 42 ~ 46、50 页。

[6]　马旭俊：《伊斯兰教入华时间考略》，吉林大学 2008 年硕士学位论文。

[7]　余振贵、雷晓静：《中国回族金石录》，宁夏人民出版社，2001 年。

[8]　李兴华、秦惠彬、冯今源、沙秋真：《中国伊斯兰教史》，中国社会科学出版社，1998 年；金宜久：《伊斯兰教史》，江苏人民出版社，2006 年，第 2 页。

还有一种说法，认为来华的先贤应该是瓦哈布·阿布·卡布察（Wahb Abu Kabcha）[1]，而对宛葛素只字未提。这种观点除了人名以外，其他的事件和时间全部和上面提到的宛葛素版本吻合。曾担任过英国驻上海、宁波等地领事馆领事的剑桥大学教授吉尔斯于 1886 年编纂的远东事物辞典执此观点，并且出人意料地将来华时间清楚记录为 628 年。很遗憾，这本包罗万象的辞典并未注明时间出处，但是 628 年的确切记录很大程度上证明了其参考资料并非出自国内广为流传的几个版本。20 多年后，英国新教传教士海恩波否认了这一观点，他认为 Wahb Abu Kabcha 只不过是宛葛素姓名的又一种中文译法罢了，而且没有证据表明此人真实存在，是先知的舅舅或者是先贤[2]。时间方面，他引用了早期穆斯林历史学家、圣训作者伊萨克（Ibn Ishak）、瓦基迪（Al-Wakidi）及塔巴里（Al-Tabari）等人有关先知派遣信使拜谒 9 位邻国统治者的描述，及以之为基础的学术研究[3]，均未提及中国。

四贤来华和三贤来华

何乔远所述的四贤从何而来呢？因其所记唐武德中的时间可能包含了汉、回历法的误差，所以我们可以暂不考虑传教时间合理性的问题。但是疑问依然存在，四大贤徒的说法从未见于任何阿拉伯或者早期西方文献。在广州、扬州的地方史志中，未见"一贤、二贤"的身影，《太平广记》和正史《唐书》虽然描述了阿拉伯人在长安、广州、扬州和洪州（今南昌）等地的活动，但未提到"一贤、二贤"，也没有关于阿拉伯人在泉州的记载，更别说"三贤、四贤"了[4]。与何乔远同时期佚名著作《闽书抄·方外志》记述："三贤沙谒储""四贤我高仕"，这是国内历史文献中唯一提及除宛葛素以外其他先贤名字的。不难看出，"沙谒储"和"我高仕"其实不过是"赛义德·宛葛素"的同名中文异译[5]。所谓的三贤、四贤其名或许只是某位熟知阿拉伯语的人士臆造而来。至于何乔远的书中提到，有关穆斯林来华的史料源自"回回家言"，大致和或成书于 17 世纪[6]的穆斯林民间传说《回回原来》[7]是类似的作品，张星烺的《中国交通史料汇编》（第二册）转引《回回原来》一书记载："大唐贞观二年……回王接旨大喜，遣其国中高僧该思、吴歪斯、噶心三人，来华报聘。行至中途，该思、吴歪斯二人不服水土病死。仅余噶心

[1]　Herbert A. Giles, *Glossary of Reference on Subjects Connected with the Far East (2 ed.)*, 1886; Dru C, Gladney, *Dislocating China: Reflections on Muslims, Minorities, and other Subaltern Subjects*, University of Chicago Press, 2004.

[2]　Mohammed Khamouch, *Jewel of Chinese Muslim's Heritage*, Manchester, FSTC Limited, 2005, p.6.

[3]　William Muir, Embassies to Various Sovereigns, *In Life of Mahomet*, 1861.

[4]　胡萍、方阿离、方任飞：《泉州"圣墓"成因探析》，《黄山学院院报》2010 年第 6 期，第 24～27 页。

[5]　陈达生：《泉州伊斯兰教石刻》，福建人民出版社、宁夏人民出版社，1984 年。

[6]　马旷源：《〈回回原来〉——最早的回族民间文学成书》，《楚雄师专学报》1987 年第 3 期，第 41～52 页。

[7]　《回回原来》作者、成书日期均不详。清中叶已有镇江清真寺刻本，并在穆斯林中流传日久。此书影响深远，有异文本十六七种，如清光绪年间的《西来宗谱》。参考：钟亚军：《回族民间传说〈回回原来〉原型研究》，《民间文化论坛》2009 年第 5 期，第 42～46 页。

一人，跋涉山川，受尽辛苦，而至中国。"[1]噶心指的就是宛葛素，"三贤"入华的时间竟然也是 628 年。

两个版本的"传说"，一说四贤，一说三贤，都缺少实证根据，不能作为伊斯兰来华事件的可靠参考。但是信仰的力量是无穷的，经过多年发展，两种说法都衍生出了令人难辨真假的"证据"。在泉州，有据传安葬着三贤、四贤的伊斯兰教圣墓，和广州的清真先贤古墓有异曲同工之妙。有关三贤、四贤及泉州圣墓的更多证伪，《泉州"圣墓"成因探析》[2]一文做了详细的探讨，此处不多赘述。而三贤说中的该思和吴歪斯，也有下文。在今天的新疆哈密和甘肃玉门，有该思和吴歪斯的"拱北"[3]，其相关记述可以追溯到清朝地区县志，且有外国学者支持[4]。在当代穆斯林眼中，这两座陵墓和宛葛素墓同样享有极为崇高的地位。然而遗憾的是，相关研究基本构建于清以后的文献之上，没有能够挖掘出更多有力的早期历史信息[5]。

值得注意的是，三贤、四贤说恰恰印证了唐时阿拉伯半岛与中国洲际贸易的几条通路。回顾一下四贤来华的路线，由埃塞俄比亚出发，在孟加拉国吉大港登陆，经印度曼尼普尔，从云南进入中国。这条西入中国的路线的前半段海路，必定属于今天学界热议的海上丝绸之路路网中的一条。唐《往五天竺国传》载，8 世纪初的阿拉伯、波斯地区："常于西海泛舶入南海，向狮子国取诸宝物，所以彼国云出宝物。亦向昆仑国取金，亦泛舶汉地，直至广州，取绫、绢、丝、绵之类。"[6]而登陆后如何辗转入滇最终抵达广州，我们不得而知，郑和时代的游记，如明巩珍《西洋番国志》中只提到吉大港可以换小船继续深入内陆[7]。但由曼尼普尔入滇必经缅甸，四贤的足迹从海上丝绸之路移步茶马古道，未来的证据搜集或许可以在此沿线展开。三贤说没有对来华路线作出解释，但三贤中的该思病逝在甘新两省交接的星星峡（哈密东南），后移葬哈密，吴歪斯的"拱北"则在甘肃玉门。这几个地点恰恰都是世界遗产地丝绸之路路网"长安—天山廊道"上的重要节点[8]。三贤说中的噶心（宛葛素）最终也顺利抵达广州，由此可见"三贤"版本的来华路线是陆上丝绸之路路网。

始于明朝的民间说法显然影响了国外研究，查阅近现代国外文献和大量的网络资源可以拼凑出四贤的完整姓名。除了一贤宛葛素（Waqqas）确有其人之外，还有瓦哈布·卡布察（Wahb Abu Kabcha）、贾法尔·塔利卜（Ja`far ibn Abi Talib）和扎什·利亚布（Jahsh ibn Riyab）。这些人都是谁呢？其中卡布察和宛葛素或许根本就是一个人，或许同为先知的舅舅，是来华传道士

[1]　张星烺著，朱杰勤校订：《中西交通史料汇编（第二册）》，中华书局，1977 年，第 742 页。

[2]　陈达生：《泉州伊斯兰教石刻》，福建人民出版社、宁夏人民出版社，1984 年，第 8 页。

[3]　伊斯兰教先贤陵墓建筑的阿拉伯语称谓。

[4]　Farooque Ahmed, *Manipuri Muslims: Historical Perspectives 615－2000CE*, Pharos Media & Books, 2011, p.6.

[5]　戴良佐：《新疆盖斯拱北探讨》，《回族研究》1996 年第 2 期，第 79~81 页；李宗俊、董知珍：《玉门吾艾斯拱北的历史解读》，《世界宗教研究》2008 年第 2 期，第 110~116 页。

[6]　（唐）慧超原著：《往五天竺国传笺释》，中华书局，2000 年，第 101 页。

[7]　（明）巩珍著，向达校注：《西洋番国志》，中华书局，2000 年，第 38 页。

[8]　中国国家文物局、哈萨克斯坦文化与信息部、吉尔吉斯斯坦文化与旅游部：《丝绸之路：起始段和天山廊道的路网（卷一）》，UNESCO 世界遗产申遗文本，2013 年。

的两种说法,我们前文已经做过讨论。塔利卜和利亚布二人确实是和宛葛素一同逃难到阿比尼西亚的先贤,但至于三人有没有到过中国,在印度任教的东方研究教授阿诺德(Arnold)给予了全盘否认[1]。他认为将先知在世时的人物和事件与本国伊斯兰教起源加以联系,仅仅是源于世界各地虔诚穆斯林对先知默罕默德的无限敬仰,这和和田地区将贾法尔视为首位伊斯兰教传教士[2]、柬埔寨人深信当地人的信仰源于先知的一位岳父[3]一样,都是先知崇拜的产物。还有学者认为"该思"或为汉语对扎什(Jahsh)的音译,也就是说《回回原来》所指的盖斯、吴歪斯并非空穴来风。但事实上《回回原来》成书早于可查证的有相关记述的西方著作,所以更大的可能是西方学者士看到了《回回原来》的英、法文译本[4],才将英文对该思的翻译"Geys"和"Jahsh"联系到了一起。简而言之,除了尚未可以肯定确于唐初来华的宛葛素(Waqqas),其余三贤的名字大都是东拼西凑罢了。

结　　论

　　仅仅因为隋开皇说时间明显过早而将世代相传伊斯兰教来华的说法视为无稽之谈的观点是不可取的,但过于相信晚期文献对细节深信不疑亦不可为。通过分析,本文初步得出对伊斯兰教来华时间、事件方面的大致判断。

　　时间方面,近期研究用科学的汉、回历换算方法,将国内最流行的伊斯兰教先贤于"隋开皇七年"来华的说法重新定位到了唐贞观二年(628年),这和至少17世纪就已成书的穆斯林民间读物《回回原来》一致。更难能可贵的是,欧洲20世纪初亦有文章将628年作为伊斯兰教进入中国的时间节点,虽然未指明原因。一直难以追本溯源的伊斯兰教来华时间在东西学界内完成了一次跨时空和地域的不谋而合。

　　事件方面的信息更加容易让人混淆。宛葛素是真实存在的伊斯兰教先贤,支持者们坚信,在诸多伊斯兰教先贤中选择宛葛素作为首位来华传教士是有原因的。宛葛素的生平经历也确实给他提供了东游传教的可能,这也就是为什么印度的学者们甚至研究出了他来华的线路。还有必须要明确的一点是,宛葛素是否到过中国,和伊斯兰教先贤是否有在早于651年的官方记载前到过中国,是相互独立事件。假设他确实到过中国,那么他和谁一起来,抵达的是广府还是长安,有没有主持修建怀圣寺光塔,死后是否葬在广州,未必互有关联,不可混为一谈。基本可以确定的是,明代"四贤来华"说除了宛葛素,其他先贤均查无此人。相比之下,清初"三贤说"里的盖斯和吴歪斯还稍有真实存在的可能。

　　综上所述,可以大胆推断,在628年,确实有伊斯兰教先贤抵达中国,而且此人有很大可能

[1]　Tomas Walker Arnold, *The Preaching of Islam: A History of the Propagation of the Muslim Faith*, Constable & Company Ltd, 1913.

[2]　Fernand Grenard, *Mission scientifique dans la Haute-Asie 1890–1895*, E. Leroux, 1899.

[3]　Mission Scientifique du Maroc, *Revue du monde musulman (Vol. II)*, E.Leroux, 1907.

[4]　刘有延:《伊斯兰教入华隋开皇说溯源及其正确评价》,《回族研究》2013年第3期,第2页。

是宛葛素。此外，如果抛开具体人物和事件不谈，文中讨论过的先贤来华线路将陆上丝绸之路、海上丝绸之路、南亚丝绸之路的系统串联在了一起。这恰恰说明自古以来，无论路网位置在哪儿，联通何处，需要何种交通方式进行运输，商人和旅客对于路网的选择并非一成不变，而是根据需求进行优化。对伊斯兰先贤来华的进一步研究，我们或许也能通过不同路网体系的串联结合寻找新的方向。

　　以伊斯兰教为核心的伊斯兰文化，是吸收阿拉伯—波斯、印度、希腊等古老东西文明融合而成的后起之秀，是中世纪经典古文化的一支。伊斯兰教的东渐，也极大地助推了西方文化进入中国[1]。作为长期活跃在海上丝绸之路上的人群之一，穆斯林商人的贸易范围覆盖地中海、非洲东海岸、印度洋北岸全线、东南亚岛屿间及至太平洋西岸中央地区。他们帮助西方世界了解了以中国文化为代表的东方世界，也对丝绸、陶瓷、茶叶等货物和四大发明等东方技术引入欧洲起到了积极作用，加速了欧洲经济文化发展[2]。可以说，伊斯兰教进入中国是东西方借助海上丝绸之路进行文化交流的重要产物，在今天"一带一路"倡议、文明交流互鉴的大背景下，对伊斯兰教进入中国的标志性事件和具体时间的讨论，还会继续下去。也希望未来的文献和考古工作能够发掘更多历史真相。

---

[1]　　王灵桂：《中国伊斯兰教史》，中国友谊出版社，2010 年。

[2]　　郭应德：《阿拉伯史纲（第二版）》，经济日报出版社，1997 年。

Maritime Silk Routes and the Emergence of Islam in China

By

Zhao Zhehao

Abstract: There has been some debates on the first official contact between Islam and China, some of which evolved into fascinating folklores such as the "four Sahabas' trip to China", although the academia found it difficult to reach a final conclusion due to lack of early historic records and archaeological evidence. Recently, two Sahaba related Islamic burial sites in Guangzhou and Quanzhou were included as part of the Maritime Silk Routes by China, lining up for UNESCO World Heritage nomination, which again brought forward the topic of Sahabas. This article briefly reviews the history of cultural exchange between China and the ArAbic peninsula, based on recent Islamic related studies. Then it examines the specific time (year) of the first Islam−China contact and the identities of the four Sahabas, in the hope of complementing relative studies on cultural exchange along the Maritime Silk Routes.

Keywords: Four Sahabas' Trip to China, Maritime Silk Routes, Islamic Studies, Sa`d ibn Abi Waqqas

胶东妈祖遗存的由来及传播

孙兆锋 *

摘 要: 北宋年间,南北贸易频繁,海运日渐繁荣,庙岛作为南方商船从海上进入渤海湾的必经之地,是往来的船只常常泊舟候风之处。宋徽宗宣和四年(1122年)庙岛显应宫建成,从此北方沿海地区有了第一座妈祖庙。与此同时,蓬莱阁之西也敕立了天后圣母庙,标志着妈祖信仰北传的开始。随着海运的发展,元代胶东妈祖开始在环渤海地区传播,明清时期随着海上活动的加强以及人口迁徙,胶东妈祖迅速传播至整个环渤海地区,并成为当地民间主流信仰。

关键词: 胶东妈祖 庙岛 海运 环渤海地区

一、妈祖北上与胶东妈祖的盛行

妈祖信仰始于北宋时期的湄洲屿。源于航海的妈祖信仰一经产生,便迅速流行于航海人群中,并随着中国航海者的活动路线向外传播。在帆桨所及的濒海、临江和岛屿上,编结成了一个纵横交错、覆盖广泛的妈祖祠庙网络,并逐渐演进成一种为国内外整个华人社会所特有和普遍接受的航海文明。

宋代造船业和航海技术的迅速发展刺激了南北方航海贸易的繁盛和海神妈祖信仰的传播。北宋年间,南北贸易频繁,海运日渐繁荣,庙岛作为南方商船从海上进入渤海湾的必经之地,是往来的船只常常泊舟候风之处。当时的船工多为福建人,他们崇奉妈祖,便在岛上立妈祖祠以事供奉,后遂成风俗。宋徽宗宣和四年(1122年)庙岛显应宫建成,从此北方沿海地区有了第一座妈祖庙,它标志着妈祖信仰北传的开始,而庙岛也成为妈祖信仰北传的第一站。与此同时,蓬莱阁(位于蓬莱城北丹崖山上)之西也敕立了天后圣母庙。由此,蓬莱、庙岛北宋时期的一代人成为妈祖北上的先驱,也是后来胶东[1]妈祖盛行的源头。

元代海运路线的进一步开辟,为妈祖信仰在环渤海地区的广泛传播奠定了基础。元世祖统一中国(1279年)后,由于连年战争,北方经济落后,每年所需的粮食和大量物资主要源自南方。江南大批粮食和物资都要由漕运输往北方,由此开辟了从刘家港入海(今江苏太仓浏河),转经

---

* 孙兆锋,烟台市博物馆。
[1] 本文的胶东仅指现在的烟台、威海两市,包括栖霞、蓬莱、长岛、龙口、招远、莱州、莱阳、海阳、乳山、文登、荣成11个县市。

沙门岛（今长岛庙岛），至界河口（今天津大沽口）的漕运航线。沙门岛（庙岛）是元代海运的必经之地，往来漕船需要在此泊舟候风。据《（光绪）登州府志》载，凡来往于朝鲜日本的船只均停泊于此，以"上水增薪"。此处一度被称为登州外港的庙岛塘，成为避风良港、锚泊佳地。由于庙岛特殊的地理位置，南北客商、渔民云集于此，显应宫香火日盛。元天历二年（1329 年），朝廷遣使到显应宫致祭，并御赐匾额，至此庙岛显应宫妈祖信仰的核心地位得到官方的认可。与此同时，妈祖信仰开始向庙岛周围传播，胶东妈祖信仰进入快速发展时期。胶东此时兴建的妈祖庙，史料上明确记载的有 2 座，即始建于至元四年（1267 年）的宁海州（今山东牟平县）天妃宫以及延祐年间（1314~1320）的成山祠[1]。

明清两代为妈祖信仰在胶东地区大发展时期，妈祖庙一时遍布各州县。明初漕运继续盛行，并出现了以郑和七下西洋为代表的频繁外交活动，后期虽屡有废兴，但终明之世，海运作为漕运的重要部分仍发挥巨大作用。清康熙二十三年（1684 年），妈祖被晋封为"天后"，并诏天下"四时致祭"[2]，妈祖地位提升到极致，取得了与玉皇大帝平起平坐的尊崇地位，此举从官方上推动了妈祖信仰的发展。由于庙岛群岛是往来航船的必经之地，又是登州外港，清政府就在庙岛设立了海关，负责管理渔商事务。据史料记载：最晚到道光年间，以显应宫为中心的庙岛群岛地区，已成为当时黄、渤海地区的第一大锚泊港口和北方航运中心，官、漕、商、渔各类船只均以此为航海中继和货物集散地。受此影响，妈祖信仰以庙岛显应宫为中心在胶东地区获得极大发展。明清时期胶东妈祖信仰大发展主要表现在：对宋元时期修建的妈祖庙加以重修并兴建了大批妈祖庙，使妈祖庙遍布胶东沿海。据记载，庙岛显应宫、蓬莱阁天后宫以及牟平天妃宫在这一时期均加以重修，而胶东地区这一时期兴建的妈祖庙达 20 余座。明清时期，在各地经商的闽商"无不奉祀天妃"[3]，来到山东的闽籍商人（集团）由于拥有相当的经济实力，又对妈祖信之笃深，因而成为胶东兴建妈祖庙的有力推动者。妈祖地位的提升以及妈祖庙的增多，使得胶东地区妈祖信仰在明清时期盛极一时。

明清时期，胶东地区文献中有明确记载的妈祖庙共 19 座[4]。黄县（今龙口）有 3 座，分别在"南关""龙口""黄河营"；宁海（今烟台市牟平区）有 1 座，在"州北十里"；海阳县有 1 座，在"县南三里"；文登有 3 座，分别在"城东南五十里张家埠""苏门岛""威海卫"[5]；荣城县有 4 座，分别在"石岛""县东召山下""俚岛""茶山"[6]；福山县（包括今烟台市芝罘区）有 2 座，分别在"烟台海口北大街""烟台东南大世界"[7]；蓬莱县（包括今长岛县）有 5 座，分别在"永城丹崖上""沙门岛（庙岛）""栾家口""长山岛""砣矶岛"[8]；掖

[1]　　岳浚、法敏主修，杜诏等纂：《（雍正）山东通志》卷二〇《海疆志·附海运考·海运各道并胶莱河故迹》。

[2]　　（清）张廷玉等：《清朝文献通考·群祀考》。

[3]　　（清）李琬修，齐召南等纂：《（乾隆）温州府志》卷九《祠祀》，乾隆二十五年刊、民国三年补刻本。

[4]　　叶涛：《海神信仰与祭祀仪式——山东沿海渔民的海神信仰与祭祀仪式调查》，《民俗研究》2002 第 3 期。

[5]　　（清）方汝翼、贾瑚修，周悦让、慕容幹纂：《（光绪）登州府志》卷一一《庙坛》，光绪七年刻本。

[6]　　（清）李天骘修，岳赓廷纂：《（道光）荣城县志》卷一〇《外志·寺观》，道光二十年刊本。

[7]　　许钟璐等修，于宗潼等纂：《（民国）福山县志稿》卷五《商埠》，民国二十年铅本。

[8]　　（清）方汝翼、贾瑚修，周悦让、慕容幹纂：《（光绪）登州府志》卷一一《庙坛》，光绪七年刻本。

县（今莱州）有 1 座，在"城西北海庙口"[1]。经"文革"以及旧城改造的破坏，胶东现仅存妈祖庙 10 座[2]。烟台市芝罘区 2 座，蓬莱市 1 座，长岛县 6 座，荣成 1 座。

二、胶东妈祖在环渤海地区的传播

胶东现存 10 座妈祖庙，除一座位于胶东东部沿海外，其余 9 座均位于北部沿海或海岛中。蓬莱—长岛一线为妈祖传入北方的第一站，也是胶东妈祖庙最为集中的地区。从蓬莱一直到最北端的北隍城岛，妈祖庙从未间断，没有天后宫的小岛也有简易的小庙，因此这一区域是胶东乃至北方妈祖信仰最为集中的地区。妈祖信仰自扎根落地庙岛、蓬莱后即开启了其传播之路，由于其信仰得到沿海居民尤其是渔民的广泛认同，因此传播迅速，最晚到明清时期妈祖信仰已成为环渤海地区（包括山东半岛南部沿海）的民间主流信仰，沿海各地均兴建有天后宫。胶东妈祖的传播线路大致有三条：一条是自蓬莱水城天后宫沿陆路向山东半岛沿海各地传播；一条是自庙岛显应宫沿海路向西传播至河北、天津沿海一带；最后一条是自蓬莱水城天后宫或庙岛显应宫沿海路向北传播至辽东半岛南部沿海地区。

（一）胶东妈祖在山东半岛沿海地区的传播

据史料记载，蓬莱水城天后宫自建成之日起即为古登州府妈祖信仰的中心，成为进出登州港的守护神，信徒众多，香火极其旺盛，并且在山东沿海地区迅速传播。其传播路线大致也为三条：向东传播至今天烟台、威海两地（前文已讲，不加赘述）；向西传播至莱州、昌邑等地，向南传播到青岛、日照等地。最晚到明代妈祖信仰就已传至莱州湾，"明代大建莱州东海神庙时，为了突出海神的显赫地位，快圮毁的'真武（大帝）庙'不再修复，却在其前面建起'海神娘娘（天妃）庙'"[3]。不过作为历代皇帝祭海、祈求国泰民安的东海神庙，其供奉的主神始终为东海神，除皇家祭祀以外民间每年四次组织东海庙会，环渤海一代渔民多有参加，海神信仰在当地民间信仰中的地位无可取代。胶东妈祖一路向西跨过胶莱河到达昌邑等地，昌邑下营镇西下营村原建有天妃宫，现已被毁，但天妃宫中的一块"灵惠普济"碑至今完好地保存在村中，这是光绪三十年（1904 年）昌邑知县、翰林胡师孝联合海关委员、候补县姚赞元及诸位董事为修建天妃宫所立石碑，碑文记载了建庙缘由，以及天后护佑当地的事迹。从碑刻的立者看，也说明妈祖信仰在当地得到官方的推举。不过再往西的潍坊、东营、滨州等沿海地区的史料上几乎没有妈祖信仰及妈祖庙的记载，山东半岛北部沿海的妈祖信仰似乎过了潍河就戛然而止。这可能与潍河以西沿海多为泥滩不适合打鱼有关。作为渔民中广泛传播的妈祖信仰其本意就是祈求出海打鱼风平

[1]　刘国斌等修，刘锦堂等纂：《（民国）掖县志》卷五，民国二十四年铅本。

[2]　烟台市博物馆：《山东省烟台市第三次全国文物普查成果汇编》，黄海数字出版社，2011 年，第 95～96 页；威海市文物管理办公室：《追寻历史：威海市第三次文物普查成果巡礼》，青岛出版社，2012 年，第 34 页。

[3]　尹洪林：《东海神庙》，中国大地出版社，2008 年，第 8 页。

浪静、满载而归，没有渔民也就失去了信仰的根基，因此妈祖信仰也就未在此落地生根。

胶东妈祖除在渤海湾一带传播外，还向山东半岛南侧的黄海北部地区传播，也就是今天的青岛、日照等地。据《（民国）胶澳志》载："天后之祀，不见于正史，然渔航业奉祀维谨，故海岸恒有是庙。"青岛沿海的港埠、渔村多处建有天后宫，据统计历史上青岛地区共建有十余座妈祖庙，包括胶州天后宫、金口天后行宫、青岛天后宫、仓口天后宫及沙子口天后宫等。经过数次战乱以及旧城改造的破坏，现仅存青岛天后宫和金口天后行宫。李海强《青岛地区妈祖信仰与港口发展的互动》一文认为，青岛地区妈祖信仰的传入时间可推至北宋元丰六年（1083年）[1]，是年起居郎杨景略出使高丽归还时，请求在板桥镇建立海神庙，《东坡七集》亦有《海神庙果不签》一诗为证："顷年三韩使，几为鲛鳄吞。归来筑祠宇，要使百贾奔。"其序云："顷年，杨康功使高丽还，奏乞立海神庙于板桥。"但需要考证的是此海神庙究竟供奉的是妈祖还是龙王，因为一般的海神庙（如莱州东海神庙）供奉的均是龙王，供奉妈祖的庙宇一般称妈祖、娘娘庙、天妃宫及天后宫。如排除板桥镇海神庙，那青岛地区最早的妈祖庙应始建于明代，现存最早的妈祖庙应为青岛天后宫，该天后宫始建于明成化三年（1467年），崇祯十七年（1644年）扩建，而金口天后行宫建成于清乾隆三十三年（1768年），晚于青岛天后宫300余年。日照地区有关妈祖庙的史料记载很少，现存两座妈祖庙，一座是位于东港区两城镇两城三村的两城天后宫，另一座是位于莒县中楼镇中楼村的中楼村娘娘庙，这两座妈祖庙均建于明中晚期，这与青岛地区妈祖庙建造历史相近。山东半岛南部地区妈祖信仰传入应较晚，可能是明代才由蓬莱传入。

（二）胶东妈祖在河北、天津沿海的传播

庙岛显应宫作为北方沿海地区第一座妈祖庙，在妈祖信仰传播上占有举足轻重的地位。明代庙岛显应宫实际上已成为我国北方的妈祖祖庙，有"北庭"之称。当时，正值妈祖信仰在北方传播的全盛时期，黄渤海沿岸的海口与内河相继出现了大大小小许多妈祖庙，其中多数与显应宫有宗主关系，因此庙岛显应宫成为当时我国北方沿海地区妈祖信仰与妈祖文化的传播中心，其影响不仅遍布黄、渤海沿岸的海口与内河，而且远播于朝鲜和日本等地。

由于连年战争导致河运不畅，元朝政府开辟了从刘家港入海（今江苏太仓浏河），转经沙门岛（今长岛庙岛），至界河口（今天津大沽口）漕运航线。江南大批粮食和物资都要由漕运输往北方，沙门岛（庙岛）成为元代海运的必经之地，往来的漕船需要在此泊舟候风然后西行。此时庙岛显应宫香火极旺，往来官员及客商逐渐接受妈祖信仰，并将这一保佑海上风平浪静、出入平安的信仰带到渤海湾西岸的河北、天津一带，随即河北、天津沿海一带开始兴建妈祖庙。河北、天津沿海一带的妈祖信仰记载也始于元代，而这一带现存的两座妈祖庙也正是始建于元代。

清代河北沿海建起多座妈祖庙，仅永平府（现唐山）有明确记载的就有六处。据清《（光绪）永平府志》记载："天妃宫 迁安，在治北。一在建昌营东关。滦州，在西门外。一在蚕沙口。临榆，在南海口，永佑寺西。明初海运时建，我朝乾隆九年知县钟和梅修，十二年御书赐额曰'珠宫涌

---

[1] 李海强：《青岛地区妈祖信仰与港口发展的互动》，《闽台文化交流》2007年第3期，第72~78页。

现'。一在城西北。"另外该志还记载了《山海关天妃庙碑记》，碑文为："天地间海为最钜，海之神天妃为最灵。凡薄海之邦，无不祀焉。渤海之广，无远不通，神之流行无往不在。人赖神以安，神依人以立……神降福兮，曷其有终，海波恬兮，偃蛟龙。弭怪雨兮，驱暴风……"这都说明此地笃信妈祖信仰。河北省现仅存一座妈祖庙，即蚕沙口天妃宫，位于唐山市曹妃甸区柳赞镇蚕沙口村，该天妃宫主祭妈祖，左右两侧还供奉有"关圣大帝"及"观音"，北方庙宇一庙供多神的现象相当普遍。庙内现存 2012 年"重修蚕沙口天妃宫碑记"，内容为："蚕沙口天妃宫始建于元至元年间，与天津、蓬莱之天后宫并称为我国北方三大妈祖庙……航渤之南来舟楫、当地渔船，倘遇风浪，则边祈海神妈祖保佑，边寻蚕沙口湾避风。待脱险，莫不感戴天妃身庇护，莫不念及蚕沙口重生。由是，江南船客、当地渔民乃筹资共建妈祖庙于沂河之左，曰'蚕沙口天妃宫'……"该天妃宫建成后几百年间香火鼎盛，后经明永乐、清乾隆及民国十年多次重修。清《（光绪）永平府志》记载有滦州史璇《蚕沙口天妃宫》诗："年年三月赛天妃，晒网新从海上归。阿妇拈香郎酹酒，风波无恙水田肥。"说明蚕沙口天妃宫已成为当地百姓祈求出海平安、风调雨顺、粮食丰收等的精神寄托，再次证明该天妃宫在当地民间信仰中的崇高地位。

天津作为漕运重要节点也在这一时期传入妈祖信仰，并兴建了多座妈祖庙，但现在仅存天津天后宫一座。该天后宫坐落于南开区古文化街 80 号。天津天后宫始建于元泰定三年（1326年），明永乐元年（1403 年）重建，明清两代屡加修葺、重建和增建。该天后宫在元明两代称天妃宫，清康熙以后称天后宫，俗称娘娘宫。天津天后宫占地面积 5350 平方米，建筑面积 2233 平方米，为北方现存最大、最完整的天后宫。庙宇坐西朝东，面向海河，沿中轴线自东向西依次建有戏楼、幡杆、山门、牌楼、前殿、大殿、藏经阁、启圣祠。两侧配以钟楼、鼓楼、关帝殿、财神殿、其他配殿及过街楼张仙阁等建筑。天津天后宫建成后逐渐成为天津城标志性建筑，每年天后诞辰，都会以天后宫为中心举行大型民间酬神庙会活动，沿河船户、周边信众亦纷纷到来，各地商贾云集，造就了天津最著名的商业街——宫南宫北大街（今古文化街）的繁荣[1]。由于天津卫城建造历史晚于天后宫，因此民间有"先有天后宫，后有天津卫"的说法。天津天后宫建立迄今660 余年，一直香火鼎盛，船户来往必定祀祷。元代张翥诗《代祀天妃角次直沽作》描写了每年农历小年春祭拜祷天后的盛况："晓日三汊口，连樯集万艘，普天均雨露，大海静波涛。入庙灵风肃，焚香瑞气高。使臣三奠毕，喜色满宫袍。"

（三）胶东妈祖在辽东半岛南部沿海的传播

辽东半岛与山东半岛之间虽有渤海海峡相隔，但从蓬莱到旅顺的老铁山仅 100 多公里，中间又有庙岛群岛做中转，因此辽东半岛与山东半岛自古以来即通过海上进行着频繁的交流，这种交流从新石器时代开始就不曾中断。元代开始，海上漕运兴盛，登州港成为重要的中转港，承担着漕粮装卸、仓储以及漕船修理、补给等重要任务，大量的漕船在登州停泊进出。横亘渤海海峡的长山列岛，为南来北往的船只提供避风和补给，特别适宜古代沿岸逐岛推进的航行，形成著名

[1]　黄永刚：《天津市全国重点文物保护单位概览》，文物出版社，2016，第 63 页。

的国际水道"登州海行入高丽、渤海道"。其航线从登州港出发,渡渤海海峡到辽宁旅顺口,再沿辽东半岛到鸭绿江口,然后沿朝鲜半岛南下,过对马海峡到日本。此航线上庙岛是重要的中转站,且元代官方规定来往船只必须在此经停,胶东妈祖信仰也就借此从山东半岛传播到辽东半岛南部沿海。由于登州(蓬莱)和庙岛均为此航线上的重要节点,因此蓬莱水城天后宫和庙岛显应宫均是胶东妈祖信仰传入辽东半岛南部沿海的源头。由于旅顺港是胶东半岛通往辽东半岛航线的登陆点,因此自然也成为胶东妈祖传入辽东半岛南部沿海地区的第一站,该地区可考证的第一座妈祖庙正是旅顺天妃庙。现旅顺博物馆保存一通600年前明朝永乐年间的记碑,碑文记载了旅顺天妃庙的修建历史及原因:"天妃圣母灵祠岁久倾塌不堪瞻仰","永乐六年特遣荣禄大夫保定侯孟善立石"。这说明新的天妃庙是在朝廷命官主持下修建而成的,其时间为"永乐丙戌二月二十六日"。根据这段碑文可以推测:这座天妃庙在此之前已至少存在了近百年,即应该建于1300年左右的元朝[1]。除旅顺天妃庙外这一地区再无元代妈祖庙的史料或实物,说明元代时胶东妈祖在辽东半岛南部沿海地区并没有获得太大发展。

胶东妈祖在辽东半岛南部沿海地区真正发展壮大是在明清时期,而最先发展的也是旅顺,继而发展到整个金州(大连),最后扩展到整个辽东半岛南部沿海地区,包括大连、丹东、营口、盘锦、锦州、葫芦岛等6市。明朝统一东北后,在辽东金州实行卫所制度,金州卫下设五所,即左、右、中、前和中左五个千户所,前四所均设在金州城内,而把中左千户所设在旅顺,体现了旅顺港的重要战略地位。由于辽东民饥土瘠,所需粮饷仍然依赖海运,登州经庙岛群岛到旅顺的航线就显得异常繁忙。保佑海运平安的海神妈祖自然是客商及船工们虔诚信奉的对象,凡海运平安抵达旅顺者,都要先至旅顺天妃庙祭拜,以感谢其海上护佑之德,正如重修旅顺天妃庙碑记所提到的:"今之渡鲸波而历海道者,莫敢不致祭,敬于祠下。"[2]根据碑文可知,永乐四年重修天妃庙的倡导者是当时镇守辽东的最高长官保定侯孟善,且当时驻守辽东的主要官员如辽东都指挥徐刚、定辽前卫千户所段诚等均参与了重建工程,正是这次官方参与的重修活动极大地提高了旅顺天妃庙的地位,重建后成为当地官员、士兵、船工、商人、渔民等虔诚祭拜的场所,香火一直兴盛不衰。旅顺天妃庙兴盛后妈祖信仰在金州(大连)获得了长足发展。根据马玉全《寻根大连妈祖文化》一书统计,大连地区从元代开始,先后兴建妈祖庙50余座,现存在祭的妈祖庙也接近30座,其妈祖宫庙的数量也居北方沿海城市之首。据《瓦房店县志》记载,兴建于明朝万历年间的复州娘娘宫,占地40亩,宫内妈祖"神像是用檀香木雕成"。建于清乾隆五年(1740年)的金州天后宫,曾是我国东北沿海地区最大的妈祖庙宇,由山东船商集资建造,故又称"山东会馆"。建于清光绪三十四年(1908年)的大连天后宫,壮丽雄伟,是大连地区最大的宫庙。据大连市第三次全国文物普查统计,大连地区现存明清妈祖庙或建筑基址近十处,进一步说明大连在辽东半岛妈祖信仰传播中的地位。

妈祖信仰在大连获得长足发展后即向辽东半岛南部沿海其他地市扩展,尤其是明末明政府

[1] 曹萌、张剑钊:《辽宁妈祖文化资源与东北融入海上丝绸之路策略》,《妈祖文化研究》2018年第1期,第13~22页。

[2] 汪桂平:《旅顺天后宫史略》,《福建省社会主义学院学报》2011年第1期,第43~47页。

经略辽东、清初辽东置垦以及清末闯关东，这三次人口大迁徙使辽东人口快速增长，以山东及河北为主的迁移人口遍布辽东半岛南部沿海 6 市，此时胶东妈祖信仰真正在辽东半岛南部沿海获得长足发展。丹东地区已知最早的妈祖庙建于清乾隆年间东港孤山镇的大孤山古建筑群内。乾隆十四年（1749 年），山东崂山道人倪理休到本山（大孤山），在圣水宫原址建娘娘殿草殿三楹；清乾隆二十四年（1759 年），倪理休主持重建娘娘殿。清乾隆二十八年（1763 年），于下庙梓潼宫右侧建天后宫，为三进四合院，正殿、配殿、钟鼓楼、山门、院门俱全，建筑总面积 842 平方米，占地面积 1800 平方米。此后丹东地区又兴建元宝山天后宫（1876 年）、大东沟天后宫（1887 年）、獐岛天后宫以及大鹿岛娘娘庙，《（民国）安东县志》载："每年夏历三月二十三日为天后圣诞，安东艚船公会及各船户皆备香帛诣天后宫致祭，自朝至午络绎不绝，岁以为常。"营口是近代兴起的港口城市，是东北地区最早开埠的对外港口，清朝初年这里即有天后宫建筑。始建于清雍正四年（1726 年）的营口天后宫是现在营口地区有明确记载的最早的妈祖庙。该天后宫坐落于营口市区的西部，又称西大庙，系在原龙王庙旧址重建而来。《（民国）营口县志》记载之"天后宫，一称西大庙，在埠内西大街，于前清雍正四年创建"和 1962 年版的《辽宁史迹资料》所指出的该庙"是公元 1726 年（清雍正四年）在龙王庙旧址上重建起来的"等史料均证实这一点。营口另一处有明确建造年代的妈祖庙为盖州市卧龙泉镇娘娘庙村的娘娘庙，建于乾隆二十三年（1758 年），后在"文革"时期被毁，1997 年原址重建后改名为立新庙宇。营口西北的盘锦关于妈祖庙的记录比较少，仅第三次全国文物普查发现一处，即位于大洼县唐家乡杜家村北的娘娘庙。该庙建于清末，规模较小，正殿二间，配有东西厢房，后因无人看管被拆除，现仅在建筑基址上存有一通娘娘庙碑。锦州是关内外海路、陆路运输交集的商业中心，东南沿海的商人从西海口登岸，云集锦州。因此锦州的妈祖庙既有从大连传来的，也有南方商人在本地兴建的，如锦州天后宫最初就是由江、浙、闽等地客商往来锦州贸易，为祈求天后娘娘保佑而修建的妈祖行宫。这种妈祖庙带有鲜明的南方（尤其闽南地区）特征。现在锦州有明确纪年最早的妈祖庙就是锦州天后宫，始建于清雍正三年，后世经历多次维修和扩建，现存的建筑则为清光绪十年所建。葫芦岛是位于辽宁西部最南端的沿海城市，这里有明确记录的妈祖庙即位于兴城市的兴城天后宫。据《（民国）兴城县志》载，天后宫曾于清光绪二十三年（1897 年）重修，其后又几次修葺。现存铸铁大钟上的铭文记载："道光二十三年四月吉立"，分析该天后宫应建于清道光年间，由往来商人筹资修建。另外第三次全国文物普查发现两处妈祖庙遗址，一处是位于绥中县范家满族乡弯土墙村的弯土墙庙山娘娘庙，另一处是位于绥中县高台镇牛彦章村的牛彦章庙山娘娘庙。这两处娘娘庙均建于清代，现已坍塌，地表散落有大量青砖、板瓦、筒瓦及石块等建筑构件。

宋代南北方贸易将妈祖信仰传到胶东，并在蓬莱—庙岛一带扎根，元代随着海运的发展胶东妈祖开始在环渤海地区传播，明清时期随着海上活动的加强以及人口迁徙，胶东妈祖迅速传播至整个环渤海地区。胶东妈祖作为妈祖北上的第一站，在妈祖信仰的传播上起到了极大的作用，最晚到明清时期妈祖信仰已成为环渤海地区民间主流信仰。黄、渤沿海各地均兴建有天后宫，妈祖信仰成为来往客商、船工及渔民的第一信仰。

　　致谢：本文在资料收集阶段曾先后得到多位同行鼎力相助，包括威海市博物馆周强、天津文化遗产保护中心甘才超、河北省文物考古研究院佟宇喆、唐山市文物古建研究所高雄、辽宁省文物考古研究院褚金刚、东港市档案馆张晓航、青岛市文物保护考古研究所彭裕、潍坊市博物馆王琳琳及日照市文物考古研究所袁启飞等，另外国家文物局张敏博士在碑文释读方面提供诸多帮助，国家文物局考古研究中心路昊负责英文翻译并对本文进行多次校对、修改，在此一并表示感谢！

The origin and spread of Mazu belief in Jiaodong area

By

Sun Zhaofeng

Abstract: During the earlier Song dynasty, the trade between the north and the south was frequent and marine transport was increasingly prosperous. As the only place for the southern merchantman to enter Bohai bay, the ships needed to berth Miaodao and waited for the wind gone. XianYingGong was built in 1122 and became the first Mazu Temple, meanwhile the Lady of Heaven Temple built in the west of Penglai Pavilion marked the beginning of Mazu belief spreading to the north. During Yuan Dynasty, with the development of the marine transport, Mazu belief in Jiaodong area started to spread in Circum-Bohai Sea Region. During Ming and Qing Dynasty, with the strengthening of maritime activities and population migration, Mazu belief in Jiaodong area spread quickly in the whole region and became the main local belief.

Keywords: Mazu Belief in Jiaodong Area, Miaodao, Marine Transport, Circum-Bohai Sea Region

上海市奉贤区四团镇出土瓷器整理与研究

王建文　朱逸冰　郑　博*

摘　要：1977年上海市奉贤区在兴修三团港水利工程中发现了一批瓷器，主要是碗。本文详细介绍了这批器物，并结合其他地方出土的相似器物，判定其废弃年代，尝试探讨其产地、始发港、贸易线路、消费地等问题。

关键词：奉贤　贸易陶瓷　浦口窑　龙泉窑　宋代

1977年12月下旬，上海市奉贤区在兴修三团港水利工程中，于四团公社（现四团镇）四明大队（现四明新村）第五生产队开挖河道时发现一批瓷器。这批瓷器堆放的地点，南、东分别距现在的海岸线约10、24.5公里，北距宋代的海岸线遗迹——里护塘约400米[1]。地层处在黄土层之下，灰褐色的沙土层中，其间还夹杂少量贝壳沙。这批器物主要是碗，出土时大部分碗口朝上，集中堆放在一个约60平方米的椭圆形坑内，有些碗底下面发现柳条形的编织物痕迹，原来可能是装碗的箩筐。碗原用稻草捆扎，每扎十件，附着在瓷碗的淤土上还保留着稻草捆扎的痕迹（图一）[2]。

这批器物数量较大，保存完好，出土后只发表了一个简讯，使得学界难以对其进行深入研究。本文重新整理了这批器物，并结合其他地方出土的相似器物，尝试探讨其产地、始发港、贸易线路、消费地等问题。由于当年缺乏详细的记录，因此本文仅介绍器物，主要是碗，完整器共有1046件碗，还有少量残片，另有两件罐。

一、出土器物

根据器型、纹饰及装烧工艺的异同，将碗分为5型。

A型　643件。圆唇，撇口，弧腹，高圈足，足外墙直，足内墙略斜。灰胎，胎质较疏松。青釉，大部分为青绿釉，少部分为青黄釉，釉面光亮，多有气孔，内壁满釉，外壁半釉。器形多不规整。根据纹饰的有无，分为2个亚型。

* 　王建文、朱逸冰、郑博，上海博物馆。

[1] 　范代读：《上海的海陆变迁简史》，《上海市民考古手册》，北京大学出版社，2014年，第9页。
[2] 　孙维昌：《上海奉贤县发现大批宋瓷》，《考古》1987年第9期，第94~95页。

图一　1.三团港水利工程瓷器出土现场；2.出土时用草绳捆扎成摞的瓷器；3.出土时用草绳捆扎成摞的瓷器

Aa 型　72件。内底压印一圈粗弦纹，内壁沿下饰一周细弦纹，外壁剔刻菊瓣纹，分布较均匀。

SF：1100，口径16.2、足径5.1、高7.3厘米（图二，1；图三）。

SF：1131，口径16.6、足径5.3、高7厘米（图二，2；图四）。

SF：1292，口径16.2、足径5.8、高7.1厘米（图二，3；图五）。

SF：1407，内壁局部露胎，外壁菊瓣纹分布不匀，以每组六条刻划。口径16.2、足径5、高6.9厘米（图二，4；图六）。

SF：1629，内壁刻划莲划纹，仅此一件双面刻划纹饰。口径16、足径5、高7厘米（图二，5；图七）。

Ab 型　571件。内外皆素面，仅内底压印一圈粗弦纹。

SF：1704，口径16.2、足径5.2、高6.9厘米（图二，6；图八）。

SF：1480，口径16、足径5.2、高6.7厘米（图二，7；图九）。

SF：1702，内底、足端各有3个泥点垫烧痕，仅有2件，此为其一。口径15.7、足径5.2、高6.7厘米（图二，8；图一〇）。

SF：1348，内底、足端各有3个泥点垫烧痕，仅有2件，此为其二。口径15.4、足径5.2、高6.3厘米（图二，9；图一一）。

0　　4　　8　　12厘米

图二　Aa、Ab、Ba 型瓷碗

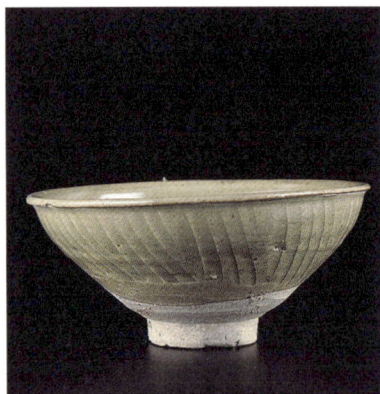  

1　　　　　　　　　　2　　　　　　　　　　3

图三　Aa 型瓷碗

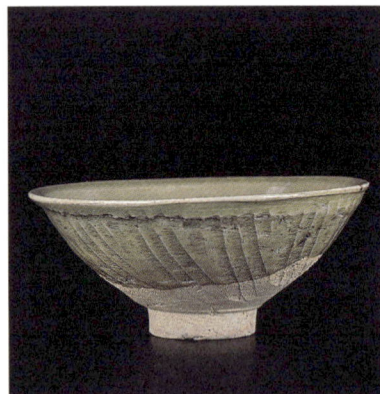  

1　　　　　　　　　　2　　　　　　　　　　3

图四　Aa 型瓷碗

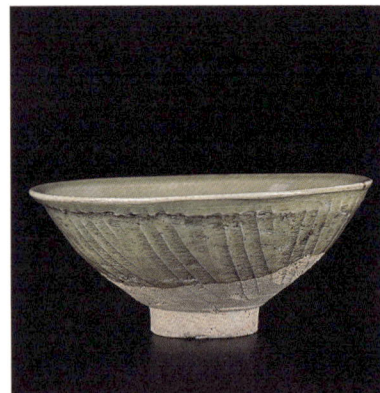  

1　　　　　　　　　　2　　　　　　　　　　3

图五　Aa 型瓷碗

1　　　　　　　　　　2　　　　　　　　　　3

图六　Aa 型瓷碗

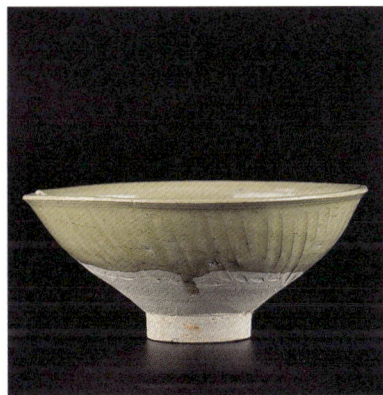 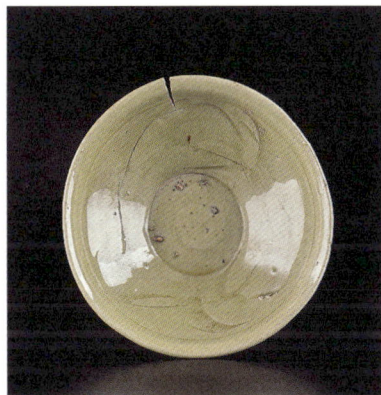 

1　　　　　　　　　　2　　　　　　　　　　3

图七　Aa 型瓷碗

1　　　　　　　　　　2　　　　　　　　　　3

图八　Ab 型瓷碗

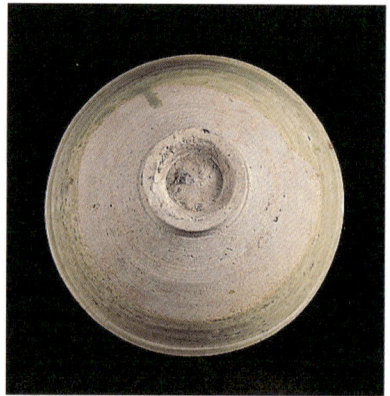

1　　　　　　　　　　2　　　　　　　　　　3

图九　Ab 型瓷碗

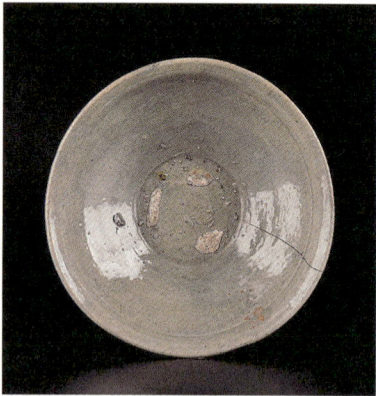
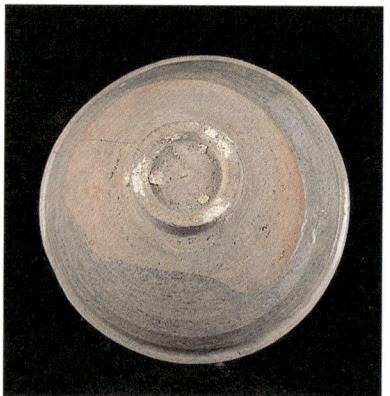

1　　　　　　　　　　2　　　　　　　　　　3

图一〇　Ab 型瓷碗

1　　　　　　　　　　2　　　　　　　　　　3

图一一　Ab 型瓷碗

SF ： 1623，外底圈足内残留一截垫圈。口径 15.6、足径 5.2、高 6.4 厘米（图二，10；图一二）。

图一二　Ab 型瓷碗

B 型　307 件。较 A 型碗大。圆唇，撇口，口径较大，弧腹，高圈足，足外墙直，足内墙略斜，挖足草率。灰胎，较疏松。青黄釉，内壁满釉，外壁半釉，部分生烧呈灰白色，多有气孔。器型多不规整。根据纹饰的区别及有无，分为 3 个亚型。

Ba 型　135 件。内壁有篦划纹，外壁剔刻成组菊瓣纹，多不规整。

SF ： 622，内壁刻划 6 组篦划纹，外壁以 4 条一组刻划多组菊瓣纹。口径 17.4、足径 6、高 7 厘米（图二，11；图一三）。

SF ： 1138，内壁刻划 5 组篦划纹，外壁以 4 条一组刻划多组菊瓣纹。口径 17.4、足径 5.7、高 7.4 厘米（图二，12；图一四）。

SF ： 1211，内壁刻划 6 组篦划纹，外壁以 8 条一组刻划多组菊瓣纹。口径 17.4、足径 5.6、高 8.1 厘米（图二，13；图一五）。

SF ： 1514，内壁刻划 7 组篦划纹，外壁以 8 条一组刻划多组菊瓣纹。口径 17.2、足径 5.5、高 7.6 厘米（图二，14；图一六）。

图一三　Ba 型瓷碗

1   2   3

图一四　Ba 型瓷碗

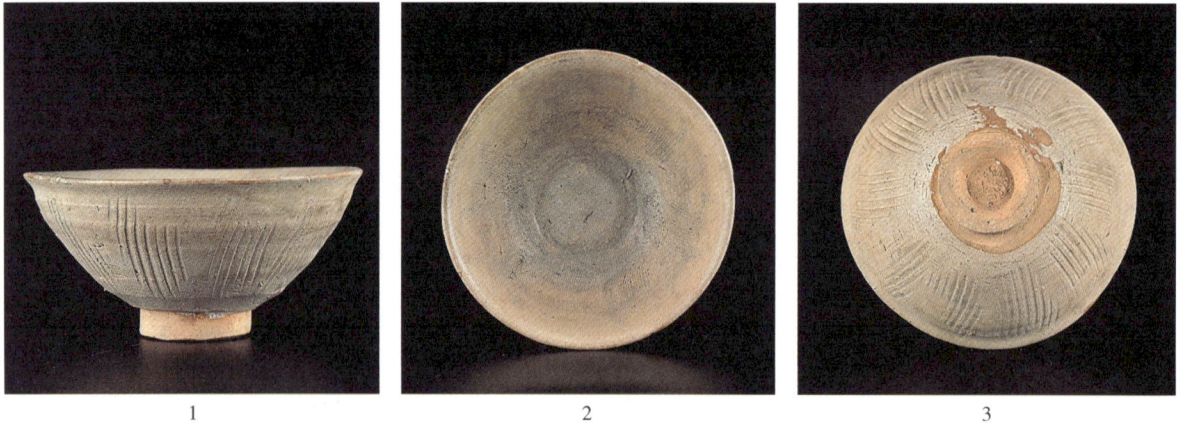

1   2   3

图一五　Ba 型瓷碗

1   2   3

图一六　Ba 型瓷碗

SF：1515，内壁刻划6组蓖划纹，外壁以8条一组刻划多组菊瓣纹。口径17、足径5.7、高7.6厘米（图一七，1；图一八）。

Bb型 162件。内壁素面，外壁剔刻成组菊瓣纹，多不规整。

SF：619，外壁以8条一组刻划多组菊瓣纹，外底有墨书"小六"二字。口径17.4、足径5.7、高7.7厘米（图一七，2；图一九）。

SF：1148，外壁以5条一组刻划多组菊瓣纹。口径17.4、足径5.4、高7.8厘米（图一七，3；图二〇）。

SF：1166，口径17、足径5.6、高7.2厘米（图一七，4；图二一）。

SF：1254，外壁下腹部有黏连，外壁菊瓣纹较密集。口径17.2、足径5.6、高7厘米（图一七，5；图二二）。

SF：1757，口径17、足径5.8、高7.4厘米（图一七，6；图二三）。

Bc型 10件。素面。

SF：630，外底有墨书"三八"二字。口径16.6、足径5.5、高6.7厘米（图一七，7；图二四）。

SF：1164，口径17.2、足径5.8、高7.2厘米（图一七，8；图二五）。

SF：1567，生烧，釉色泛白。口径17.3、足径5.9、高8厘米（图一七，9；图二六）。

SF：1737，口径17.3、足径5.9、高7.1厘米（图一七，10；图二七）。

SF：1752，釉面较亮，有较多的褐色铁斑。口径17.4、足径5.9、高8厘米（图一七，11；图二八）。

C型 56件。圆唇，撇口，斜腹近直，圈足，足墙较直，挖足平整。灰胎，青釉，内满釉，外壁施釉至圈足处，露胎处呈红褐色。内壁沿下饰一周弦纹，外壁以四五条一组刻划多组菊瓣纹。内底有涩圈，外足端留有白色的垫烧痕。

SF：1232，口径16.4、足径6.2、高6.6厘米（图一七，12；图二九）。

SF：1383，口径16.4、足径6.6、高6.6厘米（图一七，13；图三〇）。

SF：1435，口径17、足径6.9、高6.7厘米（图一七，14；图三一）。

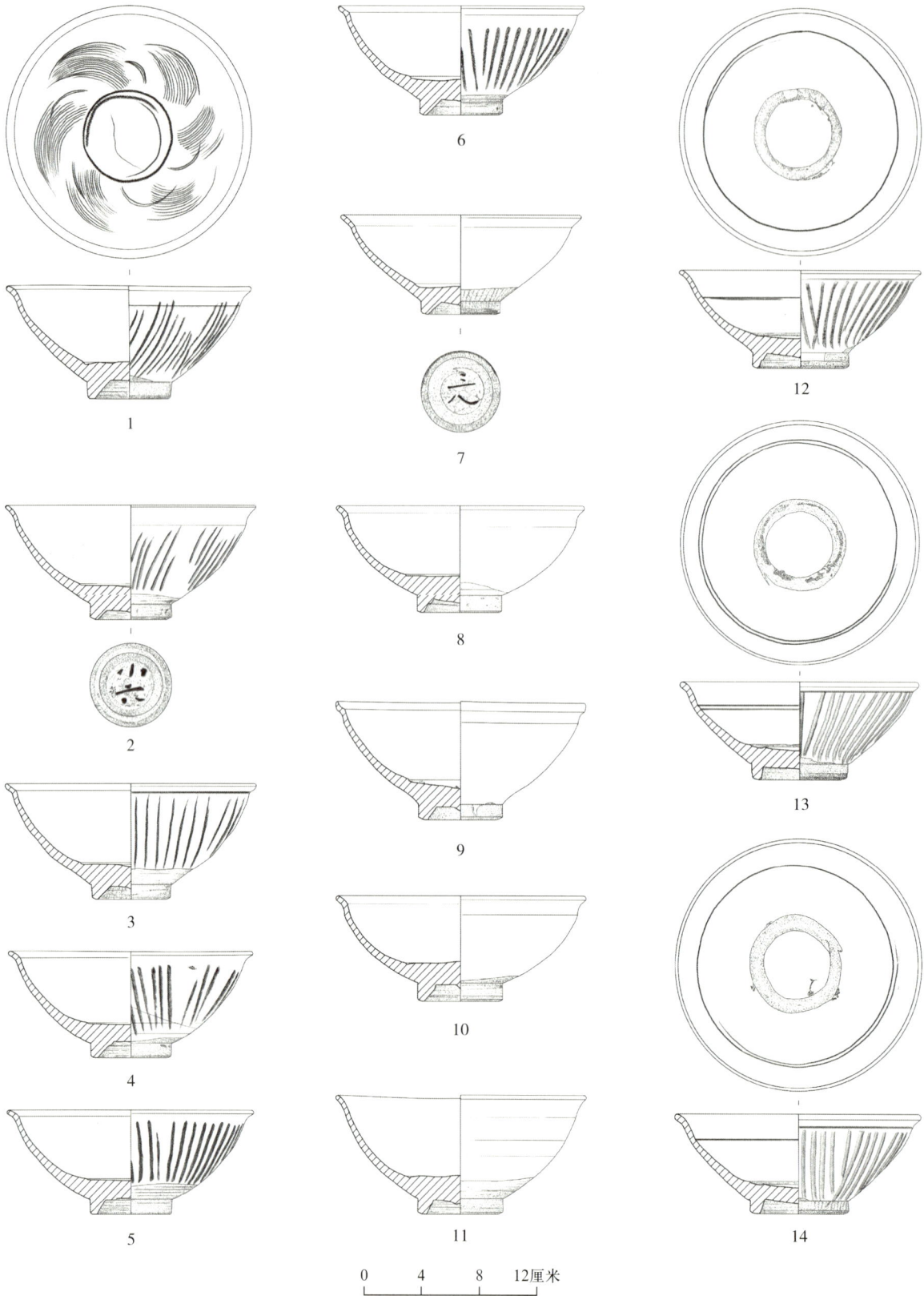

图一七　Ba、Bb、Bc、C 型瓷碗

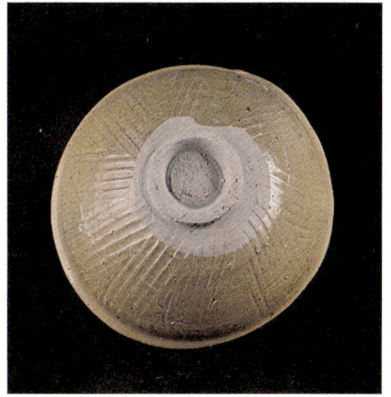

1   2   3

图一八　Ba 型瓷碗

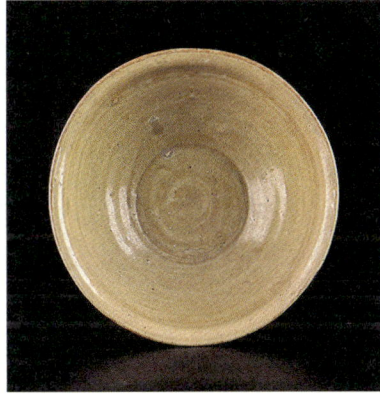
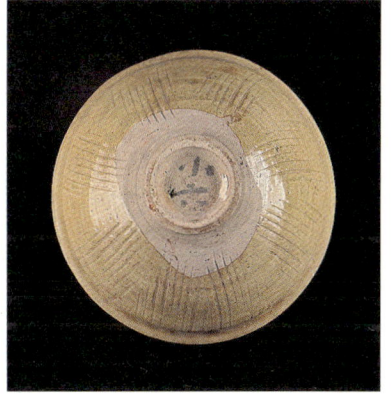

1   2   3

图一九　Bb 型瓷碗

1   2   3

图二〇　Bb 型瓷碗

1　　　　　　　　　　　　2　　　　　　　　　　　　3

图二一　Bb 型瓷碗

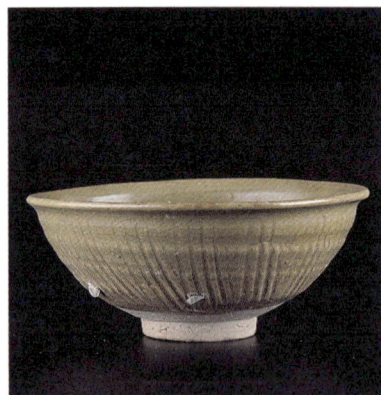

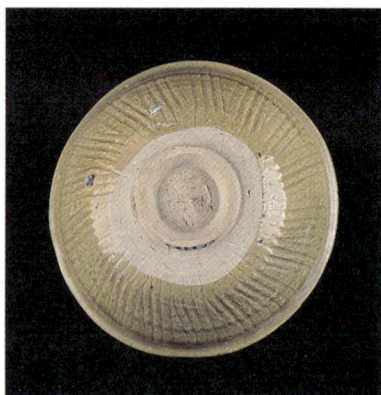

1　　　　　　　　　　　　2　　　　　　　　　　　　3

图二二　Bb 型瓷碗

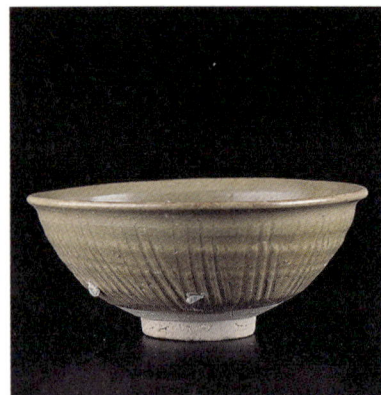

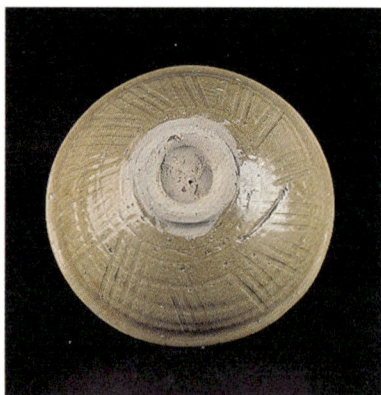

1　　　　　　　　　　　　2　　　　　　　　　　　　3

图二三　Bb 型瓷碗

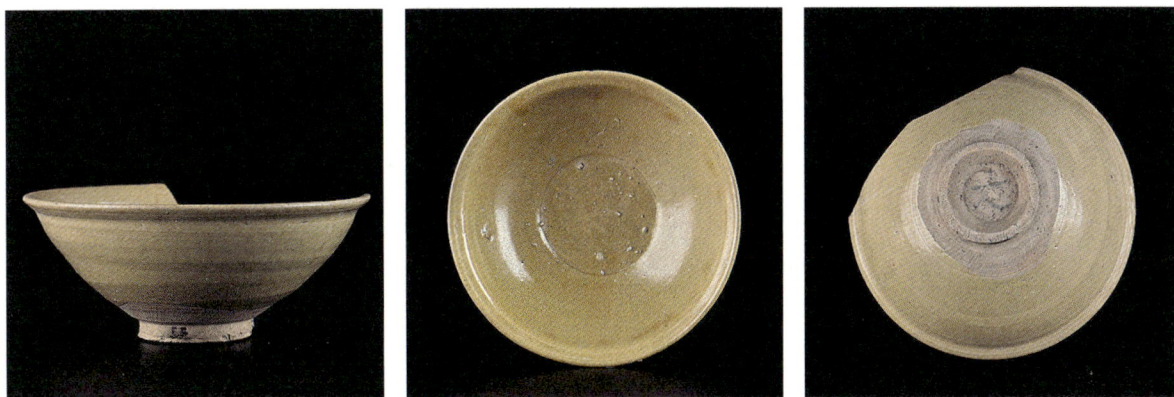

1 2 3

图二四 Bc 型瓷碗

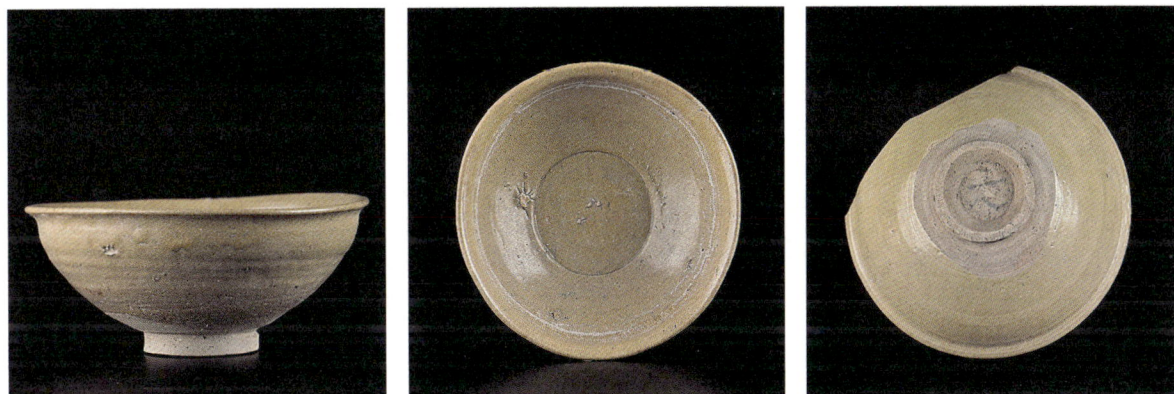

1 2 3

图二五 Bc 型瓷碗

1 2 3

图二六 Bc 型瓷碗

图二七　Bc 型瓷碗

图二八　Bc 型瓷碗

图二九　C 型瓷碗

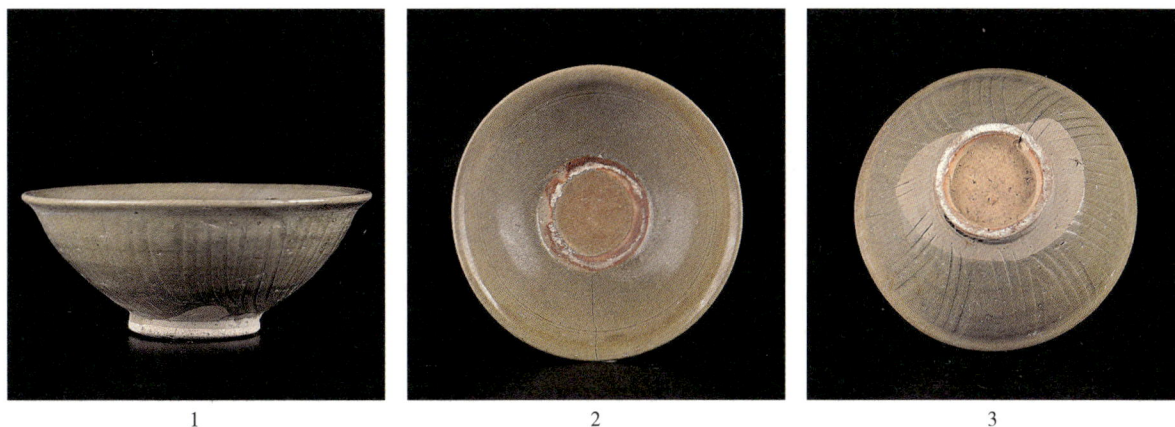

1　　　　　　　　　　2　　　　　　　　　　3

图三〇　C 型瓷碗

1　　　　　　　　　　2　　　　　　　　　　3

图三一　C 型瓷碗

SF：1479，口径 16.8、足径 6.4、高 6.8 厘米（图三二，1；图三三）。

SF：1557，口径 16.8、足径 6.8、高 6.4 厘米（图三二，2；图三四）。

D 型　30 件。圆唇，口微撇，斜腹近直，内底平坦，矮圈足，足墙较直，挖足平整。灰胎，青釉，内满釉，外壁施釉至圈足处，露胎处呈红褐色。内底压印一周弦纹。内底有涩圈，外足端留有白色的垫烧痕。器形多有变形，不规整。

SF：1596，口径 15.6、足径 6.8、高 4.7 厘米（图三二，3；图三五）。

SF：1597，口径 15.4、足径 6.6、高 4.7 厘米（图三二，4；图三六）。

SF：1598，口径 15.6、足径 6.5、高 6 厘米（图三二，5；图三七）。

SF：1636，口径 15.4、足径 6.8、高 4.4 厘米（图三二，6；图三八）。

SF：1644，口径 15.8、足径 6.8、高 4.9 厘米（图三二，7；图三九）。

E 型　10 件。圆唇，撇口，深弧腹，圈足，挖足平整。灰白胎，略疏松，青黄釉，釉面光亮，内满釉，外施釉至足端。外壁剔刻菊瓣纹，较规整；内壁刻划花草纹，写意疏朗。

SF：631，口径 16.3、足径 5.2、高 7.2 厘米（图三二，8；图四〇）。

SF：1685，口径 16.2、足径 5.2、高 7.1 厘米（图三二，9；图四一）。

0　　4　　8　　12厘米

图三二　C、D、E 型瓷碗

1　　　　　　　　　　2　　　　　　　　　　3

图三三　C 型瓷碗

  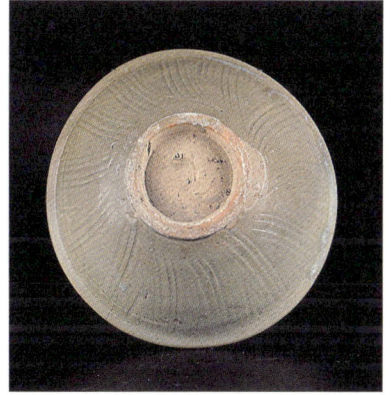

1　　　　　　　　　　2　　　　　　　　　　3

图三四　C 型瓷碗

1　　　　　　　　　　2　　　　　　　　　　3

图三五　D 型瓷碗

图三六　D 型瓷碗

图三七　D 型瓷碗

图三八　D 型瓷碗

1　　　　　　　　　　2　　　　　　　　　　3

图三九　D 型瓷碗

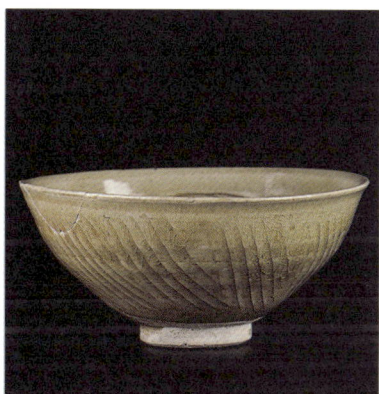

1　　　　　　　　　　2　　　　　　　　　　3

图四〇　E 型瓷碗

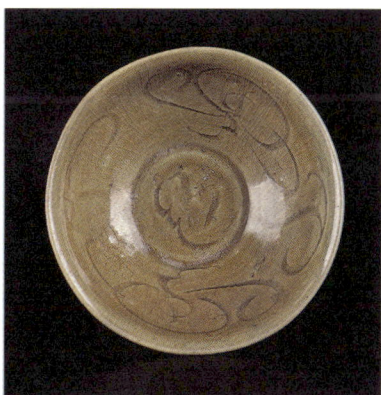

1　　　　　　　　　　2　　　　　　　　　　3

图四一　E 型瓷碗

SF ：1686，口径 16.4、足径 5、高 7.1 厘米（图四二，1；图四三）。

SF ：1687，口径 15.8、足径 5、高 7 厘米（图四二，2；图四四）。

SF ：1688，口径 15.8、足径 5.3、高 7.2 厘米（图四二，3；图四五）。

罐　2 件。

SF ：665，圆唇，卷沿，束颈，圆肩，下腹斜收，平底。灰胎，褐釉，局部泛白，内满釉，外壁施釉不及底。口径 9、底径 7.8、最大腹径 17、高 15.5 厘米（图四六）。

图四二　E 型瓷碗

图四三　E 型瓷碗

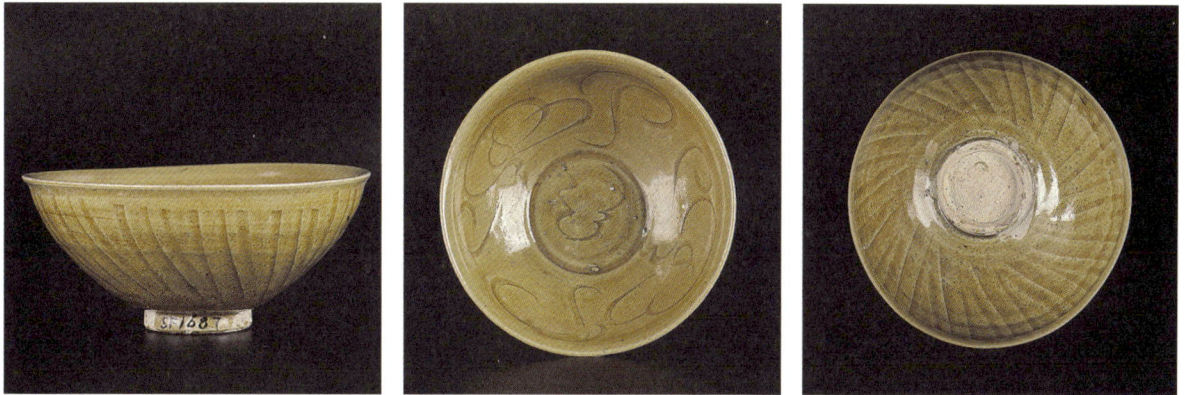

图四四　E 型瓷碗

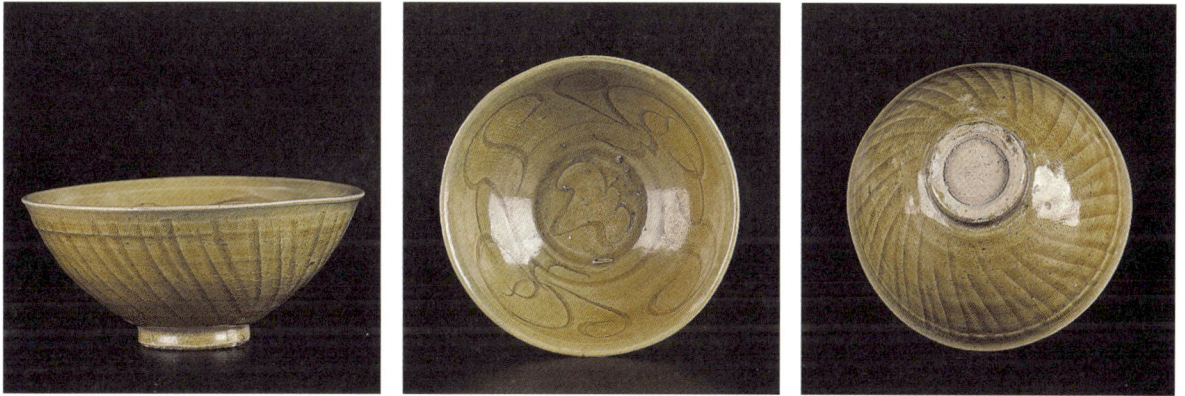

图四五　E 型瓷碗

图四六　洪塘窑罐

二、产地与年代

关于这批器物的产地，A、B、C、D 四型的瓷碗，与福建连江浦口窑址的产品非常相似[1]，应为该窑产品；E 型碗可能为龙泉窑产品；罐可能为洪塘窑产品。从图中（图四七）可见，Ab 型碗所占比例最高，为 55%，Ba 型碗占 13%，其余依次为 Aa 型（7%）、C 型（5%）、D 型（3%），Bc 型、E 型各占 1%。整体来看，素面的比例超过 57%，这一时期产品装饰纹样衰落，产品较为粗糙。

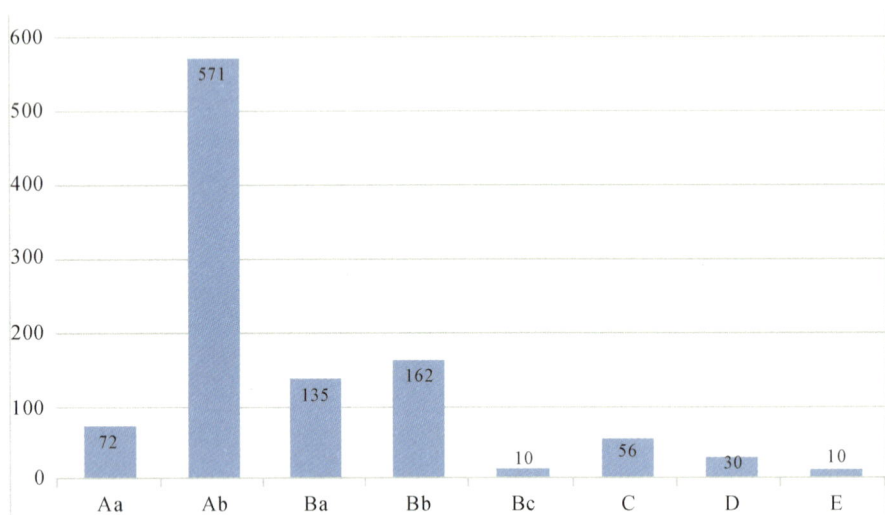

图四七　各类型瓷碗占比柱状图

关于其年代，因没有地层关系与绝对纪年产品，只能根据器形与纹样来推定。A、B、C、D 四型瓷碗，胎体厚重，胎骨灰白，釉色清淡，釉层薄，呈玻璃质感。口沿外撇，圈足较高，纹饰多为外壁剔刻菊瓣纹、内壁刻划箆划纹、花卉纹，部分仅外壁有菊瓣纹，多数为内外素面，与龙泉东区一、二期部分产品相似，应为模仿龙泉窑制品。

龙泉东区一期碗多直口微敞，盛行双面刻划花，年代为北宋晚期。在龙泉东区二期，碗口从直口变为撇口，纹饰从双面刻划花变为外壁素面、内壁刻划花卉纹[2]。四团镇出土的这批瓷器，器型上与龙泉东区二期产品接近，纹饰上则与一期流行的双面刻划花相近。与四团镇瓷器相似的双面刻划花碗在南海一号沉船也有出水，仅内壁纹饰不同，前者尚未发展出南海一号沉船

［1］　宋伯胤：《连江县的两个古瓷窑》，《考古》1958 年第 2 期，第 27～31 页；栗建安、陈恩、明勇：《连江县的几处古窑址》，《福建文博》1994 年第 2 期，第 78～81 页；故宫博物院：《故宫博物院藏中国古代窑址标本·福建卷》，故宫出版社，2015 年，第 435～439 页。

［2］　浙江省文物考古研究所：《龙泉东区窑址发掘报告》，文物出版社，2005 年，第 353～407 页。

出水龙泉窑碗内壁流行的布局疏朗的纹饰风格[1]。已有学者研究指出，"龙泉窑产品口沿转为外翻之后，受其影响的福建还继续生产老式产品。福建陶瓷器的整体特点是形制变化较缓慢，即使有新形制出现，与老形制并存的情况很常见"[2]。四团镇出土瓷器的纹饰风格介于龙泉东区一期与南海一号之间，其年代应该不晚于南海一号沉船（约1183年），即南宋中期[3]。

三、航路与目的地

关于这批器物的废弃原因，因缺乏详细的记录，已无法详察。简讯作者认为："宋代从浙南、闽北一带瓷器产地装运来沪，临时堆放在海滩上，准备转运外地，后因发生某种突然事故而被埋没在这里的。"[4]此说大体无误。

这批器物主要为连江浦口窑瓷碗，完整器达1036件，另有10件龙泉窑碗，器型单一，包装完整，加之出土于海滩，具备船货的特点。其产地位于福州北部的连江县浦口镇，敖江穿镇而过，入海口即是定海湾，是福州港连接外洋向东、向北航线海上交通的主要孔道[5]。这批货物很可能是从浦口镇直接装船，沿着海岸线向北航行。因装有10件龙泉窑碗，可能在温州港停靠，然后直达上海宋代的贸易港——青龙镇，不幸的是在奉贤的海岸遇到突发事故。

宋代的青龙镇是太湖流域的重要港口，经过近10年的发掘，出土了大量的贸易陶瓷，其中宋代福建陶瓷所占比例超过一半[6]。同期在内陆的其他遗址所出的福建陶瓷数量极少，比例远低于青龙镇[7]，而在同期日本出土的贸易陶瓷中福建产品数量较多、占比较高[8]，显示出福

[1] 国家文物局水下文化遗产保护中心等：《南海Ⅰ号沉船考古报告之二——2014~2015年发掘》，文物出版社，2018年，第344~358页。
[2] ［日］田中克子：《"博多"にもたらされた中国陶磁器——国内消費地との比較材料として—》，《貿易陶磁器と東アジアの物流—平泉·博多·中国—》，高志书院，2019年，第74页。
[3] 关于"南海Ⅰ号"的沉没年代的最新研究，详见孙键、崔勇：《沉舟侧畔，丝路流光——广东"南海Ⅰ号"南宋沉船水下考古发掘项目》，《文博中国》2010年4月28日。
[4] 孙维昌：《上海奉贤县发现大批宋瓷》，《文物》1987年第9期，第94~95页。
[5] 中国国家博物馆水下考古学研究中心等：《福建连江定海湾沉船考古》，科学出版社，2011年，第7页。
[6] 王建文：《唐宋时期的贸易港——上海青龙镇》，《貿易陶磁器と東アジアの物流—平泉·博多·中国—》，高志书院，2019年，第161~177页。
[7] 虽然两宋时期的城市考古都会出土大量的陶瓷器，但就目前发表的材料来看，尚缺乏各窑口产品比例的精确统计，本人的论据来自个人考察时的粗略统计，如湖州凡石桥遗址、淮北、宿州大运河遗址等，相关遗址已经出版了图录或考古报告，可惜都没有详细的统计数据。浙江省博物馆等：《最忆是江南：湖州凡石桥南宋遗址出土文物》，文物出版社，2020年；安徽省文物考古研究所、濉溪县文物事业管理局、淮北市博物馆：《柳孜运河遗址第二次考古发掘报告》，科学出版社，2017年；安徽省文物考古研究所、泗县文物局、灵璧县文物管理所：《泗县、灵璧段运河考古发掘报告》，科学出版社，2018年。
[8] ［日］田中克子：《日本博多（Hakata）遗址群出土的贸易陶瓷器及其历史背景——九世纪至十七世纪早期》，《考古学视野中的闽商》，中华书局，2010年，第151~172页。

建陶瓷主要销往海外的特点。已有学者研究认为，中国福建与日本的贸易航线有 4 条[1]。通过近年来青龙镇的考古发现和奉贤四团镇出土的大量福建瓷器，并结合文献记载[2]，揭示出青龙镇是南方陶瓷等商品北销朝鲜半岛、日本等地重要的中转港，增加了对中国与东北亚航线研究的新认识。

　　浦口窑在宋元时期积极参与外销，类似四团镇瓷器的产品在海内外各地多有发现，如定海湾白礁一号沉船[3]、澎湖列岛[4]、青龙镇遗址（图四八至五二）、南海一号沉船[5]、韩国新

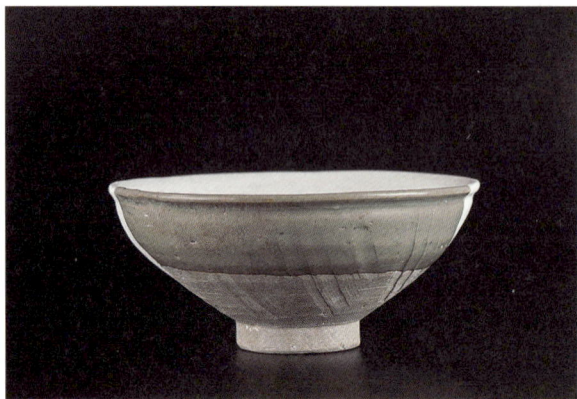

图四八　青龙镇遗址出土浦口窑碗（T4377 ③：17）　　　图四九　青龙镇遗址出土浦口窑碗（T4278 ③：26）

图五〇　青龙镇遗址出土浦口窑碗（T4378 ③：1）　　　图五一　青龙镇遗址出土浦口窑碗（T4378 ③：7）

---

[1]　[日]森达也：《从出土陶瓷来看宋元时期福建和日本的贸易线路》，《考古学视野中的闽商》，中华书局，2010 年，第 173～187 页。

[2]　嘉祐七年（1062 年）灵鉴《宝塔铭》载："宋明天子即位，举贤良，兴文教，不禁浮屠，造塔庙，兴佛事……遂于隆平精舍建塔七层，高耸云霄。自杭、苏、湖、常等州月日而至，福、建、漳、泉、明、越、温、台等州岁二三至，广南、日本、新罗岁或一至。"上海地方志办公室等：《松江府卷·正德松江府志》，上海府县旧志丛书，上海古籍出版社，2011 年，第 343 页。

[3]　中国国家博物馆水下考古研究中心等：《福建连江定海湾沉船考古》，科学出版社，2011 年，第 145～158 页。

[4]　陈信雄：《澎湖宋元陶瓷》，澎湖县立文化中心，1985 年，第 36 页彩版 50、51。

[5]　国家文物局水下文化遗产保护中心等：《南海Ⅰ号沉船考古报告之二——2014～2015 年发掘》，文物出版社，2017 年，第 344～360 页。

图五二 青龙镇遗址出土浦口窑碗
1. T4377③：9，侧视 2. T4377③：9，俯视

安马岛海域[1]、日本博多遗址[2]等，其中尤以日本出土的范围广、数量多[3]。以上发现浦口窑瓷器的地方分别是贸易中转港和消费地，与窑址一起串联起了贸易陶瓷生产、运输、消费等完整的链条。四团镇出土的这批器物，应该是在青龙镇中转后，再与其他品种与材质的商品，一起运至朝鲜半岛、日本等东北亚地区的终端消费市场。

　　器物摄影：王建文；

　　器物绘图：李召銮；

　　器物检测：朱逸冰。

　　（本研究受到"上海博物馆馆级科研项目"资助，项目批准号2020GC01，部分老照片来自上海博物馆考古研究部档案。田中克子女士提供了部分博多遗址的材料，谨致谢忱）

---

[1] ［韩］文化遗产管理局、国立海洋文化遗产研究所：《泰安马岛出水中国陶瓷器》，2013年，第107～109页。

[2] 日本博多遗址出土了较多的浦口窑产品，其中部分与四团镇出土产品相似，如博多第37次调查SK-57、SP-478等遗迹都出土了类似产品，见福冈市教育委员会：《博多》16，福冈市埋藏文化财调查报告书第244集，1991年。在博多第44次、62次发掘调查中，出土了类似的浦口窑产品，详见福冈市教育委员会：《博多》19，福冈市埋藏文化财调查报告书第247集，1991年，第15页；福冈市教育委员会：《博多》48，福冈市埋藏文化财调查报告书第397集，1995年，第170页。

[3] ［日］木下尚子：《13～14世纪的琉球与福建》，熊本大学文学部，2009年。

附录：上海市奉贤区四团镇出土瓷器的无损检测分析报告

朱逸冰

本报告共对出土瓷器中 40 件完整青釉瓷碗进行了分析，根据器型分为 2 群 8 类，其中 A 群为第 2 类，疑似浙江龙泉窑产品，B 群包括 1、3～8 类，疑似福建连江浦口窑产品，采用的检测方法为无损 X 射线荧光能谱元素组成分析技术。测试设备为 Bruker 公司 trace 5i 型手持式 X 射线荧光能谱仪。出于文物无损、安全的要求，所有测试都不做表面清洗等处理。

测试标准曲线使用 GBW 系列岩石土壤标准样品及自制仿烧青白釉标准样品进行联合校正。

1. A 群青瓷碗

本次测定了 5 件疑似来自龙泉窑的青瓷碗，测试结果见表一。因为是无损检测，由于底足部分存在一些污染，完整器瓷胎的测试数据可能存在一些偏差。其胎中 Al_2O_3 含量为 17%～18% 左右，瓷胎中的 Fe_2O_3 含量为 3% 左右，同时 TiO_2 含量较高，高含量的呈色元素和杂质元素使瓷胎不够洁白。从表一的青釉测试结果来看，其青釉呈现高钙含量的原料配方特征，K_2O 含量在 2.45%～3.73% 之间，平均值为 3.12%，CaO 含量在 11.11%～14.38% 之间，平均值为 12.68%，推测是石灰釉[1]。

表一　A 群青瓷碗

类型	样品	测试部位	MgO	Al_2O_3	SiO_2	P_2O_5	K_2O	CaO	TiO_2	MnO	Fe_2O_3	Rb	Sr	Zr
			%									ppm		
2	SF631	青釉	2.74	11.57	66.58	0.44	2.45	11.11	0.33	0.68	1.81			
		青釉	3.61	13.80	60.31	0.52	2.83	13.12	0.36	0.79	2.33	100	310	323
	SF1681	青釉	3.02	12.81	64.65	0.41	3.22	11.13	0.33	0.68	1.66	97	277	289
		胎	0.70	17.93	71.98	0.08	3.03	1.39	0.45	0.12	3.07	114	152	336
		胎	1.08	18.58	70.66	0.09	3.26	1.35	0.45	0.13	3.19	119	155	342
	SF1685	青釉	3.91	16.73	55.16	0.45	3.73	14.38	0.37	0.86	1.94	107	356	346
	SF1688	青釉	3.57	14.21	60.74	0.46	3.11	12.69	0.34	0.74	1.84	97	298	297
		胎	0.74	18.77	70.88	0.11	3.10	1.69	0.41	0.17	2.89	108	155	309
	SF1687	青釉	3.75	16.33	56.73	0.44	3.40	13.65	0.37	0.81	2.03	105	329	331

与下文中表二、三的其他样品对比微量元素 Rb、Sr、Zr，龙泉窑的胎显然与其余的不同，其 Rb : Sr 比极低（0.75、0.77、0.70），因此这 5 件瓷器产地与其他样品均不同。

---

[1]　吴隽、吴艳芳、吴军明、张茂林、李其江、吴涛涛、许璐：《景德镇仿龙泉青瓷与龙泉青瓷组成特征研究》，《光谱学与光谱分析》2013 年第 8 期，第 2246～2250 页；吴艳芳：《明代景德镇仿龙泉青瓷与龙泉青瓷对比研究》，景德镇陶瓷学院 2013 年博士学位论文；刘净贤：《试论宋元明时期闽北地区的仿龙泉青瓷》，《考古与文物》2020 年第 1 期，第 100～110 页。

表二　B群青瓷碗胎釉元素成分

类型	编号	测试部位	MgO	Al$_2$O$_3$	SiO$_2$	P$_2$O$_5$	K$_2$O	CaO	TiO$_2$	MnO	Fe$_2$O$_3$	Rb	Sr	Zr
			%										
							%					ppm		
1	SF1080	釉	2.83	12.66	65.36	0.37	3.37	10.00	0.38	0.47	2.39	109	240	357
		釉	3.29	15.11	61.55	0.31	3.85	9.62	0.41	0.64	2.95	123	248	405
		胎	0.36	21.16	68.49	0.13	3.79	1.12	0.37	0.14	3.18	132	128	412
	SF1410	釉	2.59	14.37	67.85	0.31	3.25	6.23	0.37	0.41	2.55	113	201	357
		釉	2.99	15.15	65.78	0.32	3.44	6.69	0.43	0.47	2.55	118	214	384
		胎	0.54	18.70	72.86	0.01	3.04	0.70	0.35	0.05	2.57	121	119	377
	SF1589	釉	2.30	13.32	70.39	0.33	3.11	5.37	0.36	0.34	2.27	103	177	330
		胎	0.28	21.80	68.68	0.16	3.45	0.84	0.52	0.10	2.96	127	123	427
	SF1408	釉	2.88	13.18	66.14	0.31	4.33	7.53	0.37	0.48	2.79	114	190	363
		泛红，胎	0.70	20.24	68.93	0.10	4.25	1.11	0.39	0.13	2.94	125	126	399
	SF1867	釉	3.16	13.14	66.24	0.30	3.56	8.61	0.38	0.49	1.89	110	243	356
		胎	1.59	19.87	67.82	0.12	4.19	0.99	0.48	0.18	3.47	135	131	418
3	SF1219	釉	2.98	12.85	66.00	0.49	2.62	8.80	0.36	0.67	2.98	98	234	341
		胎	0.98	17.18	72.13	0.09	2.83	1.37	0.49	0.08	3.58	120	127	406
		胎	0.99	17.25	72.66	0.07	2.85	1.11	0.45	0.05	3.30	113	117	371
	SF1254	釉	2.83	12.54	67.39	0.47	2.78	8.98	0.35	0.62	1.89	100	257	333
		胎	0.93	18.86	71.13	0.07	2.95	0.98	0.62	0.07	3.15	125	126	400
	SF1280	釉	3.25	15.30	62.37	0.46	3.33	9.91	0.41	0.65	2.14	105	258	383
		胎	1.06	16.91	72.35	0.11	2.95	1.64	0.52	0.07	3.15	115	125	395
		胎	0.82	22.60	66.91	0.09	3.30	1.10	0.52	0.08	3.32	125	133	414
	SF619	釉	3.11	15.71	61.07	0.43	3.71	10.28	0.39	0.70	2.47	119	246	415
		胎	0.88	21.43	67.80	0.08	3.68	0.86	0.52	0.06	3.43	132	125	403
	SF1148	釉	3.45	15.08	58.48	0.67	3.15	13.03	0.38	0.95	2.51	111	251	396
		胎	1.11	18.64	70.35	0.09	3.08	1.42	0.57	0.08	3.39	117	127	414
4	SF1131	釉	2.11	16.50	59.36	0.19	3.83	11.95	0.32	0.40	3.12	116	197	315
		胎	1.24	19.59	70.36	0.06	2.98	1.06	0.38	0.05	3.04	121	130	324
	SF1764	釉	1.50	15.46	69.53	0.09	3.38	4.73	0.33	0.10	2.80			
		釉	1.73	14.85	61.29	0.23	2.76	13.72	0.30	0.22	2.66	90	236	282
		胎	0.31	19.65	72.25	0.01	2.79	0.61	0.32	0.04	2.67	112	120	292

（续表）

类型	编号	测试部位	MgO	Al₂O₃	SiO₂	P₂O₅	K₂O	CaO	TiO₂	MnO	Fe₂O₃	Rb	Sr	Zr
						%							ppm	
4	SF1405	釉	1.91	15.14	58.53	0.25	3.79	16.02	0.27	0.25	1.61	103	227	291
		沾到污物，胎	1.34	17.71	70.52	0.19	2.40	3.27	0.33	0.05	2.39	117	130	318
	SF1407	釉	1.94	17.17	58.32	0.16	4.48	12.46	0.31	0.24	2.52	113	235	305
		胎	1.00	25.41	63.81	0.05	3.85	0.78	0.35	0.06	3.43	126	138	347
	SF1292	胎	0.49	19.61	72.06	0.04	2.41	1.24	0.29	0.06	2.58	115	127	299
5	SF1087	釉	3.23	16.28	61.27	0.47	3.73	9.27	0.41	0.70	2.41	117	239	406
		胎	0.67	16.95	74.04	0.04	2.74	1.08	0.39	0.06	2.80	111	120	367
		胎	1.04	18.54	71.31	0.06	3.08	1.11	0.46	0.08	3.09	120	127	394
	SF630	釉	2.48	12.98	66.44	0.41	3.03	9.50	0.35	0.67	1.93			
		釉	2.43	12.60	67.04	0.39	3.00	9.54	0.33	0.66	1.85	113	229	308
		胎	0.39	19.70	71.94	0.10	3.05	0.85	0.30	0.08	2.36	134	130	327
	SF1737	釉	3.21	13.43	65.65	0.41	3.11	8.88	0.37	0.69	2.06	107	232	350
		胎	1.37	17.37	70.34	0.09	3.28	1.39	0.53	0.07	4.28	125	131	390
	SF1752	釉	3.13	14.14	63.97	0.51	2.55	8.47	0.41	0.74	3.86	104	231	363
		胎	0.69	18.03	71.76	0.04	3.35	0.93	0.60	0.06	3.31	120	126	365
	SF1164	釉	3.49	15.48	61.87	0.42	3.38	10.18	0.39	0.78	2.17	116	259	382
		胎	1.40	18.49	68.44	0.15	3.33	2.55	0.53	0.07	3.75			
		胎	0.94	15.85	72.89	0.11	2.67	2.44	0.47	0.06	3.31	121	125	364
6	SF1623	釉	1.53	14.85	59.12	0.25	3.39	15.52	0.30	0.17	2.71	108	237	302
		青白釉的胎	1.51	19.85	69.39	0.09	2.99	1.40	0.40	0.06	3.03	124	137	342
	SF1348	釉	1.78	16.25	62.05	0.08	4.56	9.60	0.34	0.17	2.87	119	207	327
		胎	1.02	19.84	70.60	0.05	2.80	0.99	0.37	0.05	3.08	113	130	324
	SF1702	釉	1.71	17.32	56.98	0.17	3.93	14.73	0.32	0.11	2.28			
		胎	1.25	20.03	69.67	0.04	3.39	1.07	0.36	0.06	2.91	122	156	340
	SF1634	釉	1.95	15.86	62.61	0.14	4.48	10.47	0.34	0.28	1.67	110	203	288
		胎	0.71	24.30	67.12	0.02	2.85	0.77	0.31	0.06	2.60	123	135	321
	SF1216	釉	2.39	19.93	53.15	0.18	4.94	14.27	0.34	0.49	1.96	120	223	313
		胎	1.34	20.08	70.02	0.05	3.05	1.11	0.37	0.05	2.69	122	132	307

（续表）

类型	编号	测试部位	MgO	Al₂O₃	SiO₂	P₂O₅	K₂O	CaO	TiO₂	MnO	Fe₂O₃	Rb	Sr	Zr
								%					ppm	
7	SF1514	釉	2.81	14.39	66.81	0.38	2.96	7.19	0.33	0.55	2.28	106	208	326
		胎	1.34	23.11	65.60	0.07	3.72	0.81	0.57	0.08	3.43	138	136	432
	SF1515	釉	3.33	16.65	60.13	0.47	3.76	9.86	0.42	0.74	2.35	113	273	391
		胎	1.85	21.41	66.59	0.09	3.62	1.02	0.53	0.08	3.52	126	129	396
	SF622	釉	3.51	18.47	56.24	0.54	3.67	11.27	0.41	0.65	2.86	121	253	398
		釉	3.20	15.87	60.79	0.50	3.20	10.92	0.36	0.61	2.33	106	267	348
		胎	1.00	18.62	71.23	0.04	3.18	0.66	0.50	0.05	3.49	119	122	361
	SF1138	釉	3.89	18.40	57.10	0.49	3.67	10.49	0.41	0.82	2.49	121	275	395
		釉	3.30	15.96	62.33	0.48	3.35	9.16	0.38	0.74	2.22	112	241	362
		胎	0.85	19.33	71.28	0.02	2.98	0.75	0.44	0.06	2.91	119	120	358
	SF1094	釉	3.55	16.99	59.86	0.47	3.67	9.60	0.40	0.76	2.33	120	251	386
		带釉，胎	1.05	17.49	72.42	0.07	3.04	1.18	0.47	0.07	2.96	120	126	370
8	SF1615	釉	3.11	16.67	62.56	0.28	3.66	8.04	0.39	0.45	2.66	115	232	388
			0.93	22.10	66.02	0.14	4.51	0.99	0.49	0.13	3.44	137	135	428
	SF1598	釉	3.35	15.62	62.46	0.28	3.76	9.12	0.40	0.47	2.27	116	256	383
	SF1597	釉	3.14	14.30	61.31	0.56	2.94	12.09	0.39	0.49	2.35	111	251	386
		可能污染了胎面	0.63	17.99	70.54	0.11	2.80	1.76	0.48	0.09	3.14			
		胎	0.76	16.53	74.58	0.07	2.40	1.23	0.38	0.07	2.78	107	116	341
		胎	0.67	16.10	73.86	0.20	2.66	2.13	0.38	0.15	2.66			
	SF1644	釉	2.94	18.45	60.04	0.20	3.77	8.35	0.43	0.45	3.30	120	252	393
		釉	2.90	18.69	60.74	0.23	3.65	7.97	0.43	0.44	2.86			
		胎	1.15	17.33	70.80	0.20	3.02	2.65	0.52	0.07	2.97	126	128	406
		胎	1.48	22.26	63.67	0.21	4.25	1.84	0.48	0.13	3.38	139	140	446
	SF1160	釉	3.09	14.39	62.98	0.45	3.44	10.50	0.39	0.50	1.90	114	237	371
		有釉，胎	0.22	15.77	76.51	0.04	2.49	1.18	0.28	0.05	2.25	103	113	317

表三　各类型青瓷碗的胎中微量元素比值（ppm）

类型	Rb	Sr	Zr	Rb/Sr	Zr/Rb	类型	Rb	Sr	Zr	Rb/Sr	Zr/Rb
1	132	128	412	1.03	3.12	5	111	120	367	0.93	3.31
	121	119	377	1.02	3.12		120	127	394	0.94	3.28
	127	123	427	1.03	3.36		134	130	327	1.03	2.44
	125	126	399	0.99	3.19		125	131	390	0.95	3.12
	135	131	418	1.03	3.10		120	126	365	0.95	3.04
2	114	152	336	0.75	2.95		121	125	364	0.97	3.01
	119	155	342	0.77	2.87	6	124	137	342	0.91	2.76
	108	155	309	0.70	2.86		113	130	324	0.87	2.87
3	120	127	406	0.94	3.38		122	156	340	0.78	2.79
	113	117	371	0.97	3.28		123	135	321	0.91	2.61
	125	126	400	0.99	3.20		122	132	307	0.92	2.52
	115	125	395	0.92	3.43	7	138	136	432	1.01	3.13
	125	133	414	0.94	3.31		126	129	396	0.98	3.14
	132	125	403	1.06	3.05		119	122	361	0.98	3.03
	117	127	414	0.92	3.54		119	120	358	0.99	3.01
4	121	130	324	0.93	2.68	8	137	135	428	1.01	3.12
	112	120	292	0.93	2.61		107	116	341	0.92	3.19
	126	138	347	0.91	2.75		126	128	406	0.98	3.22
	115	127	299	0.91	2.60		139	140	446	0.99	3.21

2. B群青瓷碗

B群产品是疑似福建浦口生产的青瓷碗，根据器型及纹饰将其分为7类，表二是测试结果。根据其釉面中平均的 CaO 含量，1 类 CaO 含量偏低；其余类别样品平均 CaO 含量大于 8%，应属于石灰釉[1]。

表三中将所有样品的微量元素 Rb、Sr、Zr 及其比值列出。

从检测结果分析，4 类与 6 类样品的胎中 Zr 含量比较低，Zr/Rb 比值总体低于 3 类，Al_2O_3 的平均含量也较高，并且它们釉中 P_2O_5 含量低于其余类别。因此，4 类与 6 类应当属于相近类别。

5 类中 SF630 与同类别的其他样品不同，可能误放入此中。

[1] Wang E, Xiong Y, Zhu Y, et al. Study on Ancient Lime Glazes and Lime Alkali Glazes-Limitations of Surface Analysis, *Microchemical Journal*, 2021, 165(12): 106－170.

1 类的胎中 Rb/Sr 比较高，Al 含量较高，可能原料产地与其他类别的瓷碗略有不同。

除了疑似龙泉样品外，其余各类样品中胎中各元素含量仅存在细微差异，可能与当地取土有关。

胎中 1、3～8 类的平均 Al_2O_3 含量为 19.36%，与吴琳[1]所测的义窑青白瓷胎的 Al_2O_3 含量相近（在 16.31%～24.98% 之间变化，均值为 20.28%）。她认为这属于中国南方瓷器典型"高硅低铝"特征。我们还采集了福建三明地区澜溪窑附近的白色瓷土，其数据见表四，福建地区及过往文献[2]所列数据可见当地瓷土成分与瓷胎成分具有一致性，均呈现 Al_2O_3 含量相近的特征，因此这批样品应该为就地取土的一元化配方。根据李家治整理的福建地区的瓷器数据特征，对于表二中所有样品，胎中具有低铝（平均值为 19.36%）、高钾（2.40%～4.51%）的特点，属于典型的福建特征[3]。

3. 浦口、庄边窑址采集瓷片成分测试

作为对比，本次工作另外选取了福建庄边窑、浦口窑采集的标本进行了测试（表四）。庄边窑的 6 件样品中，能测得胎的有 4 件，它们的 Al_2O_3 含量具有一定差异，两件为 21% 左右，两件高于 26%。虽然它们分布不均匀，但可以看出，它们的胎中 Al_2O_3 含量基本较高。

表四 浦口、庄边窑址采集瓷片元素

样品		部位	MgO	Al_2O_3	SiO_2	P_2O_5	K_2O	CaO	TiO_2	MnO	Fe_2O_3	Rb	Sr	Zr
			%									ppm		
澜溪窑瓷土			0.18	20.58	72.50	0.01	4.20	0.45	0.02	0.07	0.81			
1. 莆田庄边窑	大	釉	2.00	13.44	66.36	0.25	2.38	11.06	0.37	0.35	1.78	101	285	323
			2.29	14.40	63.42	0.30	2.25	12.98	0.37	0.36	1.68			
	中	釉	2.24	14.60	66.22	0.24	2.94	8.64	0.40	0.55	2.12	113	306	349
			2.57	16.40	63.48	0.25	3.11	8.99	0.40	0.57	2.22			
		胎	0.14	21.53	71.48	0.01	2.54	0.47	0.48	0.03	2.12	117	129	324
	小	釉	2.45	16.32	58.67	0.29	2.25	14.54	0.34	0.52	2.40	105	316	343
2. 庄边	小	釉	2.82	15.94	52.90	0.49	2.08	21.08	0.36	0.48	1.62	96	405	349
		胎	0.21	21.28	71.76	0.01	2.45	0.55	0.55	0.05	1.96	127	143	359
	中	釉	2.96	14.97	59.05	0.48	2.54	13.64	0.47	1.04	2.57	106	322	352
		胎	0.14	26.51	65.00	0.01	3.03	0.52	0.63	0.07	2.92	135	151	405

[1] 吴琳、赖昌雷、黄玉芳等：《福建闽清义窑青白瓷胎釉组成配方的 EDXRF 研究》，《陶瓷研究》2019 第 5 期，第 102～106 页。

[2] 杜志政：《同安窑系：珠光青瓷》，厦门大学出版社，2017 年，第 11 页；王艳蓉、朱铁权、冯泽阳等：《"南海Ⅰ号"出水古陶瓷器科技分析研究》，《岩矿测试》2014 年第 3 期，第 332～339 页。

[3] 李家治：《中国科学技术史：陶瓷卷》，科学出版社，1998 年，第 325～354 页。

（续表）

样品		部位	MgO	Al₂O₃	SiO₂	P₂O₅	K₂O	CaO	TiO₂	MnO	Fe₂O₃	Rb	Sr	Zr
			%									ppm		
2. 庄边	大	釉	2.52	14.74	60.77	0.30	2.49	13.06	0.40	0.55	2.95	105	280	336
		胎	0.26	27.45	64.34	0.01	2.88	0.52	0.66	0.06	2.63	132	151	385
3. 浦口 Y2		釉	1.75	14.17	64.52	0.15	3.56	10.98	0.28	0.31	2.02	108	203	291
		胎	0.21	23.36	68.48	0.01	2.94	0.63	0.32	0.04	2.86	116	126	311
4. 浦口 Y1、Y3	Y1 底	釉	1.31	14.87	67.48	0.12	2.94	8.83	0.24	0.06	1.94	114	187	272
	小	釉	2.07	14.52	62.03	0.14	3.70	12.91	0.26	0.23	1.96	129	202	293
	Y1 中	釉	1.56	16.94	57.95	0.14	4.46	13.74	0.27	0.07	2.61	127	218	305
	Y1 中	胎	0.21	17.38	73.51	0.33	3.57	0.89	0.29	0.05	2.60	123	136	273
	Y3 大	釉	1.49	12.39	67.63	0.30	2.64	10.72	0.30	0.27	2.24	112	201	294
		胎	0.20	18.29	74.61	0.01	2.90	0.50	0.22	0.03	2.11	111	118	280
5. 浦口 Y3	小	釉	1.60	14.52	64.76	0.18	3.21	11.14	0.26	0.25	1.96	106	204	264
	中	釉	1.86	13.54	64.59	0.31	2.84	11.98	0.26	0.27	2.29	106	179	264
		胎	0.14	20.59	72.27	0.01	2.56	0.51	0.23	0.04	2.49	116	120	289
	大	釉	1.64	17.06	52.27	0.59	4.42	18.53	0.26	0.07	2.88	117	229	289
		胎	0.21	20.15	72.68	0.18	2.40	0.82	0.18	0.04	2.17	112	115	268
6. 浦口 Y3	小	釉	1.62	14.17	63.48	0.23	2.41	12.89	0.30	0.18	2.70	97	202	275
		胎	0.24	25.56	67.44	0.01	2.46	0.52	0.24	0.08	2.26	126	139	314
	大	釉	1.70	14.95	69.68	0.09	3.79	5.74	0.27	0.29	1.51	115	158	268
		胎	0.21	26.21	67.90	0.01	2.08	0.44	0.16	0.02	1.85	122	129	294
7. 浦口 Y3	小	釉（勉强）	1.64	13.66	68.44	0.16	4.36	7.58	0.25	0.28	1.67	116	186	255
		胎	0.14	19.67	72.92	0.01	3.70	0.54	0.16	0.00	1.72	130	133	262
	大	釉	2.39	15.08	63.08	0.29	3.38	10.84	0.26	0.41	2.33	111	207	280
		胎	0.22	21.21	69.74	0.01	4.30	0.60	0.21	0.08	2.41	127	136	340

对于庄边窑 2 中的小片样本，其 CaO 含量高于 20%，表面具有晶莹润泽感，釉黏度较小，流动性好，因此釉层比较薄。

对于浦口窑 5 中大片这一样本，其釉中 K_2O、CaO、P_2O_5 含量均高于其余浦口样本，并且被烧至变形。

浦口、庄边的各类样品中胎釉的元素具有细微差别（表五），但差别不大。

表五　庄边、浦口胎中微量元素比值（ppm）

编号	Rb/Sr	Zr/Rb
1	0.91	2.77
2	0.89	2.83
	0.89	3.00
	0.87	2.92
3	0.92	2.68
4	0.90	2.22
	0.94	2.52
5	0.97	2.49
	0.97	2.39
6	0.91	2.49
	0.95	2.41
7	0.98	2.02
	0.93	2.68

　　庄边窑的 Zr/Rb 比值（平均为 2.88）略高于浦口窑（平均 2.43），这可能是分辨这两个窑口的依据之一。

　　表三中的 4、6 类与表五中浦口窑的微量元素的比值较为接近，可能是同一类瓷器。本实验的数据仅说明它们两者之间的原料及相关的处理工艺存在一定的相似性，但是因为缺少一些特征性的示踪元素，因此不能完全确定两者是同一地区或同一窑口所生产。

Arrangement and Research on the Porcelain Unearthed in Situan Town, Fengxian District, Shanghai

By

Wang Jianwen　Zhu Yibing　Zheng Bo

Abstract: In 1977, a batch of porcelain, mainly bowls, was found in the construction of the santuanggang water conservancy project in Fengxian District, Shanghai. This paper introduces these wares in detail, and combined with the similar wares unearthed in other places, determines their abandoned age, and tries to explore the origin, port of departure, trade routes, consumption places and other issues.

Keywords: Fengxian, Trade Ceramics, Pukou Kiln, Longquan Kiln, Song Dynasty

从碗礁一号看清康熙时期
景德镇生产的外销青花瓷*

杨天源 **

摘　要：碗礁一号沉船遗址，出水遗物以瓷器为主。在这 17000 余件瓷器中，大部分为青花瓷，并有少量的五彩、青花釉里红、单色釉瓷器等，具有清康熙时期景德镇生产的典型特点，可以为外销瓷研究提供重要的材料。本文先介绍碗礁一号沉船出水瓷器的概况，然后通过与相关沉船遗址出水瓷器的对比，研究这一时期景德镇外销瓷的特点，以期获得更全面的认识。

关键词：碗礁一号　康熙朝　沉船　外销瓷

一、碗礁一号沉船遗址出水瓷器

碗礁一号沉船遗址位于福建省福州市平潭县屿头乡北侧五洲群礁的中心——碗礁附近。沉船承载物主要以 17000 余件的瓷器为主，大部分是青花瓷，还有少量的青花釉里红、五彩等瓷器，主要为清康熙时期景德镇民窑产品[1]。

碗礁一号沉船瓷器根据青花发色和画法、胎质和胎釉等，大致可分为精制和粗制两类瓷器。精制瓷器皆器形规整，多数的釉面、青花呈色俱佳，堪称瓷器中的精品；粗制瓷器釉面、青花呈色略显灰暗，有的器形有变形。以下将主要从青料、胎釉、造型、纹饰、款识和外销风格六个方面进行介绍：

（一）青料

碗礁一号的青花瓷用料多为云南省的"珠明料"。这种青花色料总体上鲜蓝青翠、明净艳丽、艳而不俗，有"翠毛蓝"之称。清康熙青花表现出"墨分五色"的特征，所用青料呈现出五个层

---

* 本文是 2015 年度国家文物保护专项资金"上海'长江口 I 号'沉船水下考古调查"、2017 年度国家文物保护专项资金"长江口 II 号沉船遗址及临近水域水下考古调查"、上海市文物保护研究中心"黄金水道浑水水域水下考古技术推广"项目成果之一。

** 杨天源，上海市文物保护研究中心。

［1］　碗礁一号水下考古队：《东海平潭碗礁一号出水瓷器》，科学出版社，2006 年。

次的色阶，即"头浓、正浓、二浓、正淡、影淡"之分，浓淡深浅、层次分明，使瓷器上青花所绘的景物有远近、疏密的层次感和立体感。这种"墨分五色"的特征在诸如将军罐、凤尾尊、盖罐、花觚、盘等较大件的精细瓷上表现得尤为明显。

（二）胎釉

这批出水瓷器大多为清康熙景德镇民窑精品，烧结温度高，胎质坚硬、致密，无明显杂质，胎体相对较薄；胎釉洁白、纯净，有的呈粉白色，透明度较好，釉色透明、莹润，釉面均匀，基本不见流釉现象；胎釉结合紧密，釉层厚度适中。

（三）造型

碗礁一号出水瓷器大都制作规整、线条流畅，工艺讲究。器型大者沉稳、端庄，器型小者轻巧、隽秀。主要器形有：将军罐、凤尾尊、筒瓶、花觚、盘、碗、杯、盏炉、盖缸、葫芦瓶等。以下将其中的典型器物进行介绍：

1. 将军罐

一般器形较高大。因其盖上的宝珠顶纽形似古代将军的头盔而得名。将军罐的器形一般为方唇、平沿、直口，矮直颈，圆肩，斜直腹内弧，平底，二层台足或浅凹足，足底刮釉露胎。如标本采：00010（图一）。

2. 凤尾尊

器形大撇口，高直颈、颈下略束，窄圆肩，上腹鼓、下腹内弧、底口外，平底，二层台足，足底刮釉露胎。如采：00020（图二）、J：02178、M：00001。

3. 筒瓶

因其腹部呈直筒形而名。器形为撇口，矮颈内束，溜肩，直筒深腹，平底，二层台足；里外满釉，仅口部、足底刮釉露胎；盖子口内敛、平沿，弧顶，中间一宝珠顶纽，内口沿刮釉露胎。如E：00123。

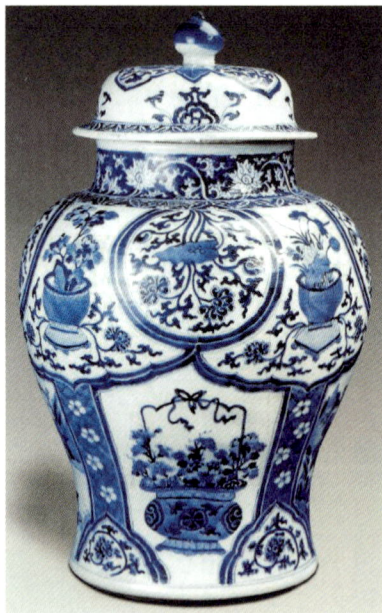

图一　青花花卉山水图将军罐

4. 花觚

敞口，深直腹、近底处稍外敞，平底，二层台足，口部、足部刮釉露胎；盖子口内敛、小圆唇、平沿，弧顶，中间一宝珠顶纽；内口沿刮釉露胎。如E：00119（觚），J：03522（盖）（图三）。

5. 盘

浅弧腹，阔平底，矮圈足；足底刮釉露胎。如K：00006、采：00717（图四）、J：02010、J：02013、J：00565、采：00097、J：02880等。

6. 碗

撇口或敞口，斜弧腹，平底，直壁圈足、足底刮釉露胎。如J：02141、J：02142、J：02145、J：02143、L：01605 等。

有比较特殊的一种浅腹碗。直口稍敞，浅斜腹，平底，直立圈足、足底刮釉露胎。如采：00022（图五）、J：02127、J：02128、J：02130。

图二　青花人物故事图凤尾尊

图三　青花杂宝人物牡丹纹筒花觚

图四　青花缠枝莲纹大盘

图五　青花博古图浅碗

7. 杯

撇口或直口，斜腹下弧，平底，矮圈足、足底刮釉露胎。如 J：02135（图六，左）、采：00690（图六，右）、J：02138、J：02137、采：00768 等等。

图六　左：青花折枝菊菱口杯　右：青花折枝花博古图杯

8. 盏

圆唇、撇口，斜直腹下弧，平底，直壁圈足；里外满釉、足底刮釉露胎。如 J：02164、J：02165、J：02166 等等。

9. 炉

折沿、沿面略凹，矮直颈，溜肩，鼓腹，平底、外底刮釉露胎，个别有三个三角形扁足。如 J：02007、J：02006。三足炉，如 J：00001、D：00003 等。

10. 盖缸

母口，方唇、平沿、直口，筒腹，平底，矮圈足；口沿、足底刮釉露胎；盖子口、小圆唇、窄沿；弧壁、穹隆顶，上一葫芦形纽；子口刮釉露胎。如 J：020005（图七，左）、采：00760（罐）和采：0074（盖）（图七，中）、采：01501（图七，右）、J：03523 等。

11. 葫芦瓶

双葫芦形。颈部呈葫芦形：撇口，长直颈，下部葫芦形；腹部圆，矮圈足。如 O：00005（图八，左）、O：00008（图八，右）等。

图七　左：青花缠枝莲纹盖缸　中：青花杂宝博古图盖缸　右：青花缠枝牡丹盖缸

图八　左：青花青釉葫芦瓶　右：青花酱釉葫芦瓶

（四）纹饰

碗礁一号沉船出水瓷器纹饰题材广泛，青花纹样和图案的题材丰富多样，包括了传统瓷器装饰纹样的大部分内容，有山水楼台（远山、近水、江景、楼阁、水榭、湖石等）、草木花卉（松、竹、梅、柳、菊、荷、兰、牡丹、石榴、卷草、折枝花等）、珍禽瑞兽（凤、鹤、雉、鸟、龙、狮、鹿、马、海兽、松鼠等）、陈设供器（八卦、杂宝、博古、如意、琴棋书画等）、人物故事（婴戏、蹴鞠、射猎、西厢、水浒、三国、竹林七贤、鹬蚌相争等）、吉祥文字（福、寿）等。

在青花的绘画技法上采用"分水"法，使纹饰图案呈现出浓淡不一、层次分明的立体效果，尤其体现在精制瓷器上，其画工笔触细腻，线条流畅、匀称，纹饰的布局规整，结构严谨。一般是在器物的口沿、底边画青花单、双圈弦纹，饰锦地或花边宽带；在腹部或内底绘多层次的主题纹样，常见有开光图案；在外底或圈足内画青花双圈弦纹。青花纹饰多见于精制的将军罐、筒瓶、筒花觚、凤尾尊、盖罐、炉、盘等较大件的陈设器上。

青花纹饰粗放的，其画工较粗率、随意，纹饰的布局与结构较疏朗、简单。有的在器物的口沿、底边画青花单或双圈弦纹，在腹部或内底绘简单的主题纹样；在外底面或圈足内画青花双圈弦纹。这类粗放纹饰多见于碗、盏、碟等生活日用器，纹饰题材较多样，有草木花卉、珍禽瑞兽、人物故事等。

（五）款识

碗礁一号沉船出水瓷器款识题材虽多，但未有纪年款识。款识多为折枝花、洞石兰草、杂宝博古、双鱼嬉戏、方形花押和文字款等，一般绘在器物外底面或圈足青花双圈弦纹内。

（六）外销风格

在碗礁一号沉船出水瓷器中，区别于传统造型、纹饰，多开光，且具有外销风格的一部分瓷器，被称为清康熙时期的克拉克瓷，多见于碗、盘。外壁一般为 8 个或 6 个莲瓣形或扇形开光，个别为 10 或 12 或 16 偶数开光不等，开光内以花卉为主。与明代青花克拉克瓷盘如万历号沉船出水的这类瓷盘不同的是，在主题纹饰和盘壁开光间没有窄条形装饰间隔带。如 H ： 00001、H ： 00002（图九，左）、J ： 02003（图九，右）、采： 00698 等。

值得注意的还有葫芦瓶、高足杯、盖罐等有西方风格甚至造型来自西方金银器的瓷器。鉴于该部分在下文介绍，此不赘述。

图九　左：青花湖石牡丹纹菱花盘　右：青花冰梅地折枝花纹盘

二、清康熙时期沉船遗址中出水的外销瓷器

水下沉船就是浓缩的历史标本，是一笔厚重的文化遗产，船上运载的瓷器更是古代中外交流的实物见证。相比考古发现的窑址、城址、墓葬甚至窖藏等遗迹，沉船中出水的大量瓷器更容易反映文献记载的景德镇瓷器生产的情况，成为诠释其生产规模的最有力证据。目前，清康熙时期发现的沉船遗址相对较多，本文对三处比较典型的遗址进行简要概述。

（一）头顿号沉船出水瓷器

头顿号沉船位于距越南巴地头顿省槟榔礁 15 千米处[1]，船中实物有 60000 余件，其中绝大多数是清康熙时期生产的瓷器，胎质坚致，青花发色鲜亮，深浅不一、层次分明。许多器形及纹饰具有欧洲风格，有盖罐、花觚、盘、碗、碟等。值得注意的是，盖罐相对高瘦挺拔，盖罐和花觚等成套或成对出现，纹饰一致，具有欧洲的装饰风格，一般摆放在墙壁或壁炉座上；还有一些瓷器，造型虽有差别，但纹饰及风格很相似。

头顿号沉船上的青花瓷器纹饰线条清晰，大致可分为中国纹饰、欧洲纹饰和中西纹饰兼有三种情况。中国纹饰有花卉纹、人物故事等传统纹饰；欧洲纹饰多在盘、碗等上画出基本等分的若干个菱形或花瓣形格子，在空格内描绘花卉等纹饰，器物中心画上主题纹饰；中西纹饰兼有一般出现在盖罐上，将中西纹饰分别绘于盖罐的两面，一半是欧洲教堂，另一半是中国传统花卉。

---

[1] ［越南］阮庭战文，荣常胜、钟珅译：《越南海域沉船出水的中国古陶瓷》，《中国古陶瓷研究辑丛——古代外销瓷器研究》，故宫出版社，2013 年，第 63 ~ 66 页。

一些青花瓷器底部绘有八宝、双鱼、灵芝、秋叶、方胜、如意等款识，与碗礁一号青花瓷器款识如出一辙。

（二）蒙巴萨塔纳号沉船出水瓷器

蒙巴萨塔纳号沉船是一艘有 40 门大炮的葡萄牙快速帆船，名为圣·安托尼奥·塔纳号，于 1697 年（康熙三十六年）沉没于肯尼亚蒙巴萨耶稣堡前的港湾中[1]。塔纳号沉船中出水的中国瓷器以景德镇窑的产品为主。由于其他原因，塔纳号沉船的后续发掘没有按计划实施，发掘并没有全部完成。即使这样，仍然能从有限的资料来了解其船载的瓷器情况。

蒙巴萨塔纳号沉船出水的青花瓷，特别是碗、盘可以分为两类：精制类和粗制类。精制类青花瓷胎质细密坚致，釉色白中闪青，青花料发色浓艳青翠，浓淡分明，采用轮廓与分水涂染结合的绘制技法，符合清康熙时期景德镇民窑青花的典型特征。如蒙 5（MH3850）（图一〇，左）、蒙 51（MH2312）、蒙 21（MH2407）（图一〇，右）等，在造型和纹饰上都可以看到明显的外销瓷风格，这种风格的瓷器在南中国海和越南（如头顿号）的沉船中也有发现。

图一〇　左：蒙 5（MH3850）　右：蒙 21（MH2407）

[1]　秦大树等：《肯尼亚蒙巴萨塔纳号沉船出水的中国瓷器》，《故宫博物院院刊》2014 年第 2 期。

粗制类青花瓷胎质粗疏，足底黏砂，釉色灰白或青灰色无光泽，青花发色灰暗浑浊，纹饰多用不带填色的线描画法，为景德镇康熙时期生产的比较低档的产品。这种产品适合出口，甚至出口至南亚、东非这些较远的地区，但比起精制的青花瓷，其应该属于廉价的低档用品，如蒙 10（NO.1/4419）、蒙 17（MH2143）等。

（三）金瓯号沉船出水瓷器

金瓯号沉船遗址的年代为清雍正时期，与清康熙年代衔接，且不少出水瓷器带有典型的康熙风格，可做补充说明，故列出加以分析。

金瓯号位于越南金瓯省陈文时县海域，1998 至 1999 年，越南历史博物馆和越南 Visal 公司对其进行了考古发掘。金瓯号出水瓷器约 60000 余件，其中大部分是清代雍正年间产于景德镇的青花瓷，也有一部分产于福建、广东地区的瓷器[1]。金瓯号出水的青花瓷造型多样，如不同尺寸的碗、盘，以及瓷瓶、茶壶、香炉、罐、军持、盒等 17 个种类，个别造型与纹样的瓷器形成一定的组合关系。此外，还有成套的六角形、菱形的碗碟、军持、带把执壶等，具有典型的外销风格。青花的纹饰也丰富多样，兼顾中西风格，主题纹饰有山水人物、龙凤纹、花卉纹、吉祥纹等，具体以踏雪寻梅、捕鱼、渔樵、远航、凤穿牡丹、牡丹双凤凰、三多等纹饰比较精美，比较特别的纹饰有童子暮春图等。

三、沉船遗址出水瓷器的比较

（一）不同点：

1. 碗礁一号的瓷器上的特有纹饰

在碗礁一号的瓷器纹饰中，传统的博古图出现的频率最高，在盖罐、盘、三足炉、粉盒、碗、杯、盖缸等器物上均有出现（见图六，右），区别于其他沉船。并且只要有博古图出现的瓷器，一般为精制瓷器。瓷器上的博古图流行于明末至清代，特别是清康熙时期，有的用作主题纹饰，有的用作边饰，屡见不鲜。

冰梅纹是清康熙时期景德镇瓷器上的典型纹饰，别的沉船瓷器中较少见到。有的作主题纹饰，一般见于罐、盘；有的作边饰，装饰如博古纹、花卉纹等主题纹饰。

雏菊纹，又称"翠菊纹"，出现在一件青花雏菊纹菱花盘上（K：00002）（图一一），盘心为卷叶地五缠枝菊；外腹亦为青花雏菊纹十六开光图案；腹部十六开光内绘雏菊、外底青花单圈弦纹内绘折枝菊。雏菊纹，有学者认为描绘的是地中海沿海的一种花卉，在当时的中东和欧洲被视为天堂的花卉，幸福之花。

[1]　［越南］阮庭战文，荣常胜、钟珅译：《越南海域沉船出水的中国古陶瓷》，《中国古陶瓷研究辑丛——古代外销瓷器研究》，故宫出版社，2013 年，第 70～76 页。

图一一　青花雏菊纹菱花盘

图一二　青花人物杂宝　图一三　青花缠枝花卉纹盖缸
图高足杯

2. 碗礁一号和头顿号上特有的外销瓷

碗礁一号上的特有器形为葫芦瓶、盖缸、高足杯等，具有浓郁的异域风格，少见或几乎不见于其他沉船上的瓷器中。

葫芦瓶，是模仿葫芦外形而制作的一种瓷器样式，康熙时期成为常见的外销品种，在荷兰国立博物馆、维多利亚及阿尔伯特博物馆等均有收藏。这种葫芦瓶在传统两节的基础上，出现了三节、四节的样式，并出现酱釉、青釉等釉色，与传统造型迥然不同。如 O：00005、O：00008 等（见图八）。

高足杯，碗礁一号出水的带盖高足杯（J：02133）（图一二），喇叭形高圈足、足底有二层台，外腹部中间是青花杂宝博古图，下部青花双圈弦纹内绘简体蕉叶纹。盖面内外各一道青花双圈弦纹，之间是三组杂宝纹，纽的上部青花地，盖缘一周酱釉"紫口"。该器物按照欧洲人的生活习惯加有盖子，洋味十足，展现出异国情调。

盖缸，此类盖缸器型和 13 世纪西亚地区银器的造型风格相似，可能是仿自后者，具有鲜明的异域风格。盖平沿、口微敛，直壁微弧，个别有顶纽；盖外满釉，口部、盖内无釉露胎。如 J：02556、E：00152、E：00129、E：00142、J：00128（罐）和采：00760（盖）等。其中一件青花缠枝花卉纹盖缸（J：02507）（图一三），通高 18.5 厘米，明显高于其他盖缸，其盖上为一葫芦形纽，纽顶青花伞骨纹、束腰处有一圈花边纹。

头顿号上的特有器型为六棱形或六开光花瓶。撇口，颈部较长且中间鼓起，直腹，有的腹部呈六棱形，圈足向外撇，腹部与圈足连接处鼓起。这种器型的花瓶应为模仿西方金银器烧制的。在六棱形空格内，绘有花卉纹和人物纹等各种图案（图一四）。

图一四　青花山水花卉纹六棱瓶

3. 塔纳号的瓷器质量要逊色

蒙巴萨塔纳沉船出水的瓷器大部分是盘、碗等日常生活用器，绝大部分器物都有明显的使用痕迹，应该是当时船舰上配备的生活用瓷，与商船出水的外销瓷有明显区别。不过，作为一个遗迹单位出土的中国瓷器，大体上反映了17世纪后期西方列强军事船舰上生活用瓷的状况。

蒙巴萨沉船上发现的瓷器，在总体质量上略逊于碗礁一号、头顿号沉船中出水的精美瓷器。这可能与当时葡萄牙人逐渐丧失了印度洋航线贸易主导权有关，但依然在进行着小规模的瓷器贸易，多是比较普通的景德镇民窑瓷器，甚至还有一些更加粗糙的福建、广东生产的瓷器。

4. 金瓯号上的瓷器品种和器形更多样

金瓯号出水瓷器品种多，包括青花瓷、外酱釉内青花、素三彩、白釉彩绘、单色釉等。器形多样，除了常见的饮用器和陈设器，比较特别的还有文房用器、塑像玩具等[1]。此外，如把杯和军持等器形，未见于其他沉船。这可能是随着中西海上贸易的加强，开始出现符合外国人生活习惯和宗教信仰的瓷器。值得注意的还有，金瓯号上出现纹饰一致且批量生产的具有欧洲风格的盘，说明这些盘很可能是根据欧洲人提供的样式和风格来烧制的。

表一　各沉船遗址概况及出水瓷器的比较

沉船	瓷器年代	船货	性质
碗礁一号	清康熙	以景德镇青花瓷为主，还有少量的青花釉里红器、单色釉器、五彩器等。	商船
头顿号	清康熙	以景德镇青花瓷为主，还有一些福建德化窑的白釉碗、盒子、塑像等。	商船
塔纳号	清康熙	以景德镇窑的产品为主，亦有一些福建、广东地区的产品。	军舰
金瓯号	清雍正	以景德镇青花瓷为主，有一些福建德化窑的产品，还有广东西村窑的多种不同尺寸的茶杯、碟等。	商船

（二）共同点

1. 以青花瓷为主

明晚期至清早期是景德镇瓷业发展的重要时期，也是景德镇外销瓷生产的黄金时期。以青花为主的景德镇外销瓷的生产与发展，得益于当时国内和国际环境的变化。从国内环境来看，明

---

[1]　刘冬媚：《碧海遗珍——广东省博物馆藏明清沉船出水陶瓷器》，《收藏家》2019年第7期。

代嘉万时期,官窑制度衰落,大批优秀工匠流向民间,民窑方面沿用明嘉靖以来御窑生产的"官搭民烧"制度,在一定程度上促进了民窑制瓷技术的发展。康熙十九年(1680 年),朝廷派官员到景德镇负责督管烧造宫廷用瓷。同时,废除了匠籍制,激发了工匠的生产积极性,促进了民窑的发展。景德镇民窑的发展及海外瓷器市场的日益扩大,使以青花瓷为主的外销瓷的生产和输出进入一个新的高峰。从国际环境看,中国瓷器受到欧洲王室和贵族的热烈追捧,欧洲贵族通过建立宫殿来收藏中国瓷器,达到彰显高贵的身份和地位的目的。同时,中国青花瓷所展现出的祥和美好的生活状态和超然的自然秩序,以最直接、最形象的方式,给欧洲人带来价值观和理念上的冲击。

2. 具有克拉克风格

碗礁一号、头顿号和金瓯号上的部分青花瓷多采用开光技法。在头顿号上的瓷器甚至采用不规则开光、扭瓜棱开光、多边形开光等技法,一定程度上反映出来样订货的模式。从明代晚期开始,绘有开光装饰的克拉克瓷成为欧洲人最喜爱的瓷器风格,从巴达维亚的荷兰东印度公司执行官给荷兰商人的信中便可知晓[1],克拉克风格的外销瓷数量较大,"万历号"沉船中发现目前数量最多的一批克拉克瓷器。

克拉克风格的瓷器主要是盘、碗,内壁为 4 开光,尺寸相对较小,口径不到 20 厘米,开光内壁多缠枝莲,外壁为二组或几组折枝花。盘内壁 10 开光以上的,多为花卉纹,并且有的盘内外壁纹饰完全一致,造型多为菱花口,尺寸相对较大,口径约 20~28 厘米(见图九)。

碗礁一号、塔纳号上还出现菱口的造型,如蒙 21(MH2407)(图一五),菱口,圆唇,青花料发色翠青,

图一五　蒙 21(MH2407)

浓淡分明。口沿内随菱口形绘两道边饰,旁绘两组折枝牡丹花,内底心双圈内绘折枝牡丹花;口沿外绘一道边饰,外壁以勾勒混水技法绘缠枝牡丹花,外腹下部模印呈凸起的莲花瓣形,用青花勾出边框,内各绘一组折枝五瓣花卉。足心青花双圈内书竖排两行六字"大明成化年制"寄托款。内壁有使用痕迹。

3. 外销风格逐渐多样

以上沉船中发现的瓷器种类丰富,且多为瓶、罐、壶类琢器,而且纹样丰富,多人物故事题材,尤其体现在景德镇的民窑的精品瓷器中。

从造型上来看,高足杯、深腹杯、六棱瓶、盖缸等,这些造型均不属于我国传统器型,应为欧洲、波斯风格器型。外销风格的瓷器虽然出现,但种类相对较少,还未见成规模批量生产、符合

---

[1]　莫拉·瑞纳尔迪(Maura Rinaldi)文,曹建文等译:《克拉克瓷器的历史与分期》,《南方文物》2005 年第 3 期。

国外日常使用的瓷器，如汤盆、奶油碟、奶壶、盐罐等。但在一定程度上反映出自康熙开海以来，外销瓷器开始向符合西方人生活习惯的造型转变，为之后广彩瓷器成规模来样烧制及加工奠定基础。

从纹饰上来看，以谐音来喻吉祥的中国传统纹饰，如马上封侯、五福捧寿、指日高升等；传统的龙纹、麒麟纹等；还有文房陈设等，在当时的外销瓷器中比较少见。而西番莲纹、结网纹、雏菊纹等题材明显源于西方，在一定程度上体现出中西文化的差异。

四、相关探讨

（一）清康熙时期景德镇外销瓷销往的地区及路线

结合各地遗址出土（出水）和欧洲各国博物馆收藏的清康熙时期景德镇外销瓷，以前文沉船作为中西交流的水下考古的连接点，可以了解当时外销瓷所走的路线及分布范围，清康熙时期景德镇外销瓷器可能沿袭了传统的景德镇陶瓷器外销路线，沿闽江水系经福州集散入海出洋，销往东南亚、南亚、波斯湾沿岸，尤其欧洲等地区。

放眼全球，当时葡萄牙和西班牙控制的贸易航线被荷兰人取代，中国瓷器通过荷兰东印度公司运送到以巴达维亚、台湾岛等为主的贸易点，再通过这些贸易点运往亚洲和欧洲各地。每年有大量船只往返于台湾岛、巴达维亚和荷兰，运往欧洲和亚洲各地的瓷器总数量在几十万件以上（表二）。这一时期成规模外销瓷的输出，成为中国古代外销瓷贸易的又一高峰。

表二　各国瓷器贸易量（单位：担）[1]

年份/国家	荷兰	英国	法国	丹麦	瑞典
1764	3326		2284	1460	1170
1771	3179	454	1577	674	985
1772	2372	1211	1400	1470	1887
1773~1774	2830	4095	2183	1117	2015

荷兰人甚至可能还控制着景德镇高端瓷器的销售渠道，根据不同市场的反馈，以特定样品来订制符合欧洲、波斯等市场需要的瓷器。当时，景德镇生产的大量精制高档次瓷器，受到欧洲王室和贵族的热烈追捧，荷兰、比利时、葡萄牙、法国、英国的各大博物馆，都发现有清康熙时期景德镇生产的以青花瓷为主的外销瓷。其中最为著名的就是被称为"龙骑兵瓶"或"近卫花瓶"的青花大罐，它们是奥古斯都二世用600名萨克森龙骑兵换来的，这些青花大罐至今陈列在德国茨温格宫的瓷器走廊。随着中国瓷器的输入，逐渐对欧洲各国的制瓷业产生影响。十八世纪初，

[1]　[英]马士著，中国海关史研究中心组译：《东印度公司对华贸易编年史：1635~1834年（第四、五卷）》，中山大学出版社，1991年。据第539、540、579、598、619页相关数据编制。

欧洲各国瓷器厂纷纷设立，并得到迅速发展，如德国梅森瓷等等。

（二）清康熙时期景德镇外销瓷器的技术交流

自古以来，景德镇瓷器长期出现在世界陶瓷文化交流之中，并且这种交流并非单向对外输出，而是具有双向交流的特点，清康熙时期景德镇外销瓷表现得尤为明显。

1. 珐琅彩料的引进与粉彩瓷器的创烧

在清初，通过广州十三行与欧洲的贸易，西方先进的珐琅彩技术传入广州[1]。在清康熙帝的追求下，把从欧洲引入的珐琅彩原料绘制在瓷器上，这类器物被称为"珐琅彩瓷器"。同时，在清宫的努力下，珐琅彩技术和原料被推广到景德镇地区，生产出的瓷器即文献所说的"洋彩"瓷器[2]。

在进口珐琅彩的启发和影响下，景德镇陶工借鉴珐琅彩的制法，创烧出一种低温色料——粉彩。粉彩的粉化是以珐琅彩的白彩色料作为粉彩中的乳浊剂，结合中国绘画的纸粉粉本绘法，在玻璃白上渲染各种色彩，使所绘纹饰形成明暗、深浅和阴阳背向的效果[3]。目前，康熙粉彩的实物只有少数几件，构图简单，并且只有在白彩和粉红色彩中使用了粉彩工艺，而其他色彩还保留着五彩和珐琅彩的烙印。但是，粉彩瓷器在康熙时期初创奠定基础后，经过督陶官和瓷工的发展，在清雍正年间进入兴盛时期。

从单纯珐琅彩原料的引进，到创烧出珐琅彩瓷器；从借鉴珐琅彩瓷器的工艺，到进一步创烧出了粉彩；在这种互动交流中，最终实现了珐琅彩技术从引进到消化、再到本土化的进程。

2. 对日本伊万里瓷器的影响

伊万里瓷器是指17世纪以后日本九州有田、伊万里地区烧造的瓷器。明末清初，政权动荡，景德镇制瓷业遭到破坏，加上清初政府实行海禁，中国瓷器贸易出现萧条。荷兰东印度公司为了满足欧洲及其他地区的需求，把日本作为东西方瓷器贸易的重点，日本伊万里瓷器借势兴起，在引进中国青料和制瓷技术的基础上进行了技术革新，生产技术大为提高，烧制出可与景德镇瓷器媲美的伊万里瓷器。伊万里瓷器对景德镇瓷器烧造技法的吸收和借鉴，是其迅速发展的十分重要的原因。伊万里瓷器的产品与明末清初景德镇产品有许多共同点[4]，主要表现在釉彩的继承、发展来自景德镇瓷器和器型、风格受景德镇瓷器的影响。

在伊万里瓷器釉上彩绘中，最具代表性的就是五彩中的蓝彩和金彩。蓝彩是康熙中期后从欧洲引进景德镇的，康熙早期景德镇瓷器上还没有发现蓝彩。在康熙二十九年（1690年）之前，

---

[1]　许晓东：《康熙、雍正时期宫廷与地方画珐琅技术的互动》，《宫廷与地方：十七至十八世纪的技术交流》，紫禁城出版社，2010年，第320~325页。

[2]　王光尧：《对中国古代输出瓷器的一些认识》，《故宫博物院院刊》，2011年第3期。

[3]　蔡毅：《清代粉彩与外销》，《中国古陶瓷研究辑丛——古代外销瓷器研究》，故宫出版社，2013年，第281~282页。

[4]　陆明华：《从景德镇到伊万里——瓷器风格的转变》，《中国古陶瓷研究辑丛——古代外销瓷器研究》，故宫出版社，2013年，第129~144页。

引进的欧洲蓝彩已运用于景德镇瓷器上，甚至是景德镇民窑生产的瓷器上。在标明 1660～1680 年生产的有田瓷器上，可清楚见到这种蓝彩，初步估计景德镇蓝彩的运用或略早于伊万里[1]。

为了迎合欧洲人的生活及审美需求，17 世纪 70 年代，伊万里五彩瓷器上同样出现了金彩，并且成为伊万里彩瓷具有代表性的特征之一。其颜色鲜艳，整体风格显得富丽堂皇，与当时欧洲流行的巴洛克、洛可可艺术风格相近。17 世纪七八十年代，是荷兰人订货的最盛时期，伊万里瓷器得到了迅速发展，在器型上主要对景德镇的克拉克瓷进行模仿[2]。模仿品种主要为青花，也有少量五彩。主要特点为若干连续开光图案，因形似盛开的芙蓉花，在日本被称为"芙蓉手"。

为了与日本争夺欧洲市场，清康熙时期景德镇生产的瓷器上，也出现了金彩，且绝大多数运用在外销瓷器上，官窑瓷器上并不多见。但是，日本伊万里瓷相较景德镇瓷器，质量较差且价格偏高，随着景德镇瓷业生产的恢复，荷兰东印度公司停止从日本购买瓷器，把目光重新转向景德镇，中国瓷器再次称霸欧洲市场。

（三）清康熙时期景德镇外销瓷器的性质

以清康熙时期为出发点，结合各个历史时期的瓷器贸易，在性质上大致可以把输出瓷器分为以下三类：

1. 清政府赏赐瓷器

赏赐用瓷即清政府出于政治考虑，用于外交活动，通过赏赐赠予的瓷器。目的是维护和加强两国关系。对外赏赐瓷器多发生在元明清时期，清代受赏赐的国家基本为清帝国的藩属国，如朝鲜、琉球、暹罗等。除了以上藩属国，也有俄国、葡萄牙等西洋国家。

2. 民间外销瓷器的贸易

清初，清政府为了打击浙江、福建和广东等抗清势力实行海禁政策，限制了瓷器的海外贸易。康熙二十三年（1684 年），明郑归降清朝，清政府解除海禁，允许民间进行海洋贸易，中国和东南亚的通商活动更加活跃。康熙二十四年（1685 年），清政府在广州、厦门、福州和上海四个海关成立通商口岸，允许欧洲商船来华贸易，来华的欧洲商船随之增多。

从碗礁一号沉船沉没的位置看，表明其很有可能是出闽江口入海的，闽江水系上游，与属于长江流域的信江水系邻近，是华南沿海和东南亚距离最近的通道[3]。碗礁一号所行驶的航线，很可能还是一条传统的景德镇陶瓷外销路线，对于探讨清康熙时期景德镇瓷器外销的路线、形式和贸易等问题，都有着重要的价值和意义。

[1]　陆明华：《从景德镇到伊万里——瓷器风格的转变》，《中国古陶瓷研究辑丛——古代外销瓷器研究》，故宫出版社，2013 年，第 129～144 页。

[2]　刘朝晖：《17 世纪景德镇瓷器对日本初期伊万里瓷器的影响》，《中国古陶瓷研究辑丛——古代外销瓷器研究》，故宫出版社，2013 年，第 384 页。

[3]　吕军：《沉船考古与瓷器外销——以"碗礁 I 号"资料为中心》，《博物馆研究》2007 年第 3 期。

3. 清政府官方外销瓷器的贸易

政府官方的外销瓷贸易，是外销瓷中极小的部分，主要见于明早期，如以郑和船队为代表的官方贸易，通过瓷器及其他物品的出口，为国家换取珍贵木材、香料、马匹等国外产品。这种官方贸易瓷器的方式，主要还是出于政治考虑，其次才是经济效益，在清代表现得不如明早期明显。因此，在这里只是说明一下。

结　　语

瓷器是欧洲国家与中国贸易中的大宗商品之一，清康熙时期景德镇以青花瓷为主的外销瓷，从简单输出到兼收并蓄，在不断完善制瓷工艺的基础上，经由古代海上丝绸之路，成为世界各地的商品，逐渐实现了市场的全球化，在中国瓷器贸易史上留下浓墨重彩的一笔。

碗礁一号沉船所载的清康熙时期景德镇外销瓷，是研究清代海上丝绸之路、陶瓷贸易史的重要实物资料。以景德镇外销瓷为代表的中国瓷器，成为当时欧洲人追求的对象，不仅带动了欧洲制瓷技术的进步，而且加强了中欧人员的交流、技术的普及，甚至文明的互动。随着康熙开海禁和欧洲人参与瓷器贸易程度的加深，中国瓷器贸易达到了一个顶峰。中欧瓷器贸易的发展，新的瓷器品种被创造出来，同时，中欧瓷器贸易呈现出新的发展趋势。无论是中国瓷器的输出，还是制瓷原料的引进，都是通过中西商船来运输的。往来的船舶承载着双方的原料、技术甚至人员，充当着中西沟通的媒介，创造出的实物便是中西交融的产物。

Exploring Blue and White Porcelain Produced in Jingdezhen during the Kangxi Period from the Shipwreck of Wanjiao No. I

By

Yang Tian yuan

Abstract: The relics of the wreck of Wanjiao No. I ship are mainly porcelain. Among the more than 17,000 pieces of porcelain, most of them are blue and white porcelain, with a small number of multicolor, blue and white glaze red, monochromatic glaze porcelain, etc., which have the typical characteristics of Jingdezhen's production during the Kangxi period of the Qing Dynasty, and provide important materials for the research of export porcelain. This paper first introduces the general situation of the porcelain from the shipwreck of Wanjiao No. I. Through the comparison with the porcelain from the relevant shipwreck site, we can study the characteristics of the porcelain exported from Jingdezhen during this period and gain a more comprehensive understanding.

Keywords: Wanjiao No. I Ship, The Kangxi Period, Shipwreck, Export Porcelain

菲律宾水域水下考古研究、调查与发掘管理指南

菲律宾国家博物馆 *

根据第 10066 条共和国法案第六章第 30 节, 即《2009 年国家文化遗产法案》, 发布以下指南作为相关人员的行事依据:

第 1 条　政策声明

菲律宾宪法规定"国家有义务推广、普及民族历史与文化遗产资源"。留存、保护民族的"重要文化遗产"与"国家文化宝藏", 并守护其固有价值也是菲律宾的国策。

这些民族文化遗产对认识本民族历史与文化有着不可或缺的重要作用。

第 2 条　适用范围

本指南适用于管理菲律宾水域的水下考古调查与发掘, 以此规范考古研究及文化遗产的发现与保护。

第 3 条　制定目的

本指南制定的目的如下:

3.1　规范和管理所有水下考古研究、调查和发掘;

3.2　为文化遗产活动及其处理提供合理的指导, 维护政府的利益, 保存菲律宾民族文化遗产。

第 4 条　名词定义

现将本指南中出现的相关名词解释如下:

4.1　考古材料是指从任何地方, 无论是地上、地下、水下或海平面上采集的, 描述或记录了古生物、史前和(或)历史文化事件的化石、人工制品、遗物、文物或其他文化、地理环境、动植物材料。

4.2　文物是指本地发现的, 已不再使用的有 100 年以上历史的文化遗产。

4.3　人工制品是指由人类技能和手工艺生产的物品, 尤其是代表原始艺术的简单手工艺品或代表过去历史时期的工业产品。

4.4　清朝是指中国的一段历史时期, 自公元 1664 年至 1912 年。

4.5　文化遗产是指可以揭示个人或民族身份认知的人类创造产物, 包含教堂、清真寺和其

---

*　菲律宾国家博物馆 2014 年 2 月 4 日颁布; 本文的翻译者为周昳恒, 宁波市文化遗产管理研究院。

他宗教崇拜场地、学校、自然历史样本和遗址,不论其属性为公有或私有,可移动或不可移动,物质或非物质。

4.6 生物遗存是指考古遗址出土的有机物,如具有重要文化意义的但未经过人类加工的骨骼、贝壳和植物遗存。

4.7 五代是指中国的一段历史时期,也称为分裂时代,自公元 907 年至 960 年。

4.8 文化遗产等级是指根据文化遗产的重要性而对此进行的分类排序(一级、二级和三级)。

4.9 重要文化遗产是指由菲律宾国家博物馆认定的,对于菲律宾具有突出的文化、艺术和(或)科学意义的文化遗产。

4.10 明代是指中国的一段历史时期,自公元 1368 年至 1644 年。

4.11 金属时代是指菲律宾文化序列中金属传入并使用的时间段,大约距今 2000 至 1500 年前。

4.12 国家文化宝藏是指由菲律宾国家博物馆公布的,在本土发现的,独一无二的,对于国家和民族具有突出的历史、文化、艺术和(或)科学价值的文化遗产。

4.13 国家重要意义是指一个民族因其多样但共通的身份认知、文化遗产和民族传承而产生自豪感,从而延伸出的统一的历史、艺术、科学、技术、社会和(或)宗教认知。

4.14 新石器时代是指距今 10000 至 2000 年前,在此其间动植物开始驯化。

4.15 旧石器时代是指距今 800000 至 10000 年前,自人类第一次使用石器起。

4.16 遗物是指包含文化遗产并与重要信仰、实践、习俗、传统、人类或重要人物密切相关的物体,其全部或部分在毁坏或衰败以后,以完整或残碎的形式遗留下来。

4.17 宋朝是指中国的一个历史朝代,自公元 960 年至 1279 年,其间分裂为两个时期:北宋和南宋。

4.18 唐朝是指中国最具影响力的历史时期,自公元 618 年至 907 年。

4.19 物质文化遗产是指一个具有历史学、档案学、人类学、考古学、艺术和建筑意义的文化遗产,和其特殊或传统的产品,无论是否源于菲律宾,包括文物和具有重要价值的自然历史样本。

4.20 元朝疆域由大部分现代中国、蒙古和其周边地区组成,时间段为公元 1271 至 1368 年。

第 5 条 总则

5.1 调查与发掘的许可证仅可发放于以下机构和个人:

5.1.1 正规注册的科研与教育机构;

5.1.2 在菲律宾依法注册的从事水下考古的非股份、非营利性公司或组织;

5.1.3 其他经证实有能力进行水下考古工作的政府机关或机构;

5.1.4 受科研或教育机构资助的合法团体;或由菲律宾国家博物馆评定可胜任水下考古工作的个人;

5.1.5 与本地公司或基金会合作、在证券交易委员会注册登记并被允许在菲律宾境内进行商业活动的从事水下考古的外国机构。

5.2　申请人须向菲律宾国家博物馆馆长递交获批考古调查或发掘许可证的正式申请书，时间不得迟于项目实施前一个月。申请书中须包含以下内容：

5.2.1　项目计划

5.2.1.1　申请人

5.2.1.2　合作单位

5.2.1.3　项目总结

5.2.1.4　项目目的

5.2.1.5　项目意义

5.2.1.6　实施步骤

5.2.1.7　时间安排

5.2.1.8　财务方案

5.2.1.9　人员安排

5.2.1.10　参考资料

5.2.1.11　历史 / 档案资料

5.2.2　资金保障证明

5.2.3　投资的器材和设施清单

5.2.4　申请人具有从事水下考古工作的能力与相关经验的证明，该证明需经文化遗产部部长、考古部部长和水下考古分部部长的审核。

5.2.5　参与水下考古工作的持证潜水员名单与其各自的职务（如潜水负责人、潜水教练、救生潜水员、潜水医生、潜水员）。国外工作人员需要持有相对应的菲律宾签证和由菲律宾相关政府机关颁发的工作许可证。

5.2.6　申请人须提交 500 000 菲律宾比索的履约保证金，该笔资金将于项目完成或终止后退还。履约保证金所产生的利息将按照《一般拨款法案》规定由菲律宾财政部收取。

5.3　调查与发掘许可证申请

5.3.1　调查许可证

5.3.1.1　每次调查申请面积上限为 30 平方公里，以经纬度标识。调查许可证不适用于核查已登记的遗址。

5.3.1.2　单次申请时，不同申请人的调查范围不应重叠。

5.3.1.3　调查许可证的时限为 6 个月，其后可根据申请人提交的田野报告对申请人的考古活动进行评估，如通过评估可再延期 6 个月。

5.3.1.4　每个申请人在同一时期内仅可申请 2 份调查许可证。

5.3.1.5　调查时采集的考古资料仅限标本。标本的归属权为菲律宾国家博物馆，而对标本的界定应由菲律宾国家博物馆代表执行。

5.3.1.6　一个遗址的调查许可证的申请费用为 10 000 比索。

5.3.1.7 单份遗址调查许可证的履约保证金为 500 000 比索,或其他货币按照较高的现行汇率来结算。

5.3.2 发掘许可证

5.3.2.1 发掘许可证的申请必须根据地图坐标明确发掘范围,精确到分。

5.3.2.2 发掘遗址必须详细描述,明确定性。

5.3.2.3 在不受季节性气候影响的区域,发掘许可证的时限为 1 年,可再延期 1 年;在受季节性气候影响的区域,发掘许可证的时限为 6 个月,可再延期 18 个月。申请人须提交先前考古作业的田野报告,只有该报告通过考古部水下考古分部的评估,考古发掘与调查许可证才可延期。由考古部部长和水下考古分部部长正式签名的评估报告须作为延期申请的附件一并提交。

5.3.2.4 在不受季节性气候影响的区域,申请人只能在同一时期内申请 1 份发掘许可证;在受季节性气候影响的区域,申请人可以申请 2 份发掘许可证,并在气候允许的条件下交替进行发掘。

5.3.2.5 单份发掘许可证的申请费用为 10 000 比索。

5.3.2.6 获得发掘许可证后,调查许可证的履约保证金将延期至发掘阶段。

5.4 水下考古调查和(或)发掘许可证适用的水下遗址水深需不超过菲律宾国家博物馆水肺(SCUBA)潜水员能安全下潜的深度,并适合田野考古操作和文物采集的技术方法。如果考古遗址的水深超过水肺潜水的深度,其申请通过与否将视申请人是否能提供充足和安全的潜水设备来保证潜水员的安全而定。

第 6 条 调查活动

6.1 水下考古遗址调查活动应仅限于评估该遗址是否具有后续考古发掘的潜在价值。水下考古调查活动的所有成果应在项目结束后提交菲律宾国家博物馆水下考古分部,其中需包含以下信息:

6.1.1 遥感或其他无损探测技术产生的成果,以及目测和影像记录的佐证;

6.1.2 水下考古遗址的定性,可能的话提供沉船的背景信息和断代;

6.1.3 沉船保存状态的确认;

6.1.4 宏观环境的记录:

6.1.4.1 沉积物的性质、深度和流动性;

6.1.4.2 出露岩石的结构和形状及其散落情况;

6.1.4.3 潮汐走向;

6.1.4.4 洋流方向、强度和周期性;

6.1.4.5 周边动植物情况,以及其对考古材料的影响;

6.1.4.6 遗址因海风与浪涌而暴露的程度(定量)。

6.2 考古材料的采集仅限于有助于遗址定性或断代的小件和有特征的标本,所有出水遗物都属于菲律宾国家博物馆。

6.3 2 名菲律宾国家博物馆代表将作为协调员与指导员参与水下考古调查项目。在项目违反指南相关规定或经判断发现国家利益受损的情况下，代表有权随时建议终止调查项目。

第7条　发掘活动

7.1　申请人提交调查报告并经水下考古分部部长核准后，方可实施水下考古发掘。考古发掘应遵循以下国际通用的田野技术方法：

7.1.1　若可能，发掘前申请人应提供遗址总平面图。遗址（沉船）的南北方向或纵长所指方向的两个终点上方须提供差分 GPS 定位坐标。

7.1.1.1　等高线图

7.1.1.2　位置图

7.1.1.3　布方图

7.2　出土遗物的考古记录应显示该遗物与其他出土遗物和自然遗存的空间分布关系。

7.2.1　申请人应使用菲律宾国家博物馆提供的表格记录考古遗址发掘，如出土器物登记表（表格 5a）、遗迹登记表和探方记录表。

7.2.2　申请人应提交系统、详细的发掘记录，其中应包括发掘各个阶段的绘图和影像资料。

7.2.3　申请人应采用合适的提取方式，减少对脆弱文物的损害。

7.2.4　考古发掘前，申请人应先建立系统的现场和实验室文物保护流程。

7.2.5　申请人须向菲律宾国家博物馆提交发掘现状报告、前期报告和终期报告，遵循以下格式：

7.2.5.1　项目介绍

7.2.5.2　文献 / 档案研究

7.2.5.3　工作方法

7.2.5.3.1　测绘

7.2.5.3.2　装备配置

7.2.5.3.3　潜水规程

7.2.5.3.4　潜水日记（时间、潜水员人数、辅助潜水员人数、减压时间表、备注）

7.2.5.3.5　发掘情况

7.2.5.3.6　文物出水流程（脱盐、登记、入库、初步保护等）

7.2.5.3.7　文物提取规程（包括文物从发掘现场到临时库房或实验室的运输过程中的安全措施）

7.2.5.4　结论与讨论

7.2.5.5　后续建议

7.2.5.6　参考资料

7.2.6　申请人提交的现状报告或阶段报告须包含现阶段考古发掘活动的介绍与目前出水遗物的初步评估，同时也须包括发掘时遭遇的意外事故和主要问题。

7.2.6.1　考古发掘报告应由申请人（水下考古队员）与菲律宾国家博物馆共同署名，出版物应双方各有备份。

7.2.7 2名国家博物馆的代表将作为协调员与指导员参与水下考古发掘项目。在项目违反指南相关规定或经判断发现国家利益受损的情况下,代表有权随时建议终止发掘项目。

第 8 节 其他条款

8.1 考古日记应记录日常工作、遗迹特征、注意事项和其他在别的记录中不会出现的相关信息,包括考古调查与发掘方法的详细描述。考古日记可用英语或菲律宾语撰写。

8.2 水下考古调查或发掘必须在至少 2 名菲律宾国家博物馆代表的现场监督下进行。

8.3 考古实地工作需在菲律宾国家博物馆代表评估可行性后,方可正式实施。

8.4 申请人应负担考古活动中产生的所有开支,包括但不限于现场住宿和餐补。当有重要考古文物现场出土时,菲律宾国家博物馆代表认为有必要有实施的额外工作也应同等支付。

8.5 申请人需要承担博物馆代表的以下津贴:

8.5.1 每日津贴:800 比索 / 天。

8.5.2 高危津贴:700 比索 / 天。

8.5.3 奖金:4000 比索(每个项目)

8.6 在项目开始后,申请人需在气象、气候、技术及工作人员健康条件等因素允许的情况下,保证每个自然月有 20 天以上的潜水时间。

8.7 除双方协议同意外,项目启动时间应不迟于获批的项目起始时间 30(29)天后。在上述时间内未及时沟通的申请方将被视为违约,并撤销许可证。

8.9 申请人应向菲律宾国家博物馆提供所有考古资料备份,包括但不限于器物登记表、考古日记、底片、照片和其他与项目相关的资料。考古资料应在相关报告整理完成后 3 个月内提交给菲律宾国家博物馆。

8.10 出土器物可被借展或出借研究。

8.11 除菲律宾国家博物馆外,申请方拥有出借文物作建档、展览和研究的第一否决权。

8.12 考古项目出水标本可分配。

8.13 可分配的出土遗物、小件或标本仅限于第三级文化遗产(详见《第 10066 条共和国法案执行令》7.1 条款),其批准分配、移交须在全面完成建档记录后方可进行。分配事宜须事先通知,双方同意后于马尼拉进行。

8.14 申请人应与国家博物馆签订附属协议,规定申请人所分配的文物不能出售或赠送给除以展览为目的的正规博物馆以外的其他方。

8.15 考古发掘报告提交菲律宾国家博物馆之后,该项目的遗物、小件或标本的分配才可进行。

8.16 所有项目考古出土的残碎的遗物如陶瓷碎片、有机物和无机物等应归属于菲律宾国家博物馆。申请人、其他高校、教育或文化研究机构可向菲律宾国家博物馆提交申请,拥有这些残片的一份系列标本。

8.17 所有在同类型中稀有、独有的残片或文物自动归属菲律宾国家博物馆,其他出土标本的分配由申请人与菲律宾国家博物馆双方协商后体现在附属协议中。分配完成前,申请人须承担所有出土器物文物保护的材料支出。文物保护的专业技术可由菲律宾国家博物馆提供。

8.18　在没有菲律宾国家博物馆事先授权的情况下，申请人不允许刊发该项目的专业或技术论文、文章或书籍。

8.19　水下考古工作中禁用爆炸物；经菲律宾国家博物馆、菲律宾军方和菲律宾其他政府相关部门的事先批准，仅可使用不影响周边环境的聚能装药。

8.20　菲律宾国家博物馆不对在菲律宾水域进行的水下考古活动所发生的意外、损失和损害承担任何责任；如在项目实施过程中菲律宾国家博物馆代表因申请人的疏忽经受任何形式的伤害，申请人将负全部责任。

8.21　应尽可能保证遗址所在地的地貌保持不变，申请人在工作过程中应该尽量减少破坏；项目结束后，遗址地区地貌应恢复至原有状态或接近原有状态。

8.22　不允许将水下考古工作转包于与第三方或签订分包协议。在任何情况下，菲律宾国家博物馆下批的许可证都是不可转让的，申请人不得将许可证所有权或实施权转让给其他个人或团体。

8.23　在任何情况下，必需实施的仲裁都应由菲律宾法院执行。

8.24　申请人应在考古项目中为菲律宾国家博物馆代表提供专属的潜水设备，但设备的所有权依然归申请人所有。

8.25　申请人应在考古项目中为指派到该遗址的菲律宾国家博物馆代表购买人身意外险，保额应不低于 500 000 比索或 10 000 美元，或其他货币按照较高的现行汇率来结算。

8.26　如考古项目有减压潜水的要求，申请人须配备减压舱。

8.27　在申请人签订这些规程条款和附属协议，并获取在菲律宾水域进行调查和（或）发掘的许可证前不得进行考古调查和发掘活动。

8.28　菲律宾国家博物馆拥有因以下原因撤销申请人许可证的绝对权力：违反或无法继续遵守本指南的条款规定；对任一项目遗址出土文物的位置或存在进行隐瞒，或产生此类性质的针对菲律宾国家博物馆的欺骗意图；项目中申请人团队工作人员在潜水时持有、交易或使用违禁药品；非法持有枪支和军火或任何能威胁团队其他成员人身安全的物品。

第 9 条　可分条款

如本指南中任意一条条款被认为或宣布为违宪，或被管辖法院判定为无效，其他条款在本文件中依旧生效，被无效或废弃的条款视为从未在本指南中出现。

第 10 条　废止与修改条款

本指南修改和（或）废止与此不一致的条款、规定与规程。

第 11 条　有效性

本行政文件在菲律宾国家行政登记办公室登记后即刻生效。

译者注：

（1）2013年2月4日，为促进菲律宾水域水下考古调查、发掘与研究，保护菲律宾民族文化遗产，根据2009年修订的《文化遗产保护法案》，菲律宾国家博物馆颁发了《菲律宾水域水下考古研究、调查与发掘管理指南》（行政文件2013年第30号）。

（2）原文缺失8.8条款，应为疏漏。

Guidelines Governing the Underwater Archaeological Research, Exploration and Excavation in Philippine Waters

By

Republic of the Philippines National Museum

Abstract: Pursuant to Section 30 of Article VI of the Republic Act No. 10066, otherwise known as "The National Cultural Heritage Act of 2009", these guidelines (OFFICE ORDER NO. 2013 – 30) were issued by Republic of the Philippines National Museum in 4th February, 2013. The guidelines were made to govern the underwater archaeology exploration and excavation in Philippine waters for the purpose of regulating the archaeological research and recovery of cultural property, the main contents of which including the definitions of cultural heritage and related concepts, the procedures for archaeological applications, the standard processes for archaeological activities, as well as other provisions.

Keywords: Republic of the Philippines, Underwater Cultural Heritage, Underwater Archaeology

征 稿 启 事

　　《水下考古》系列辑刊由国家文物局考古研究中心负责出版。自 2017 年起，连续出版。本辑刊主要刊登水下考古及中外交通、陶瓷贸易、水下文物的科技保护与政策法规等相关领域论文，尤其欢迎沉船、窑址、港口、濒海聚落等考古新发现，欢迎海内外学人赐稿。

　　为方便作者来稿，并使稿件规范化，特将来稿的基本要求告知如下：

　　1. 来稿不拘中英文，中文稿件以 7 000 至 15 000 字为宜，英文稿件以不超过 30 页为原则，中英文稿件均须附中英文篇名及关键词（3～5 个）、中英文摘要（200 字左右）。

　　2. 来稿正文使用 WORD 或 WPS 格式处理，图片以 JPG 或 TIFF 格式存档。图片须标明在正文中的位置，并提供单独图片文件（单色线图不低于 600 dpi；黑白和彩色图片不低于 300 dpi）。

　　3. 来稿时，请提供作者姓名、单位、职称、通讯地址、邮编、联系方式、电子邮箱以及来稿字数、图数等信息，以方便联系。

　　4. 本编辑部对来稿有文字性修改权，如不同意，请来稿时注明；如需重大修改，会征得作者同意。

　　5. 本编辑部将择优录用来稿；稿件应遵守学术规范，严禁剽窃、抄袭等行为；本刊发表论文原则上须为首发，严禁一稿多投，凡发现此类行为者，后果由作者自行承担。

　　6. 来稿请直接通过电子邮件投寄，编辑部将在三个月内发出稿件处理通知。请自留底稿，未予采用之稿件，本刊不负责退还。

　　7. 本书已加入《中国学术期刊网络出版总库》及 CNKI 系列数据库。凡被本书录用的文章，将同时进行电子出版或提供信息服务，相关著作权费用和稿酬将由本书一次性支付。如有特殊要求，请来稿时注明。

　　8. 来稿一经刊登，赠送作者本刊 2 册，论文抽印本 20 份，酌付薄酬。

本刊编辑部联系方式：

国家文物局考古研究中心

北京市朝阳区和平街砖角楼南里甲 21 号　　邮政编码 100013

邮箱：sxkgjk2017@ 163.com

电话：+86 - 64285646

传真：+86 - 010 - 64284341

书稿文字规范

1. 文稿次序：每篇文章按文章标题、作者信息、摘要、关键词、正文、英文标题、作者名、英文摘要、英文关键词顺序编排；如标题文章需注明信息（如列明资助或项目名称），采用＊注，注于页下。

2. 版式格式：中文稿件采用简体横排；文章标题用三号、黑体，单独成段引文用小四、楷体，正文与其他信息用小四、宋体；设置 1.5 倍行距。

3. 标点格式：本刊除英文摘要和纯英文注释使用西式标点符号外，统一使用中文标点符号；阿拉伯数字之间的起讫号一律用波浪线"～"，中文之间的起讫号一律用"—"；英文提要和英文注释中的出现的出版物（图书名或期刊名）名称采用斜体。

4. 注释格式：注释采用页下注，每页单独编号；注码格式为［1］……［100］……，注码置于标点符号的右上角；同页内再次征引，可用"同上，×页"或"同注［×］，×页"，不采用合并注码的形式。

5. 图表格式：图名位于图片下部居中，图号形式为图一……图一〇……图一〇〇……；表名位于表格上部居中，表号形式为表一……表一〇……表一〇〇……。

6. 特殊格式：首次提及帝王年号时，须注明对应的公元纪年；首次提及外国人名，须附外文原名；中国年号、古籍号、叶数采用文中数字，如洪武元年，《明史》卷一，《西域水道记》叶三正。其他公历、杂志卷、期、号、页等均采用阿拉伯数字。

7. 注释内征引文献参考格式：

1）古籍类，司马迁：《史记》，中华书局，1963 年，第 1234 页；《莱州府志》，清康熙五十一年刻本，第 100 页。

2）专著类，王冠倬：《中国古船图谱》，三联书店，2000 年，第 1 页。

3）文集类，郭泮溪：《胶东半岛早期航海活动初探》，《国家航海》第 7 辑，上海古籍出版社，2014 年，第 20 页。

4）期刊类，林悟殊：《元代泉州摩尼教偶像崇拜探源》，《海交史研究》2003 年第 1 期。

5）外文著作类，Kwang-chih Chang, *Shang Civilization*, Yale University Press, 1980, p.4.

6）外文期刊类，Virginia Kane, Aspects of Western Chou Appointment Inscriptions: The Charge, the Gifts, and the Response, Early China, 1982（8）, pp.14－28.